■1　ローマのサンティニャツィオ聖堂の天井画（Blakemore, 1977）
17世紀末のアンドレア・ポッツォの作。線と色による遠近法を駆使して建物と絵が一体となって，空高くまで続く強い奥行感を作り出している。ただし，完全な遠近法の効果を発揮できる観察点は1点に限られ，聖堂の床に大理石の印がはめ込まれている（第7章参照）。

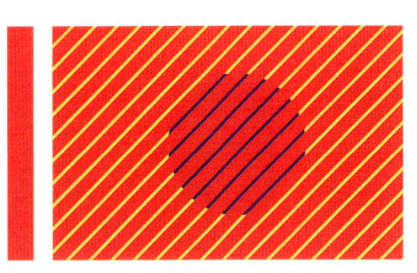

■2　色の同化（Musatti, 1957）
一様な赤の領域に黄の縞が入ると橙がかり，青の縞が入ると紫がかる（第2章参照）。

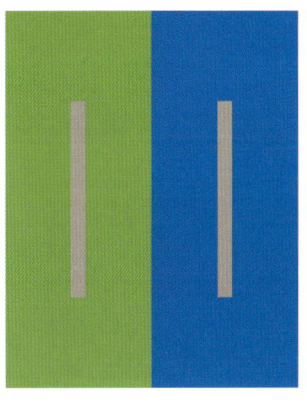

■3　色の対比（Hurvich & Jameson, 1981）
同じ灰色で緑に囲まれると赤みがかり，青に囲まれると黄みがかる（第2章参照）。

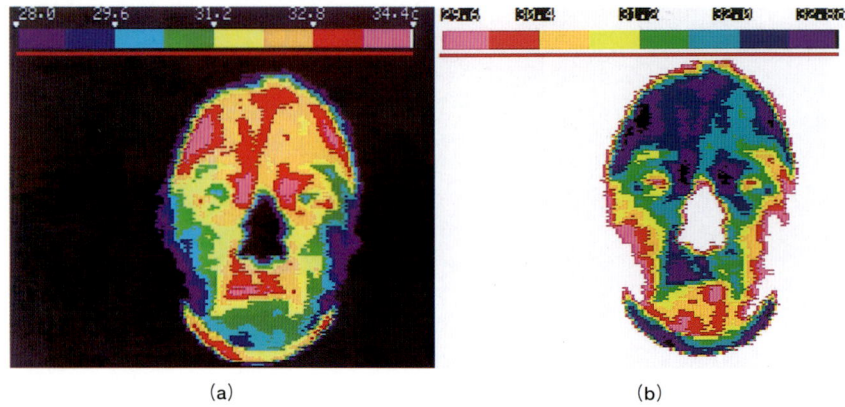

■ 4 色と温度感（日本大学森　昭雄教授のご好意による）
同じ人の顔のサーモグラフを通常のように高温を赤，低温を青で示した場合（a）と逆に高温を青，低温を赤で示した場合（b）（第 2 章参照）。

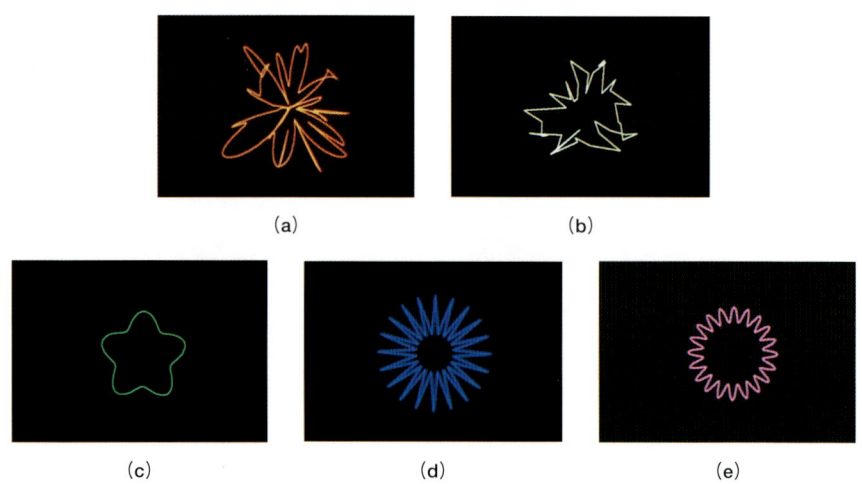

■ 5 色と形の合成による感情効果の例（第 4 章参照）
（Oyama, Yamada, & Iwasawa, 1998）

新心理学ライブラリ **18** 梅本堯夫・大山　正監修

視覚心理学への招待

見えの世界への
アプローチ

大山　正著

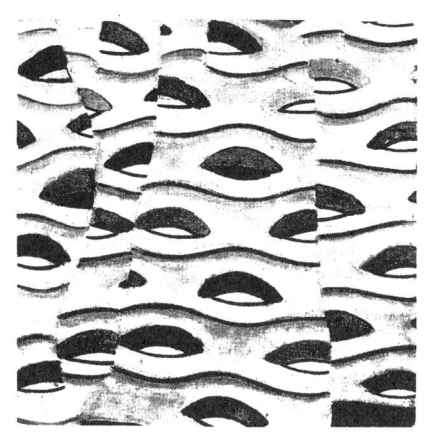

サイエンス社

監修のことば

　「心」の科学である心理学は近年目覚ましい発展を遂げて，その研究領域も大きく広がってきている．そしてまた一方で，今日の社会においては，「心」にかかわる数々の問題がクローズアップされてきており，心理学は人間理解の学問としてかつてない重要性を高めているのではないだろうか．

　これからの心理学の解説書は，このような状況に鑑み，新しい時代にふさわしい清新な書として刊行されるべきであろう．本「新心理学ライブラリ」は，そのような要請を満たし，内容，体裁について出来るだけ配慮をこらして，心理学の精髄を，親しみやすく，多くの人々に伝えてゆこうとするものである．

　内容としては，まず最近の心理学の進展——特に現在発展中の認知心理学の成果など——を，積極的に採り入れることを考慮した．さらに各研究分野それぞれについて，網羅的に記述するというよりも，項目を厳選し，何が重要であるかという立場で，より本質的な理解が得られるように解説されている．そして各巻は一貫した視点による解説ということを重視し，完結した一冊の書として統一性を保つようにしている．

　一方，体裁面については，視覚的な理解にも訴えるという意味から，できるだけ図版を多用して，またレイアウト等についても工夫をして，わかりやすく，親しみやすい書となるように構成した．

　以上のようなことに意を尽くし，従来にない，新鮮にして使いやすい教科書，参考書として，各分野にわたって，順次刊行してゆく予定である．
　学際的研究が行われつつある今，本ライブラリは，心理学のみならず，隣接する他の領域の読者にも有益な知見を与えるものと信じている．

監修者　梅本　堯夫
　　　　大山　　正

まえがき

　心理学で感覚や知覚の問題を扱うというと不思議に思う人がいる。本ライブラリの第1巻『心理学への招待』でも2章で「感覚と知覚」について述べた。また心理学の歴史においても感覚と知覚の研究は長い歴史をもっていることは本ライブラリ第15巻『心理学史への招待』に詳しく述べられている。
　われわれが目を開くと室内や戸外が見え，眼前に机があり，窓外に草木が鮮やかな色に映え，人々の姿や表情がありありと見える。この事実はあまりに当たり前すぎて，なかなか疑問に思えない。外界にそれらの物があり，色があると信じやすい。これを疑うのは，よほど変わった疑い深い人かも知れない。
　最初にこれに疑問を投げかけたのは哲学者や一部の科学者，医学者であった。かつて感覚や知覚の問題は，哲学の問題であり，色や，光や，音は物理学者の問題であり，視覚や聴覚とそれらの障害は医学者の問題であった。
　19世紀後半に学問的に独立した心理学は，発足当初から，哲学者の考察や，科学者，生理学者の貢献を継承して，心理学の中の重要なテーマとして，感覚・知覚の問題を取り扱ってきた。
　日常生活において，感覚・知覚は大変大きな役割を果たしている。
　われわれが外界から受ける情報の多くは感覚・知覚を通して受け取られる。外界に何が存在し誰がいるかを知るのは，目であり，耳である。文字や言葉によるコミュニケーションは，主として視覚と聴覚を通してなされる。触覚もときに大きな役割を果たしている。しかし五感の中でもっとも情報量が多いのは視覚である。たとえば画像の電送には，多くの情報量がいることは，インターネットで画像を送るときに実感されるが，目はそれを一瞬で見てしまう。

まえがき

　視覚は，芸術の世界でも重要であることは言うまでもない。絵画は，人類史始まって以来の芸術であり，視覚的動きは，演劇，舞踊，映画，アニメーションなどにおいて，重要の役割をもっている。建築などの環境設計においても，視覚にうったえる面が大きい。

　この点で，本書は，心理学関係者だけでなく，視覚を媒介とするアーティストや工学者に広く目を通していただきたい。

　筆者は長年にわたって視覚の研究に従事してきたが，色彩研究に関する部分は先年『色彩心理学入門』（中公新書）としてまとめることが出来た。本書では，形，空間，運動の視知覚を，多くの協力者とともに実験的に研究してきた成果を取り入れ，現代の研究動向にも目を配りながら，できる限り体系的に述べたつもりである。年代的にやや古い文献も引用しているが，筆者は研究法の確立が早かった視覚研究においては古典的研究が現代でも充分意義をもっていると信じている。

　若い世代の人々が，本書を通して視覚現象に大いに興味を抱き，古典的研究にも親しみ，視覚研究の動向を理解し，さらに新しい発展を進めていただきたいと願っている。

　本書をまとめるにあたり，本書に引用した筆者らの研究を推進して下さったかつての協力者，そのなかにはすでに学界における指導的地位にいる方々も含まれているが，それらの方々が筆者に与えて下さった協力と啓発に深く感謝の意を表したい。

　また本書の企画に賛同し，出版に際し大変お世話になったサイエンス社と同編集部の清水匡太氏に厚くお礼申し上げたい。

2000 年 9 月

大　山　　　正

目　次

まえがき……………………………………………………………… i

第1章　視覚の世界　1

　1.1　知覚への要求 …………………………………………… 2
　1.2　目の構造とはたらき …………………………………… 4
　1.3　知覚研究の系譜 ………………………………………… 11
　1.4　知覚は外界のコピーか ………………………………… 13
　1.5　生得説と経験説 ………………………………………… 18
　1.6　要素論と全体論 ………………………………………… 20
　1.7　感覚・知覚測定 ………………………………………… 24
　　　参考図書 ……………………………………………………… 30

第2章　色と明るさ　31

　2.1　色の3属性 ……………………………………………… 32
　2.2　色と明るさの見え方 …………………………………… 36
　2.3　色覚説 …………………………………………………… 40
　2.4　色彩の心理的効果 ……………………………………… 44
　　　参考図書 ……………………………………………………… 50

第3章 図と地　51

- 3.1　図と地の分化 ……………………………………… 52
- 3.2　図と地が分化する過程 …………………………… 56
- 3.3　図になりやすさの規定条件 ……………………… 58
- 参考図書 ……………………………………………… 72

第4章 形の知覚　73

- 4.1　主観的輪郭 ………………………………………… 74
- 4.2　透明視 ……………………………………………… 76
- 4.3　形の属性 …………………………………………… 78
- 4.4　形と方向 …………………………………………… 84
- 4.5　形と感情 …………………………………………… 88
- 参考図書 ……………………………………………… 92

第5章 見えのまとまり：群化　93

- 5.1　星のまとまり ……………………………………… 94
- 5.2　群化の要因 ………………………………………… 94
- 5.3　過去経験と群化 …………………………………… 98
- 5.4　群化の要因の量的測定 …………………………… 101
- 5.5　時間を越えた群化 ………………………………… 104
- 5.6　類似性か特徴の共通性か ………………………… 107
- 参考図書 ……………………………………………… 116

第6章 錯　視　117

- 6.1　幾何学的錯視 ……………………………………… 118
- 6.2　錯視の異方性 ……………………………………… 120
- 6.3　ツェルナー錯視と方向検出器 …………………… 124
- 6.4　同心円錯視 ………………………………………… 128

6.5	点の変位と錯視	136
6.6	遠近法と錯視	138
6.7	眼球運動説	142
6.8	低空間周波数抽出説	143
6.9	幾何学的錯視と空間知覚	144
参考図書		146

第7章　3次元空間の知覚　147

7.1	バークリーの指摘	148
7.2	奥行の手がかり	148
7.3	両眼視差	152
7.4	ステレオスコープ	158
7.5	運動視差	160
7.6	遠近法	162
7.7	遠近法の幾何学	164
7.8	その他の絵画的手がかり	166
7.9	大きさの恒常性	170
7.10	ステレオスコープ内の大きさの恒常性	174
7.11	見えの大きさと見えの距離	176
参考図書		181

第8章　運動の知覚　183

8.1	時計の分針の動き	184
8.2	固視と追視	184
8.3	誘導運動	187
8.4	全体運動と部分運動	190
8.5	見えの速さ	192
8.6	運動残効	194

8.7 仮現運動 …………………………………… 194
8.8 運動と視野の安定性 ……………………… 198
8.9 運動が与える印象 ………………………… 202
参考図書 ……………………………………… 214

第9章 知覚と認知　215

9.1 認知とは ………………………………… 216
9.2 感覚情報の総合 ………………………… 216
9.3 知覚者側のはたらき …………………… 217
9.4 注意と知覚 ……………………………… 220
9.5 知覚と記憶 ……………………………… 224
参考図書 ……………………………………… 230

引用文献……………………………………………… 233
人名索引……………………………………………… 245
事項索引……………………………………………… 247

視覚の世界 1

　われわれ人間はすべての情報を感覚を通して得ている。感覚はアリストテレスの時代から視・聴・嗅・味・触の五感（官）に分けられてきた。この他にも有機感覚，平衡感覚，筋運動感覚などもあるが，それらの感覚のうちで視覚がもっとも多くの情報をわれわれに与えてくれる。何万光年という遠方の星について知ることができるのは，視覚のみであるし，もっとも微細なものの存在が感じられるのも視覚である。目をつぶって家の内外を移動したり，作業するのは大変困難である。自分の行動の方向づけや，動作の結果について知るためには，目で確かめるのが一番である。

　またもっとも多くの知的情報を得るのは，本や新聞やコンピュータ画面の文字情報，テレビや写真などの視覚的画像情報である。他の人の動作・表情を見ることにより，視覚は，音声を感じる聴覚とともに，対人コミュニケーションにも多くの役割をはたしている。また，絵画，映画，演劇などの芸術に視覚が大変重要な役割をもつ。視覚は単に知的な情報の媒介をするだけでなく，人々の感情に大きな効果を与えているのである。

　視覚に含まれる情報としては，空間的位置，色，明るさ，形，大きさ，奥行，運動などに関するものなど多様であり，その点でも他の感覚よりも豊富な情報を含んでいる。

1.1 知覚への要求

1.1.1 感覚遮断

　人はつねに感覚を通して何かを知覚したいと要求している。このような要求がきわめて強力なことは、知覚を制限したときに人はどうなるかを調べれば確かめられる。ヘロン（Heron, W., 1957）は実験的にそれを行った。彼は当時としては高いアルバイト代で学生を雇い、防音室のやわらかいベッドの上で長時間横たわっているように命じた。被験者たちは何もする必要はない。ただ寝ころんでいればアルバイト代がもらえる。ただし、目には何も形が見えないように半透明のゴーグルをかけ、手には何もさわれないようにカバーをはめさせられた。換気装置の単調な音以外は何の音も聞こえない。本を読むことも音楽を聴くこともできないし、誰とも会えない。食事と用便だけは許された。こんな楽なアルバイトはなさそうだが、実は大変つらい。はやい者は数時間でやめてしまい、長時間耐えられた者は少なかった。多くの者はこの間に何かを考えようとするが、まとまったことはなかなか考えられず、思考力は低下する。この傾向は、時間がたつほど顕著となり、ときに幻覚を体験する。知的活動の水準は低下し、精神状態が不安定となる。

　この種の状況を、**感覚遮断**（sensory deprivation）あるいは刺激制限（restricted stimulation）などとよび、わが国でもいくつかの研究がなされている（**BOX 1.1**）。

　このように、刺激と刺激変化を制限した状態は、人間にとって好ましくない状態であり、この状態が継続するとき、人々はそれから脱したいと要求する。それは実験の放棄という形で現れることもあるが、何か少しでも変わったものを見たい聞きたいと欲する。同じエアコンの音を他の物音と聞くのもその現れと考えることもできる。

　ヴァーノン（Vernon, J.A., 1963）は、感覚遮断の実験室に、単純なのぞき箱を設置し、ボタンを押すと、中が照明され、単純な幾何学図形が見えるようにした。このつまらない箱でも、被験者はボタンを押してのぞいた。その頻度は、時間経過にともなってしだいに増加するとともに、ボタン押しの頻度の高

BOX1.1　感覚遮断の実験

表 1.1 は，杉本（1986）が 12 名の男女大学生を被験者として，72 時間（午後 1 時開始）の間，防音遮光の閉鎖環境中に孤独状態にして行った実験結果を要約している。思考に関していえば，最初は，各自があらかじめ用意していたテーマについて抽象的・哲学的思考を行っているが，2 日目になると身近な問題についてあれこれ空想し，しだいに幼児期の思い出にふけるようになる。3 日目になると，空想が途絶え，白昼夢や妄想が生じ，感情の起伏をともなったものになり，さらに 3 日目から 4 日目にかけては，何も考える気がしない状態になる。

知覚に関しては，はじめは室内の状態を客観的に知覚しているが，しだいに知覚が主観的となり，2 日目にはエアコンの音を吹雪と聞いたり，電灯のかさをクモの巣のように見たりする。2 日目から 3 日目にかけて，エアコンの音が飛行機の音かわからなくなったり，自動車の音，サイレン，鳥の声，人声などの幻聴も生じるようになる。幻視を体験した人もいるが，多くは幻聴であった。

感情は，初期には中性的であるが，しだいに不安感が生じ，3 日目前半には衝動的・攻撃的になり，動作にも内省記録にもそれが現れるが，最後には何もしたくなくなる抑うつ状態となる。この間，行動面では，最初は，室内を探索したり，退屈まぎれに歌ったり，メモ用紙に絵を描いたりしているが，しだいに単純な遊びとなり，メモ用紙に書く字も大きくなり，目覚めていても，椅子の背をたおしたまま寝ころんで過ごしていた。なお，連続的に記録していた脳波の結果では，覚醒時のアルファ波の平均周波数がしだいに減少し，覚醒水準の低下を示した。

表 1.1　3 日間の感覚遮断における心的過程の変化（杉本，1986）

観測項目	経過日数 時間	1 日目 0−12	2 日目 12−24	2 日目 24−36	3 日目 36−48	3 日目 48−60	4 日目 60−72
思　考		抽象的思考 哲学的思考	現実的空想 退行的思い出	現実的空想 退行的思い出 空想の途絶	白昼夢 空想の途絶 被害妄想	被害妄想 断片的空想	断片的空想
知　覚		客観的	客観的 主観的	客観的 主観的 錯覚 幻想	錯覚 幻覚	幻覚	幻覚
感　情		中性的 不安	中性的 不安 単調感	やや否定的 単調感	やや否定的 衝動的 攻撃的	否定的 衝動的 抑うつ的	否定的 抑うつ的
行　動		椅子腰掛位 探索行動 歌唱	椅子腰掛位 運動 歌唱 描画	椅子腰掛位 単純な遊び	椅子腰掛位又 は立位や歩行 書字の拡大化	椅子腰掛位又 は床横臥位 書字行動急減	椅子倒立位
脳　波 （α 波周波数 Hz）		10.6	10.2	10.0	9.7	9.6	9.1

い被験者ほど，刺激制限状態に耐えた時間が短かった。この結果は人々は，つねに何か見たい聞きたいと要求していることをよく物語っている。

1.2 目の構造とはたらき

1.2.1 目とカメラの比較

　人間の目はしばしばカメラと比較される。たしかに，構造に関してもはたらきの上でも，両者はよく似ているが，その違いも大きい。この差異を明らかにすることによって，人間の視覚の特徴を理解する手がかりが得られる（田崎・大山・樋渡，1972；大山・今井・和気，1994；Graham，1965；和田・大山・今井，1969）。まず，構造を比較すると，まぶたがカメラのシャッターに相当し，その開閉によって光の侵入を制御し，瞳が入ってくる光の量を調節するカメラの絞りの役割を果たす。水晶体がレンズに，眼球の裏面にひろがる網膜がフィルムに相当する。また，瞳孔以外の眼球全体が不透明な膜（鞏膜と脈絡膜）におおわれ暗箱となっている点もカメラとよく類似している（**図1.1**）。

　一方，次の諸点で目はカメラと異なっている。目は，カメラと違って中空でなく，角膜と水晶体の間に眼房水が，水晶体と網膜の間には硝子体というゼラチン状のものが充満している。眼房水と硝子体は屈折率1.336，水晶体が1.409で，それぞれ瞳孔から入った光線の屈折に参与し，これら全体がレンズ系をなしている。全体としての屈折力が60〜65ジオプター（ジオプターはメートルで表した焦点距離の逆数）すなわち焦点距離にして15〜17mmであるから，カメラの標準レンズにくらべ，はるかに焦点距離が短く，網膜の広がりがフィルムより大きい点と相まって，視野がカメラよりはるかに広い。また，これらの眼球内の物質は完全に透明でなく，やや黄みがかり，短波長の光線をかなり吸収して，網膜に達する光の分光分布を変えている。これらの物質は，眼球内における光の散乱の原因となり，周辺視野からくる比較的強い光（グレア）の一部が散乱により網膜の中心にも到達し，注視対象の視認の妨害をする。

　カメラでは，ピントを合わせるためには，レンズとフィルムの間の距離を変えるが，目の場合は，水晶体のふくらみを，水晶体の周囲についている毛様体

1.2 目の構造とはたらき

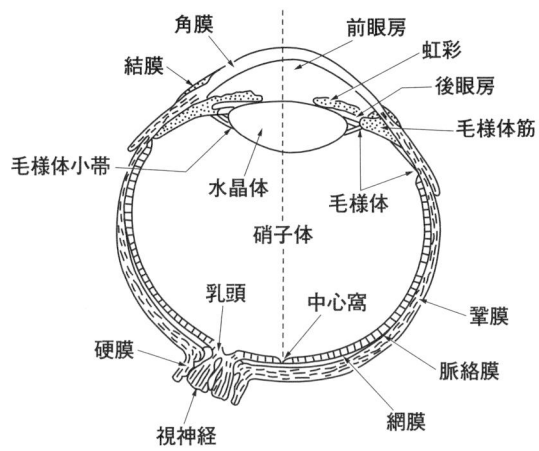

図1.1 人間の右目の水平横断図

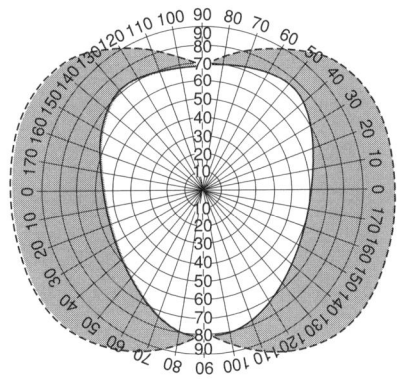

図1.2 両眼視野 (Gibson, 1950)
中央白色部分で左右眼の視野が重なる。

筋の収縮によって変化する。水晶体の屈折力は眼球全体の屈折力の数分の1しか役立っていないが，他の部分がつねに一定した屈折力であるのに対して，水晶体は屈折力を変化できる点が特徴である。この屈折力の異常が近視や遠視の原因となる。また，毛様体の疲労によって一時的な屈折異常も起こる。毛様体の疲労は照明の善し悪しによって左右される。一般に，毛様体による屈折力の変化範囲は，10歳で10ジオプター以上であるが，十代のうちから低下し始め，50歳以上では1ジオプター程度に低下する。これが老眼である。

網膜はフィルムに相当すると述べたが，これらの間にもかなりの差異がある。まず形状がフィルムのように平面でなく，球面状で，眼球内面を半球以上にわたっておおっている。このため，視野は広く，片目で見える範囲だけでも，**図1.2**（p.5）に示すように，上下，左右ともに150°にも達する。また，網膜はフィルムのように感度や粒子密度が一定でないし，網膜の中央付近ではすべての色彩をよく感じるが，20°以上周辺になると赤や緑を感じにくくなり，40°以上では色彩をよく区別することができない。つまり，中央はカラーフィルムで，周辺は白黒フィルムに相当する。

1.2.2 錐体と桿体

このような網膜のはたらきを理解するためには，網膜中に見出される2種の視細胞の特性を知る必要がある。それは，その形状から**錐体**（cone）と**桿体**（rod）とよばれ，錐体は主に網膜の中央部分に存在するが周辺にもわずかながら分布し，その数は約数百万といわれる。錐体は色の区別ができるが，弱い光には感じにくい（なぜ色の区別ができるかについて，波長に対する感度が異なる3種の錐体があるとする3色説が提出されている；第2章参照）。一方，桿体は網膜中央の約2度の範囲をのぞく網膜全域に分布していて，その数は約1億といわれる。**図1.3**は錐体と桿体の分布の状態を示している。桿体は弱い光でも感じることができるが，色の区別はまったくできない。この錐体と桿体では，光の波長に対する感度が異なっている。**図1.4**は錐体と桿体の刺激閾（感じ得る最小のエネルギー，この逆数が視感度；**BOX 1.8**参照）を波長を横軸として描いた曲線である。一般に，桿体の閾値が低いことを示している。このた

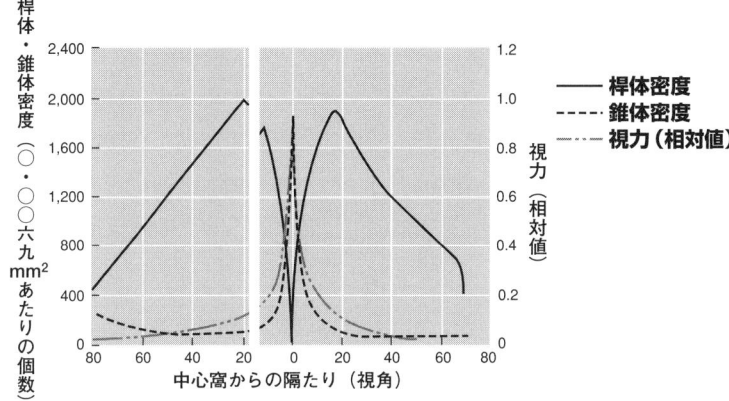

図1.3 網膜上の位置と錐体と桿体の密度と視力（Graham, 1965）

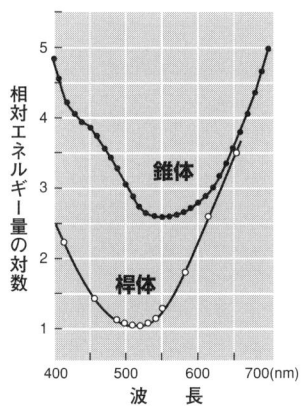

図1.4 錐体と桿体の閾値（Graham, 1965）

め，暗い場所では注目した対象は錐体だけしかない網膜中央に結像するためかえって見にくくなる。

また，錐体と桿体では，閾値の曲線の形が異なる。錐体は555nm（nm＝ナノメートル。1ナノメートルは1メートルの10億分の1）付近で閾値がもっとも低く，黄色の光にもっとも感じやすいことを示しているが，桿体は510nm付近で閾値が最低であり，緑の光に感じやすい（ただしその際，緑の色は感じていない）このような視感度の差のため，錐体のはたらく明るい照明下と，桿体しかはたらかない非常に暗い照明下では，色の間の明るさ関係が異なっている。これを**プルキンエ現象**（Purkinje phenomenon）という。たとえば黒地の上に描かれた赤い文字などは，暗くなると非常に見にくくなる。桿体が赤い光に感じにくいため，黒地とさほど違わない明るさに見えるためである。この点から模様はいわば感度特性の違った2種のフィルムの合成にたとえることができよう。

1.2.3　錐体と桿体の性質

さらに，このように波長に対する感度特性が違った錐体と桿体のそれぞれの感度の絶対水準自体もつねに一定なわけでなく，明るさに対する順応状態に応じて大いに変化する。この点でカメラのフィルムとは非常に違っている。カメラでは，明るい所で写すときと，暗い所で写すときで，レンズの絞りと露出時間を調節して，フィルムに対する光の量が一定になるようにする。現在広く普及しているEEカメラでは，この調整が自動的になされる。目の場合も，瞳の大きさを変化することで目の中に入る光の量を幾分調整するが，これは瞳孔面積が最大のときと最小のときでたかだか10分の1程度の調整しかできない。しかし，人が遭遇する光の量の違いは非常に大きなもので，晴天の屋外の何万ルクスという明るい場合から星明かりの1,000分の1ルクス程度まできわめて広い範囲で目が役立たなければならない。このような大きな調整は，瞳孔面積の調節ではとても間に合わないからほとんど視細胞自体が行う。もちろんこれも自動的になされるが，EEカメラのような速い速度で調整されない。瞳孔径の変化は比較的速く行われるが，視細胞自体の調整（すなわち順応）にはもっと

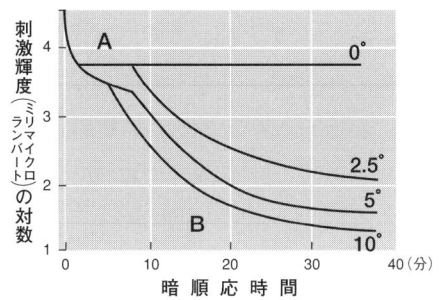

図1.5　注視点から種々の位置における暗順応曲線（Graham, 1965）

時間がかかる。**図1.5**は，明るい所に目が慣れて感度が鈍くなった状態から暗い所に入り，しだいに感度が鋭くなっていく**暗順応**（dark adaptation）の過程を示したものである。これに対し，暗順応した状態から明るい所へ移り，ふたたび感度が鈍くなっていく過程を**明順応**（light adaptation）という。

この図は視認できる最小の明るさ（輝度；**BOX 2.2** 参照）を時間経過に対して示したものである。AとBの2部分に曲線が分かれるのは，それぞれ錐体と桿体のはたらく明るさの範囲の違いに対応するもので，たとえば，明るい所から暗い所に入ったときでも，はじめの数分間は錐体のほうがまだ感度がよいため錐体でものを見ているが，その後桿体の暗順応が進み，桿体でものを見るようになる（しかし，その際でも明るいものが提示されれば錐体もはたらく）。昼間，明るい戸外から映画館に入ったときには，はじめは足元が暗くて歩くにも不自由であるが，数分たつと，周りがよく見えてくるのはこの暗順応の過程を示している。館内の明るさは戸外の千分の1ぐらいに過ぎなくても，目がうまく調節しているのである。**図1.5**では約30分の暗順応で視感度が約千倍となっているが，暗順応以前にもっと明るい所にいれば，その差はさらに大きくなる。明順応の過程は暗順応よりも急速に進む。昼間に映画館から出た際は，戸外の光がまぶしいが，すぐ慣れるのはそのためである。

カメラのフィルムと網膜とのもう一つの差異は，カメラでは光の量の不足は露出時間で補うことができるが，目ではある限界までしかそのような時間による補償がなりたたない点である。光の強度を I，露出時間を T とするとき，I

$\times T$ が一定なら，同じ効果を得る関係が，フィルムならば T が長くても成立する。たとえば，カメラを地球の回転と同じ速度で逆方向へ動かせば，長時間の露出で暗い星まで写すことができる。しかし，目では10分の1秒以下の短い時間でしか，この関係が成り立たない。しかもこの限界時間は I が大となるほど小さくなる。このことは，この限界時間以上の周期の光の時間的変動を感じ得ることを示している。つまり，ちらつきの認知である。たとえば50ヘルツの交流電源によって100ヘルツで点滅する電灯のちらつきに気づくことはできないが，20ヘルツで点滅するとちらつきを感じる。感じ得る最小のちらつきの頻度，すなわち**臨界ちらつき頻度**（critical flicker frequency; c.f.f.）は，明るさや網膜部位によって変化する。一般に暗くなるほど，ちらつきを感じにくくなる。

　カメラでものを写すとき，微細な部分を正確に撮影できる限界がある。これはレンズの分解能とフィルムの粒子の大きさに依存している。目の場合もレンズ系としての分解能の限界があるが，それに加えて網膜中の視細胞の密度によって規定されている。その場合，外界の2点が2点として区別できるためには，まず2点がそれぞれ別の視細胞に結像される必要があるが，近接した2つの視細胞に結像されるのでは2点の分離を認めるためには不十分である。なぜなら，近接した視細胞の神経興奮が大脳に伝えられるまでには，相互間に神経連絡があり，別々の興奮として伝えられないで，1つの興奮としてまとまってしまうこともあるからである。網膜の中心にある錐体の場合は，このような結合が少ないので，注目した対象（網膜中心部に結像する）は微細部分まで認められる。しかし，網膜周辺では桿体に生じた興奮が中継される神経節細胞の数が桿体の数より，はるかに少ないため，別々の桿体で生じた興奮が大脳に伝えられるまでにまとまってしまう傾向が大であり，微細部分の知覚には不適当である。

　2点として区別して認められる最小のへだたりを視角（単位：分）で求め，その逆数をとったものを**視力**（visual acuity）とよぶ（**BOX 1.2**）。適切な照明下で測った正常者の視力が1.0であることはよく知られているが，これは網膜中心部の視力を表している。網膜周辺では視力は上記の理由によってこれより

> **BOX1.2　網膜像の大きさと視角**
>
> 　客観的には一定の大きさでも目から遠くにある対象の網膜像は小さい。**図1.6**に示されるように，網膜像の大きさ（F−F′）は，視角 θ に比例する。目から D の距離にあり，視線に垂直な方向に S の大きさをもつ対象の視角 θ は，近似的に
>
> $$\theta \fallingdotseq \frac{S}{D}\ (\text{ラジアン}) = \frac{57.3S}{D}\ (\text{度})$$
>
> となる。
>
>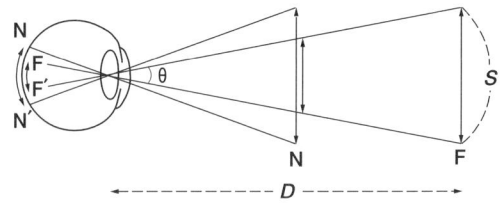
>
> **図1.6　観察距離と視角と網膜像の大きさ**

劣る。**図1.3**は網膜位置と視力との関係も示している。ところで，多くの視細胞に発した神経興奮がまとめられて大脳に達するという神経連絡の構造は，視力を低下させるが，一方では弱い興奮を集めて強い興奮とするため，弱い光でも感じやすくしている。したがって，視力と視感度は逆の関連をもち，人間の網膜の中央部は視感度を犠牲にして視力を高め，周辺部は視力を犠牲にして視感度を高めているといえる。

1.3　知覚研究の系譜

1.3.1　心理学研究の歴史

　知覚の問題は，心理学においてどのように研究されてきたのであろうか。ここで，心理学の歴史の大略をごく簡単に述べておこう（Boring, 1950；梅本・大山, 1996）。独立した科学としての心理学の誕生は，いまから約120年前の1879年におけるライプチッヒ大学の実験心理学研究所の創立のときとされている。ヴント（Wundt, W.）が教授としてその実験心理学研究所を主宰した。し

かし，それまでは，心理学の研究と教育がまったくなされていなかったわけではない。哲学や自然科学の一部としてそれがなされていたのである。

　この心理学の誕生の歴史的背景となったものは，17・18世紀のイギリス経験論の哲学者が論じた**連合心理学**と，19世紀の自然科学者たちによりなされた感覚研究と，ヴントより少し前に，フェヒナー（Fechner, G.T.）により提唱された新しい学問である**精神物理学**の3つとされている。このうち，精神物理学（**BOX 1.3**）は，すでに心理学の一部と考えることもできる。感覚研究はもちろん，この3つのいずれにおいても知覚の問題は重視されていた。連合心理学は，白紙の状態で生まれた人の心に，感覚を通して得られた知識が，連合の原理に従って蓄積されていくと考えた。したがって，新しい知識の源である感覚経験は当然きわめて重要なものとされた。ヴントらの構成心理学は，意識を心理学の対象としたが，われわれの意識において知覚は大きな部分を占めているから，知覚の問題は心理学の大きな問題となった。なお，ヴントは後述するように，要素論の立場をとり，感覚を心的要素とし，知覚をそれらの要素から構成された心的複合体と考えた。

1.3.2　3つの立場

　このヴントらの構成心理学は，20世紀に至り，3つの立場により批判され，とって代わられた。それらの立場とは，**ゲシュタルト心理学**，**行動主義**，**精神分析学**の3つである。このうち知覚の問題を重視するのはゲシュタルト心理学である。ゲシュタルト心理学は，構成心理学の要素論を激しく批判し，知覚は複数の感覚には分解できないまとまった全体過程であり，通常，感覚とよばれているものは，知覚の要素ではなく，単純化された条件下における知覚であると主張した。一方，行動主義は，意識は主観的な経験であり科学にはなり得ないと主張した。したがって，意識的体験の一部である知覚経験は心理学の対象となり得ないことになる。ただし感覚による弁別行動は行動主義でも研究対象とされた。今日では，この行動主義の立場は，心理学の研究法に大きな影響を与えている。知覚を研究する際も，研究者自身の主観的経験としての知覚ではなく，研究の対象となる被験者の弁別行動から推定される被験者の知覚を問題

とする。精神分析の知覚研究に対する直接的な影響は比較的少ないが，その後に起こった知覚者側の要求などが知覚に及ぼす効果の研究などは，精神分析学なくしては考えられない。

今日の心理学は，これらの20世紀初頭における心理学の3大潮流すべての影響を受けたものである。行動主義の流れをくむ新行動主義が長らく有力であったが，その後台頭してきた認知心理学が現在活発な活動を続けている。

以下では，これらの立場における知覚研究を，年代を追って一つ一つ解説するということはしない。代わりに，これらの立場の変遷のうちに，形を変えながらも，繰返し論じられてきた3つの論争点を取り上げ，問題の所在とそれぞれの立場の主張を明らかにしたい。それらの論争点とは，① 知覚は外界のコピーか否かの問題，② 知覚は過去経験によって支えられたものか，生来人間に備わったものかの問題，③ 知覚は感覚要素に分解されるものか，分解不可能な全体過程かの問題，の3つである。

なお，知覚を，知覚する人の側の積極的な活動としてみる認知心理学の立場と，その歴史的背景については，第9章に述べることとする。

1.4 知覚は外界のコピーか

1.4.1 人の目はカメラではない

前述のように人間の目は，しばしばカメラになぞらえられる。たしかに，目にはカメラのレンズに相当する水晶体があり，ちょうど外界の像がカメラのフィルムに結像するように，目の網膜に結像する。カメラの場合は，このフィルムを現像すると写真ができあがる。目の網膜の場合は，網膜中にある錐体や桿体などの視細胞が光によって興奮し，その興奮が双極細胞と神経節細胞を経て外側膝状体に到達し，そこでニューロンをのりかえてさらに大脳皮質の視覚野に達する。視覚野は，網膜と1対1の対応関係があり，形は歪むが網膜の興奮パターンが再現されるという。したがって，カメラのフィルムのように正確な外界の模写でなくても，調整が歪んだテレビの画像のような模写像が再現しているということもできよう。

BOX1.3　精神物理学とフェヒナーの法則

　フェヒナーの体系の中心をなすものは，広く知られた**フェヒナーの法則**（Fechner's law）である。フェヒナーも学んだライプチッヒ大学で生理学を教えていたウェーバー（Weber, E.H.）は，人間の感覚的弁別力に関する次のような発見をした。すなわち，40 グラムと 41 グラムの重さがやっと区別できる人は 80 グラムと 81 グラムの重さの違いは区別できないが，80 グラムと 82 グラムの差であればわかるということである。やっと区別できる差異，つまり弁別閾または JND（just noticeable difference）は，1 グラムとか 2 グラムという絶対値では決まらないで，その際の刺激（この場合は重量）の水準と比例的に変化する。

　この関係は弁別閾（JND）を ΔI，刺激の水準を I で示すと，

$$\frac{\Delta I}{I} = 一定 \tag{1}$$

という式によって表すことができる。これを**ウェーバーの法則**（Weber's law）とよんでいる。上記の重さの例では $\Delta I/I$ は 1/40 となる。このような $\Delta I/I$ の値をウェーバー比とよんで今日でも各種の感覚における弁別力を示す値として広く用いている。ウェーバー自身の研究によれば，重さに関して 1/40，目で見る線の長さに関して 1/50 ないし 1/100，音の高さに関して 1/160 などの値が得られたという。

　物理的世界と精神的世界との対応関係に関する数量的理論としての精神物理学の体系をつくろうと意図していたフェヒナーは，このウェーバーの発見に注目し，これにもとづいて物理的世界に属する刺激と，精神的世界に属する感覚との関数的対応関係を推定しようとした。彼は，感覚の大きさそのものは直接測ることができないが，感覚の最小の増分は JND というかたちでとらえることができると考えた。つまり，JND に相当する感覚の増分はつねに等しいと仮定して，それを単位として感覚の大きさを測ろうとする試みである。たとえば，明るさとか音の大きさという 1 つの感覚次元に属する 2 つの感覚の大きさ A，B の間に，C_1, C_2, ……, C_i があり，A と C_1，C_1 と C_2，……，C_{i-1} と C_i の間がやっと弁別できるものであれば，A と B の間は $i+1$ 個の JND でへだてられた感覚距離として規定できる。

　しかし，1 つの感覚の大きさを測るために，絶対閾（刺激閾）から始めて，問題の感覚の大きさに到達するまで，多数の JND を順次に求めていくことは，実際上きわめて困難であるので，フェヒナーは上記のウェーバーの法則を用いて，その間にはさまれる JND の数を理論的に推定しようとした。そのため，まず (1) 式が一般的に成立し，JND よりもさらに小さい感覚の増分 $d\psi$ に対してもあてはめられると仮定した。すなわち，$d\psi$ に対応する刺激の増分を dI とすれば，

1.4 知覚は外界のコピーか

$$d\psi = k\frac{dI}{I} \tag{2}$$

という関係が成立する。この両辺を積分すると，

$$\psi = k\log I + C \tag{3}$$

となる。すなわち，感覚の大きさ ψ は刺激強度 I の対数と1次関係にあることが導出される。C は積分常数であるが，これは，絶対閾における感覚の大きさを0，その際の刺激強度を I_0 とすれば，(3)式は次のように書き換えられる。

$$\psi = k\log\left(\frac{I}{I_0}\right) \tag{4}$$

この式は，刺激強度 I を絶対閾 I_0 を単位として示すと，**図1.7**のように感覚の大きさ ψ は刺激強度 I の対数に比例することになる。

(3)，(4)式で示されたような刺激強度と感覚の大きさの対数関係を，フェヒナーの法則とよんでいる。フェヒナーは，この法則を彼の精神物理学の重要な成果と考えたが，それだけで満足しなかった。彼はこのように刺激と感覚の間の関係を問題するものを**外的精神物理学**（äussere Psychophysik）とよび，それに対して，刺激と感覚の間を媒介する生理的興奮と感覚の関係を研究するものを**内的精神物理学**（innere Psychophysik）と名づけて区別した。フェヒナーが究極的に目指したものは，後者の内的精神物理学の確立であったが，刺激と生理的興奮の関係を実験的に研究することが困難であった当時では，外的精神物理学の方法を用いて間接的に内的関係を推定する段階にとどまらざるをえなかった。

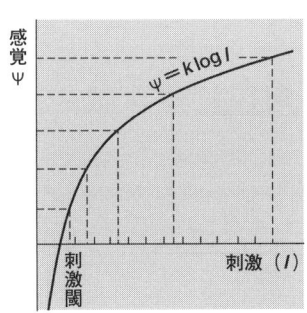

図1.7　フェヒナーの法則

しかし，われわれの目は，写真やテレビの場合と根本的に異なっている。写真やテレビの場合は，それを見る人が必ずいる。しかし，人の目の網膜像や，皮質視覚野の興奮パターンを誰が見るのだろうか。その誰かを仮定することは，人の頭の中にまた小さな人がいることを仮定することになる。するとその小人の網膜像や視覚野を見る，さらに小さい小人が必要となる。このような関係は無限に反復され，一向に問題は解決しない。

1.4.2 特徴抽出機構

ゲシュタルト心理学者，とくにケーラー（Köhler, W., 1940）は，大脳皮質の生理過程と意識的知覚経験が，同型的な平行関係にあると仮定し，彼の独特の仮説（心理物理同型説，psychophysical isomorphism）を展開した。この場合は，それを見る小人は必要としないが，形を変えた模写説ということもできる。一方，近年の大脳生理学の発展はこの問題に対してまったく別の仕方の解決法を示唆している。

1960年代のヒューベル（Hubel, D.H.）とウィーゼル（Wiesel, T.N.）の電気生理学的研究により，大脳皮質には，網膜の特定の場所が刺激されたときに興奮するニューロンとは別に，ある方向を向いた線に対してとくに反応するニューロンが存在することが見出された（大山他，1994）。あるニューロンは垂直方向の線に反応し，また別のあるニューロンは，斜め方向の線にのみ反応するという具合である。このような生理学的発見は，刺激のある特徴にだけ反応するニューロンないし神経機構を仮定する方向に，研究者を向かわしめた。このような各種の特徴抽出機構を仮定し，それぞれの特徴抽出機構が分業して外界からの刺激中の特定の特徴にだけ反応すると考えれば，外界の対象の特徴を，どの特徴抽出機構が反応したか否かで分析することができる。このような仮説は，大脳皮質の興奮パターンを見る小人を仮定しなくても，外界の対象の特徴を知覚する過程が説明できる可能性を示唆している。特徴抽出モデルの特徴はこの点にある。

模写説は事実の面からも反証される。その好例が第6章で述べる，幾何学的錯視であろう（**BOX 1.4**）。

BOX1.4　多義図形

　模写説の反証となる事実のもう一つの好例は図 1.8 に示されるような多義図形であろう。**(a)** は斜め後方を向いている若い女性に見えたり，横を向いた老婆に見えたりする。まったく同じ図形でありながら，ときに応じて異なった見え方をする，一方が見えるときは，他方が見えない。また，どちらか一方を見ようとしても，それは必ずしも見えない。むしろ，知覚する人の意図とは，ほとんど無関係に一方の見え方から他方へ移る。**(b)** は白い盃が見えたり，向き合った 2 つの黒い横顔に見えたりする。やはり，一方の見え方から他方へ突然に変わる。もしも，われわれの知覚が外界の模写ならば，外界が等しい限り，等しい知覚が生じるはずなのに，事実はこの予想に反する。この点からも，知覚が外界のコピーとする考えは受け入れがたい。なお，**(b)** で見えた形は**図**，背景となった部分は**地**と呼ばれる。**(b)** は図と地の関係が見ている間に反転する図形である。この図と地の概念は，ゲシュタルト心理学者により重視された（第 3 章参照）。

(a) 若妻とその母
（Boring et al., 1948）

(b) 盃と横顔
（Rubin, 1921）

図1.8　多義図形

1.5 生得説と経験説

　知覚を過去経験で説明する場合がしばしばある（**BOX 1.5**）。これは錯視や恒常性などの説明にもしばしば用いられる。たしかに，われわれの知覚における過去経験の影響は少なくない。赤ん坊がはじめて目でものを見るとき，大人が見るのと同じように見ているとは考えられない。先天盲の人が，開眼手術を受けた際にも，なかなか正常者のような視覚は得られない（鳥居・望月，1992，1997）。いろいろの原因が考えられるであろうが，目でもの見る経験の不足も大きな原因であろう。

1.5.1　連合心理学からゲシュタルト心理学へ

　その後の心理学に大きな影響を与えている前述の連合心理学の人々は，過去経験の影響をきわめて重視した。彼らは，人は白紙の状態で生まれ，すべての知識は生後の経験によって生じると考えた。たとえば『視覚新論』(1709) を著したバークリー（Berkeley, G.）は，距離そのものは目の網膜に与えられず，対象が遠くても近くても，同一方向にある対象の像は，網膜の同一点に結ぶことを指摘し，距離の知覚は，経験によって生じるのだと論じている（下條他訳，1990）。自分とある対象の間に別の対象が介在していれば，第1の対象は遠くにあると知覚するのは，経験によるのだと論じている。たとえば，ある家までの間に川や野原が見えれば，その家に到達するには川や野原を越えていかなければならないという過去経験が思い起こされ，その家は遠いと知覚されるというのである。

　このように，知覚の諸現象を過去経験で説明する傾向は，その後も，19世紀のヘルムホルツ（Helmholtz, H.）やヴントなどの学者に引き継がれた。たとえばヘルムホルツは，知覚は過去経験にもとづく**無意識的推論**の結果であると主張した（梅本・大山，1994）。しかしこれらの説は20世紀初頭に生まれたゲシュタルト心理学者たちにより激しく批判された。たとえば，ゲシュタルト心理学の創始者であるウェルトハイマー（Wertheimer, M.）は，**図1.11**のような形は，彼自身の名前の頭文字であるMとWから出てきているのに，左右の曲線

BOX1.5　ゆがんだ部屋

　図1.9は，エイムズ（Ames, A., Jr.）という人が考案した「ゆがんだ部屋」（distorted room）の写真である。背後の2つの窓から覗いている2人の人物の大きさがアンバランスに見える以外は，まったく普通の部屋と変わりがない。しかし，これは実は，**図1.10**のようなゆがんだ部屋を，図中の観察者の位置から撮影したものである。この部屋は，右の壁が高さも奥行も，また窓の大きさも，左の壁のちょうど半分であり，天井と床と正面の壁は，それをつなぐように，台形をしていて，斜めにつけられている。それにもかかわらず，左右の幅の右から3分の1の位置から見ると，正常な四角の部屋を中央の位置から見たのとまったく同じ映像を得る。単眼で見ると，一般に奥行の手がかりは乏しく，いきおい，過去経験にたよることが多くなる。われわれは，生まれてから，もっぱら四角と直角から出来た建物に慣れ親しんできたから，ゆがんだ部屋も網膜像が等しいかぎり四角な正常の部屋に見えるのであると説明された。

図1.9　ゆがんだ部屋の見え
（Lawrence, 1949）

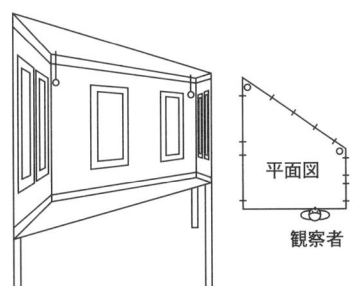

図1.10　ゆがんだ部屋の構造
（Ittelson, 1952）

と中央の菱形として見える事実をあげ，過去経験よりも，刺激の形の特性が知覚を強く規定していることを強調した（梅本・大山，1994）（**BOX 1.6**）。

ゲシュタルト心理学者は，これらの実験結果から，知覚における過去経験の効果をまったく否定したわけではないが，それを過大視し，安易に過去経験によって知覚の諸現象を説明する傾向に強く反対した。

1.6 要素論と全体論

1.6.1 ヴントの考え方

万物が，少数の原子の結合よりなるという考えは，ギリシャ時代からすでにあったが，19世紀の自然科学においては，すべての複雑な物質をいくつかの元素の組合せからできているとするドルトン（Dalton, J.）らの近代的原子論が大きな成功をおさめた。このように，多種多様の複雑な物質が，少数の要素の異なった仕方の結合によって生み出されるとする考えが，心理学の分野でも成立しないかと熱心に試みたのが，ヴントである。

ヴントは，人間の意識を心理学の研究対象と考え，この意識に含まれている，種々さまざまの心的複合体は，少数の心的要素の組合せによって成り立っているとした。彼は，それぞれの心的複合体がどのような心的要素の組合せからできあがっているかを調べ，その結合の様式を明らかにすることが，心理学の任務であると主張した。その点から彼の立場はしばしば構成心理学とよばれる。知覚に関していえば，知覚表象は心的複合体であり，心的要素である種々の純粋感覚と簡単感情の結合からできていると仮定した。たとえば，ある対象の知覚像には，種々の明るさや色の感覚とその対象が生じさせるいくつかの感情の要素が含まれていて，それらの結合によって，その対象の知覚表象が成り立っているというのである。

1.6.2 ウェルトハイマーらのゲシュタルト心理学

このようなヴントらの要素論に真正面から反対したのが，ウェルトハイマーらのゲシュタルト心理学である。ウェルトハイマーが1912年にゲシュタルト心

BOX1.6　経験効果と知覚

　ゲシュタルト心理学者の一人であるゴットシャルト (Gottschaldt, K.) は，知覚におよぼす経験の効果について，有名な実験を行っている。彼は図 1.12 (a) のような簡単な図形 5 種と，図 1.12 (b) のような複雑な図形 31 種を用い，第 1 群の被験者には，(a) 図形をそれぞれ 3 回ずつ見せてから，(b) 図形を提示した。また第 2 群の被験者には (a) 図形を各 520 回見せてから，(b) 図形を提示した。その結果では，(b) 図形中に (a) 図形があることを自発的に気づいた人は，第 1 群で 6.6％，第 2 群で 5.0％にすぎず，ともに非常にわずかな値であり，両群間に差が認められなかった。翌日，第 1 群には，さらに (a) 図形を 2 回ずつ，第 2 群にはそれらを 20 回ずつ提示してから，(b) 図形を提示し，その中の (a) 図形を探すように教示した。その際は，両群は (a) 図形の発見率が約 30％に上昇したが，2 群間にやはり差が認められなかった。

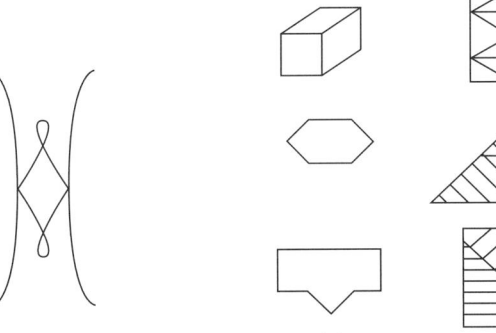

図1.11 MとWにわかれて見えるか
(Wertheimer, 1923)

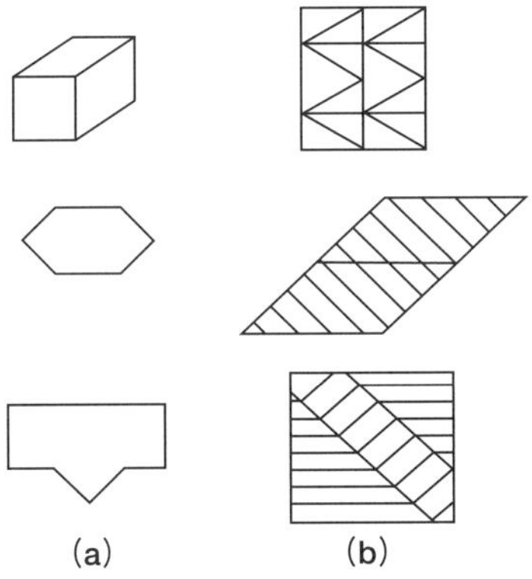

図1.12 ゴットシャルトの研究
(Gottschaldt, 1926)

理学の立場をはじめて明らかにした点で有名な**仮現運動**の研究は，次のようなものである（第8章参照）。今日，テレビや映画で，われわれが運動を知覚しているのは，すべて仮現運動によっている。一つ一つの画面は，やや異なった静止した画像であり，それらが次々に提示されると，画面間でややずれている部分間に運動が感じられる。一連の画面で，ずれが系統的に生じていれば，われわれはスムーズな運動として知覚する。この仮現運動をもっとも単純化した状態で生じさせるとすれば，暗黒中で，互いに近接した2つの位置にあるa，bの2つの光点を交替で点灯すればよい。交替時間を適切に調整すれば，暗黒中で1つの光点が往復運動をしているように見える。実際には，静止したaの光が点灯し，それが消え，次にもう1つの静止したbの光がつき，また消えるということを繰り返しているのに，ただ1つの光の点が運動しているように知覚される。踏切の信号灯にその例を見ることができよう。この知覚に含まれているのは，2つの光の感覚のはずなのに，知覚されるのは1つの光であり，運動の印象が新たに加わっている。要素論の立場からも，過去経験や推理の作用を援用すれば，説明が可能であるかもしれないが，本質的な解決にはならない。これに対して，ゲシュタルト心理学者は，継時的に提示された2つの光刺激が生みだす生理過程が1つの系としてはたらいて，運動の知覚が生じると考えるのである。

　このようなゲシュタルト心理学者の立場を支持する事実は仮現運動の他にも数多く存在する。黒地に白線で描かれた正方形と，白地に黒線で描かれた正方形では，要素となっている感覚はまったく異なるのに，正方形という共通した形が知覚される。正方形は，大きくても，小さくても，赤くても，青くても正方形という形が知覚される（第4章参照）。このように，形態はその形態の素材となっているものとは独立に知覚される。ゲシュタルト心理学とは，形態を意味するドイツ語 Gestalt に由来する。

　このような形態の性質は，通常の意味での形の知覚に限らない。たとえば聴覚におけるメロディは，一種の形態と言える。転調して個々の音の高さをすべて変えても，同じメロディが聞こえる。これは，何色で描いても，同じ形が見えることに対応する。

BOX1.7　枠組みと形

　形は，それよりも大きな全体によって，規定されている。**図1.13**のABCDには，すべて同形で同大の正方形が含まれているが，AとCでは正方形が正立し，BとDでは45°傾斜している。これらを見てみるとAでは，確かに正方形が正立して見えるが，Cではむしろダイヤモンド形に見える。また，ともに傾斜している正方形を含んでいるBとDのうち，Bでは確かにダイヤモンド形に見えるが，Dではむしろ正方形の印象を得る。このように，同じ部分であっても，どのような全体に含まれているかによって，違う形の印象が生じるのである。CはB全体が傾いたと見え，DはA全体が傾いたような印象を与えるのである。このような全体による部分の規定は，ゲシュタルト心理学者が繰返し強調したところである。

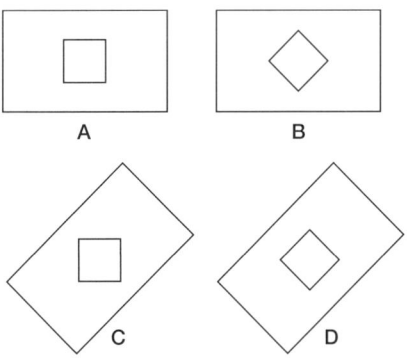

図1.13　枠組みと形（Koffka, 1935）

前出の**図 1.12** の例で，同一の (a) 図形が，複雑な (b) 図形の中にはめ込まれると，反復して経験した図形であっても発見できなかった事実は，同じ部分が異なった全体に取り込まれることによって，異なった知覚体制が形成されることを示している。これもやはり，全体によって部分が規定される例である（**BOX 1.7**）。

1.7 感覚・知覚測定

1.7.1 主観と客観

感覚・知覚現象はもともと各個人の主観的なことがらである。研究者の主観的体験や人々の日常的経験の言語的表現も研究の出発点では重要な手がかりとなる。しかしこれを科学的研究とするためには，主観的現象を客観的に研究する必要がある。もともと主観的なことがらである感覚・知覚現象を客観的にとらえることは難問題である。そのうえ，個人による差が大きく，また同一個人でも完全に同じ感覚・知覚経験を再現させることが困難であるという障害と，質的側面を多く含み，量化しにくいというハンディキャップが存在している。

今日の心理学は人間の意識を扱う学問ではなく，行動の科学であると定義されている。自分自身の主観的体験を研究するのではなく，他人の行動を客観的に研究するのである。そこで心理学の実験には少なくとも 2 人の人間が必要となる。1 人は研究者である**実験者**（experimenter）で，他の 1 人は，実験や観察の対象となる**被験者**（subject）である。感覚・知覚の研究の際にも当然，研究者自身の感覚・知覚でなく，被験者の感覚・知覚が測定の対象となる。被験者には専門家がなる必要はなく，むしろ素人で，研究目的を知らない人が適当である。しかし，ある程度の慣れが必要なことも多い。

上に述べた立場を言いかえてみれば，人間を一つのブラック・ボックスと考えて，それに入る入力（input）と，そこから生じる出力（output）の間の関数関係だけを取り扱うということになる。入力としては人間の感覚器官に与えられる刺激（光，音，熱，圧などの物理的エネルギー，または，味，嗅に関する化学的エネルギー）があげられ，出力としては，言語活動を含めた人間の運動

的反応が考えられる。これらの入力も出力も，ともに客観的に観察し測定することのできるものである。しかし，このようなブラック・ボックスを考えてみても，人間の感覚・知覚体験自体はやはり各個人の主観的なことがらである。そこで，今日の心理学では，これらの主観的現象を，客観的に観測可能な刺激か反応のいずれかに反映させ，その測定値の変化を通してそれらの主観的問題を研究する方法が考案され，広く用いられている。

　主観的現象は言語反応に結びつけてとらえるのが，一番容易であるが，その際，十分に注意を払う必要がある。被験者が「赤い色が見えた」と答えても，実験者が赤とよんでいる体験とまったく同質の体験を被験者がもったかどうかは疑問である。色覚異常者も「赤」という言葉は用いるが，その内容は健常者の「赤」とは大いに違っているであろう。「赤」という言葉が発音されたことが客観的なデータであって，その言葉で表現された内容は主観的なことがらなのである。

1.7.2　心理学における数量化

　数量化は科学を進歩させる有力な手段であるが，心理学の数量化にはかなりの困難をともなう。とくに反応を指標として研究を行うときは，いろいろと工夫が必要である。人間の反応は，さまざまの種類があり，またそれぞれ多くの質的側面をもつ。それらを，量的変化としてとらえるには，かなりの仮定が必要となる。また，量的変化としてとらえやすい反応も，その量がただちに心理的意味をもつとはかぎらない。人間の感情変化を**GSR**（galvanic skin response；皮膚電流反射，精神電流反射ともいう，いわゆる嘘発見器の原理）としてとらえる際，記録器の針のふれを量的に測ることは容易であるが，針が2倍ふれたから，人間が2倍興奮しているとはいえない。物理実験でメーターの針を読むのとは意味がまったく違う。一般に心理学の研究で得られる数値は，物理的測定で得られる数値のような厳密な意味での量ではない。20という値が10の2倍の効果をもつとはかぎらないし，10と20の差と20と30の差が等しい間隔である保証もないことが多い。また，物理的測定にはその背後に確立した量的法則が存在するが，心理学的測定にはそれが欠けていることが多い。

1.7.3 精神物理学的測定法

このように物理学的測定とは違っているが，厳密な手法として広く用いられているのが，前述のフェヒナーの精神物理学に由来する**精神物理学的測定法**である。これを大別すると次の3種となる（**BOX 1.8** 参照）。

1. 調整法（method of adjustment）

たとえば明るさの対比の場合を例としよう。明るい周囲に囲まれた円形の領域を**標準刺激**（standard stimulus），暗黒の周囲に囲まれた同形同大の領域を**比較刺激**（comparison stimulus）とする。標準刺激の輝度は一定とし，比較刺激の輝度は被験者が観察しながら手元のハンドルなどを調整して変化できるようにしておく。被験者にこのハンドルを動かさせて，両刺激が見かけ上等しい明るさになるように繰返し調整させるのが調整法である。通常1回ごとに出発点を変えて，調整方向を上昇と下降と交替させて，数回ずつ繰り返し，平均値を求める。この際に求められた比較刺激の輝度が主観的等価点（PSE；**BOX1.8** 参照）であり，その値が標準刺激の輝度より低ければ，その差が明るさの対比量の指標となる。この調整法は刺激閾の測定には適さないが，弁別閾測定には用いられる。たとえば暗黒背景の下に，同形同大の標準・比較両刺激を隣接して配置して，両者が等しく見えるように比較刺激を調整させる。その際の調整のバラツキを示す標準偏差（σ）の 0.675 倍に相当する確率誤差（probable error）をもって弁別閾値とする。

2. 極限法（method of limits）

調整法のように，刺激を連続的に変化しないで，わずかずつ段階的に変化する方法である。たとえば，光覚の刺激閾の測定であれば，目に見えない低い強度から出発して，一定のステップで少しずつ強めていって，はじめて「見えた」と答える光強度を求める上昇系列と，明らかに見える光強度から少しずつ弱めていって，「見えない」という答えがはじめて得られる光強度を求める下降系列とを交互に数回ずつ行って，その平均値を刺激閾とする。前述の明るさの対比の例のような PSE 測定の場合であれば，比較刺激の輝度を段階的に変化して「明るい」「等」「暗い」の3カテゴリーを用いて判断させて「等」判断の起こる範囲の中心をもって PSE とする。弁別閾測定も，ほぼ同様の方法で行い，

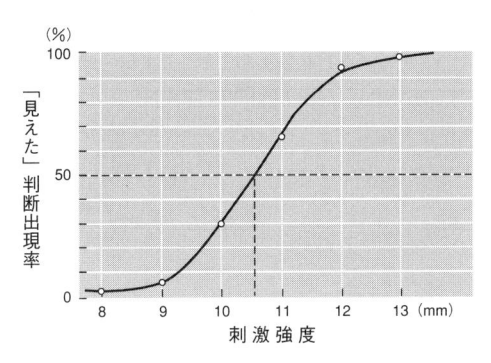

図1.14 恒常法による「見えた」判断出現率

「等」判断の生じる範囲を用いて弁別閾を算出する。

なお，この極限法を改良した「上下法」が今日では広く用いられている。

3. 恒常法（constant method）

この方法では，上記の2方法と違って上昇下降といった系統的な刺激変化は行わない。あらかじめ選ばれた数段階の値をランダム順に用いる。光覚の刺激閾の測定の場合であれば刺激強度の対数に関して等間隔に選ばれた5段階ほどの刺激をそれぞれ20～100回ずつランダム順に与えて，「見えた」という判断の出現率を求める。これを累積正規分布曲線にプロットすると**図1.14**のようになる。これに曲線をあてはめ，その曲線上で出現率が50％となる刺激値を求めれば，それが刺激閾の値である。この曲線あてはめの方法には種々の手法が考案されている。PSE，弁別閾なども，この方法で求めることができる。

以上は，伝統的な精神物理学的測定法の大ざっぱなスケッチである。これらは今日の実験心理学者の間で広く用いられ，その手続きにいろいろと工夫をこらされ，細かい約束がきめられているので，実際に使用するときには，適当な参考書を参照することが好ましい（大山他，1994；市川，1991；和田他，1969）。

BOX1.8　精神物理学的測定法の測定対象

精神物理学的測定法の主要な測定対象としては，次のようなものがある。

1. 刺激閾（stimulus threshold，または stimulus limen）

物理的には明確に存在する光や音であっても，その強度があまり小さいと，人間の感覚ではその存在を知ることができない。人間の感覚で気づくことのできる限界の刺激強度が刺激閾であって，次に述べる弁別閾と区別するため絶対閾（absolute limen）とよぶこともある。この刺激閾が低いことは人間の感覚が鋭いことを示し，刺激閾が高ければ感覚が鈍いことになる。そこで，刺激閾の逆数（多くの場合，その相対値）を感度（sensitivity）とよび，感覚の一般特性や各個人の特性を示すために用いる。

2. 弁別閾（difference threshold, difference limen）

わずかに強度または質的特性（たとえば光の波長）の異なる刺激が感覚的に区別できる限界の刺激差を弁別閾（DL と略す）または，丁度可知差異（just noticeable difference, JND と略す）という。2つの刺激を比較する際に標準となる刺激強度を I，それらの刺激間の弁別閾を ΔI とするとき，$\Delta I/I =$ 一定　の関係がほぼなりたつことをウェーバーが発見したので，この関係をウェーバーの法則とよぶ。前記のフェヒナーの法則はこれにもとづいている。しかし，ウェーバーの法則は，比較的狭い刺激範囲で近似的に成立するにすぎないことが，その後の実験的検討から明らかにされてきた。今日では $\Delta I/I$ をウェーバー比とよび，感覚の次元，刺激の水準，観察条件などの種々の条件によって規定される変数として取り扱っている。このウェーバー比の値が小さいほど，感覚が鋭敏なことを示す。

3. 主観的等価点（point of subjective equality）

前に述べたように，視感度曲線は，刺激光の波長による光覚閾の変化をもとにして求めることもできるが，ある一定の明るさに見えるために必要な刺激光の強度（放射量）を種々の波長の刺激光について求め，その逆数の相対値によって，視感度曲線を描くこともできる。これは，結果的に等しい感覚量を与えるために必要な刺激量を測定する方法であり，得られた測定値（刺激量）を主観的等価点（PSE と略する）という。これは，感覚量（たとえば主観的明るさ）を直接測定することができないため，その代わりに広く用いられる。

たとえば，ミュラー・リヤーの錯視図（図 6.1 (a) 参照）では，両側の物理的長さが等しいならば，外向きの斜線がついた半分のほうが，内向きの斜線がついた半分より長く見える。通常，錯視を測定するには，前者が後者よりどれだけ長く見えるか，すなわち主観的な長さの差を測定する代わりに，前者の物理的長さを短縮していって，主観的に両者等長に見える条件を求める。このようにして求められた測定値（両者等長に見えるための前者の物理的長さ）も主観的等価点の例である。

BOX1.9　空間周波数特性

　楽器の音や音声などさまざまな音の波形をフーリエ解析すると，種々の周波数の正弦波の集合に分析できることはよく知られていて，聴覚研究に役立てられている。目に入る光のパターンも，空間的に広がった明暗の正弦波の集合と考え，種々の空間周波数（視角1°あたりのサイクル数，c/deg）で輝度変化する正弦波の集合に分析することができる。

　図1.15（a）のように高い周波数が細かい縞に，（c）のような低い周波数が粗い縞に対応する。この事実を視覚研究に役立たせることができる。このような正弦波パターンを用いて，輝度変化の振幅を変えて，縞模様を知覚できる閾値を求め，その逆数としてコントラスト感度を求めると，3c/deg付近でもっとも感度が高くなることが知られている。空間周波数に選択的に順応が生じることなどから，空間周波数帯域ごとに異なった視覚処理機構がはたらいていると考えられている（大山他，1994）。

(a) 　　　　　　　(b) 　　　　　　　(c)

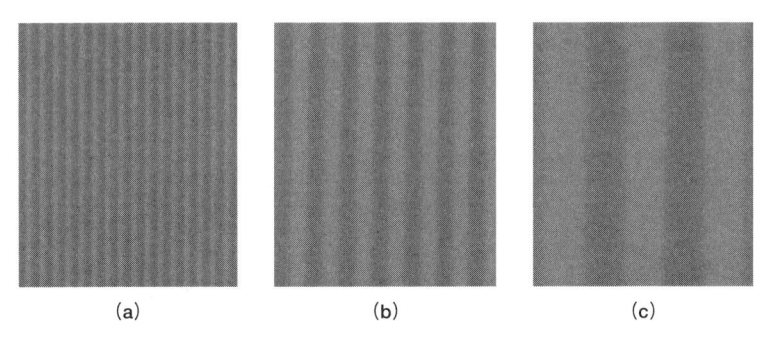

図1.15　種々の空間周波数の正弦波パターン
（東京都立大学市原　茂教授のご厚意による）

[**参考図書**]
　視覚心理学の全体についての参考書としては，大部であるが下記があげられる。視覚系の構造と生理学も述べられている。また前2著は，視覚研究史と感覚・知覚測定についても詳述されている。
大山　正・今井省吾・和気典二（編）　1994　新編　感覚知覚心理学ハンドブック　誠信書房
和田陽平・大山　正・今井省吾（編）　1969　感覚・知覚心理学ハンドブック　誠信書房
田崎京二・大山　正・樋渡涓二（編）　1972　視覚情報処理　朝倉書店
　上記3著ほど大部でなく，よくまとまったものとして次がある。
松田隆夫　1995　視知覚　培風館
　認知科学的立場から視覚の心理学と生理学を概説したものとして次がある。
川人光男他　1994　岩波講座　認知科学（3）　視覚と聴覚　岩波書店
　心理学史全般については下記があげられる。
梅本堯夫・大山　正（編著）　1994　心理学史への招待——現代心理学の背景　サイエンス社
　心理学史中でとくに視覚研究に関連して重要なゲシュタルト心理学に関連しては次が詳しい。
鈴木正弥（監訳）　1988　ゲシュタルト心理学の原理　福村出版
　感覚・知覚測定法をふくむ心理学測定法については次が参考になる。
市川伸一（編著）　1991　心理測定法への招待——測定からみた心理学入門　サイエンス社
大山　正・岩脇三良・宮埜壽夫　2005　心理学研究法——データ収集・分析から論文作成まで　サイエンス社
大山　正　2010　知覚を測る——実験データで語る視覚心理学　誠信書房
市原　茂・阿久津洋巳・石口　彰（編）　2017　視覚実験ガイドブック　朝倉書店

色と明るさ 2

　視覚は基本的に色と明るさから成り立っている。これに空間的広がりが加わったときに，はじめて第 3 章以下で述べる形や広がりや奥行や運動の知覚が生じるのである。しかし色と明るさは外界の事物や光の特性ではない。外界には，波長と強度が異なる光と，反射率と反射特性の異なる物質が存在するだけである（BOX 2.1）。色と明るさはあくまで，光が目の中に入り，網膜を刺激し，大脳において感覚となって，はじめて生まれる主観的経験なのである。本章では色と明るさの感覚とその心理的効果について述べる。

2.1 色の3属性

2.1.1 色相・明るさ・飽和度

　スペクトルの光は，波長に応じて，菫(すみれ)から赤までに変化する。このような色の違いを**色相**（hue）とよぶ。スペクトルの両端の菫と赤の光を混色すると紫が生じる。この紫は，スペクトル中にはない色で，菫または青の光と赤の光の混合で生じ，混合の比率に応じて，青紫から赤紫までに色相が変化する。ところでこの紫を間におくと，スペクトルの両端の色相は比較的似ていることに気づく。菫は青にやや赤みが加わった色である。スペクトルの7色に，スペクトル外の紫を加えると，それらの色相を円環状に並べることができる。これが，**色円**（color circle）といわれるものである。赤，橙，黄，緑，青，藍（紫青），菫（青紫），紫，と循環して赤にもどる。こう並べると色相がしだいに連続的に変化していることに気づく。

　また，どの色相でも，色相が一定のままで明るさが変化した色がある。光の色であれば，鮮やかさもほぼ一定のまま，光の強度に応じて明るさが変化する。物体の色の場合は，明るさが変わるとともに，鮮やかさの限界も変化する。たとえば，赤では，明るく鮮やかな赤い物体色とか，暗く鮮やかな赤の物体色は存在しない。非常に鮮やかな赤は中程度の明るさに限られる。同様に，もっとも鮮やかな黄は明るく，もっとも鮮やかな紫はかなり暗い。これは，人間の目の視感度とも関連している。なお物体色の明るさは，しばしば**明度**ともよばれる。

　飽和度（saturation）また**彩度**とは，色の鮮やかさを示している。スペクトル中の単色光に白色光を混合すると，一般に飽和度が低下する。飽和度にほぼ対応する刺激変数は，**純度**（正確には**輝度純度**（colorimetric purity, p））である。これは，混合光の輝度中の単色光の輝度成分の比率を示している。

$$p = \frac{L_\lambda}{L_w + L_\lambda}$$

ここで L_w，L_λ はそれぞれ混合する白色光と単色光の輝度を示している。

　一般に，色は，以上に述べた，色相，明るさ，飽和度の3つの次元に沿って

BOX2.1　光線には色がついていない——色彩は感覚である

　The Rays are not coloured とはニュートンが，その著『光学——光の反射，屈折，回折，および色に関する論述』(1704) 中で述べている言葉である．色の科学的研究はニュートンに始まるといってよいであろう．彼がプリズムを用いて太陽の光を7色のスペクトルに分散させたことは余りにも有名であるが，彼が分散したスペクトル光をレンズとプリズムを用いて集光して，ふたたび白色の光に戻す実験をしたことはそれほど知られていない．彼はさらに，その際，スペクトル中の光をスリットを用いて選択して通過させ，その一部の光のみをレンズで集光させることによって**混色** (color mixture) の実験を行っている．たとえばスペクトル中の赤光と緑光を集光させると鮮やかな黄の光ができる．しかし，これは，スペクトル中の黄色部分と物理的に異質なものであることは，第3のプリズムを通すことによって確かめることができる．混色で出来た黄光はプリズムによりふたたび赤と緑の光に分散するが，スペクトル中の黄光は何度プリズムを通しても分散しない．

　ニュートンは，このような混色実験の結果にもとづいて，光線と色とを区別し，色は感覚であり，光線の性質ではないことを「光線には色がついていない」という言葉で表した．彼は，赤い光，青い光という呼び方は不適当で，正確には，赤をつくる光線 (Red-making Ray) 青をつくる光線などと呼ぶべきであると強調している．彼は，光線と色の感覚の関係を空気の振動と音の感覚の関係にたとえ，その区別を明確に論じている．

　赤，緑，青の3色の光の混合によってほとんどすべての色がつくり出せることは，その後の厳密な定量的研究によって確かめられている（ここでほとんどすべての色と言ったのは，青緑など一部の色は混色では鮮やかさが不十分となるからである）．この混色の事実が今日の色彩科学の基礎となっている．すなわち，色覚の3色説，RGB・XYZ表色系，3色信号によるカラーテレビ・システム等の基本となっている．ただし，3色混合によって，他のさまざまの色と等色するのは，正常色覚の性質であり，色覚異常者では2色の混合で他のさまざまの色と等色できる場合がある．

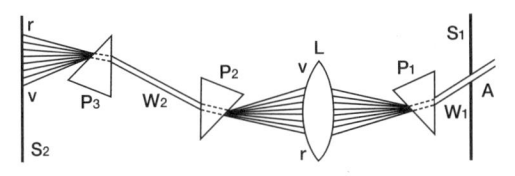

図2.1　ニュートンの混色実験（Boring, 1942）

変化する。これらを色の3属性とよぶ。これを3次元の色立体として表示することができる（**BOX 2.3**）。これらの3属性のうち色相は波長に，明るさは輝度また反射率に，飽和度は純度に，というようにそれぞれの刺激の特性にほぼ対応しているが，その対応関係は完全ではない。スペクトルの青緑領域と橙領域では同一波長でも高輝度となると青味または黄味を帯びやすく，低輝度では緑味または赤味を帯びやすい傾向を示す。これをベツォルト-ブリュッケ現象といい，輝度が変わると波長と色相の対応関係が変わってくることを示している。また純度が変わっても，波長と色相の対応関係が変わってくる。これをアブニー効果という（大山，1994；大山・今井・和気，1994；田崎・大山・樋渡，1972）。

BOX2.2　明るさと光度・照度・輝度・明度

　明るさはそのときの周囲状況や見る人の目の順応状態などに応じて変わる感覚である。その感覚を決めている主な外的要因は，目に入る光の強さである。光の強さは光の物理的エネルギー量（あるいは時間当たりのエネルギー量である放射量）で測定できるが，人間の目に感じない赤外線や紫外線のエネルギー量は，人間の感じる明るさと関係がない。そこで，明るさの感覚ともっとも関係が深い可視範囲の光に限って放射量を測定する必要がある。しかも，可視範囲内であっても，視感度が高い550ナノメートル付近と，可視範囲の両端の400ナノメートルや700ナノメートル付近では，同じ放射量の光でも明るさの感覚に与える影響が大いに異なる。そこで，人の平均的な視感度曲線を考慮に入れて，各波長成分の光の放射量を変換した「測光量」が用いられている。

　光源の強さを表す「光度」，ある方向への光の流れの強さを示す「光束」，照明の強さを示す「照度」，ある面からある方向に達する光の量を示す「輝度」などが，国際的に決められ，それぞれカンデラ（cd），ルーメン（lm），ルクス（lx），単位面積当たりカンデラ（cd/m^2）の単位で表される。以前に用いられていたランバート（L）の単位は$3,183cd/m^2$に相当する（大山・今井・和気，1994；和田・大山・今井，1969）。なお「明度」は表面の標準的な明るさを表す用語であり，反射率との関数関係が決められている。マンセル明度がその代表的な例である。

　このうち「輝度」は，紙などの光を反射する表面とともに，テレビやコンピュータ画面のように光を発している面にも適用され，もっともわれわれの感じる明るさと関係が深い。視覚の実験条件の記述に多く用いられるので，本書でしばしば登場する。

BOX2.3　色立体

　色相を円で，明るさをその円の中心を垂直に貫く軸で，飽和度を円の中心からの距離で表すと，円筒座標系によってすべての色を 3 次元空間中に配置することができる．これを**色立体**（color solid）とよぶ．**図 2.2** に示す，マンセルの考案した色立体はその代表的な例である．主として物体色を表すのに用いられる．色相（hue），明度（value），彩度（chroma）をもって示される．色相は，赤（R），黄赤（YR）（ほぼ橙に相当），黄（Y），緑黄（GY），緑（G），青緑（BG），青（B），紫青（PB）（ほぼ菫に相当），紫（P），赤紫（RP）の 10 色相が円環状に並び，さらに，それぞれ 10 等分される．JIS（日本工業規格）にも採用されているが，JIS では日本語の習慣に従って，緑黄でなく黄緑，紫青を青紫とよぶ．ただし記号は GY，PB のままである．

　このマンセル色立体を放射状に切った垂直断面上には，同一の色相をもつさまざまな色が並び，上部に行くほど明度が高く，中心よりはなれるほど彩度が大となる．同じ色相，同じ明度で彩度のみが異なる色が，同じ高さに水平に並ぶ．また同じ色相，同じ彩度で明度のみ異なる色が垂直に並ぶ．

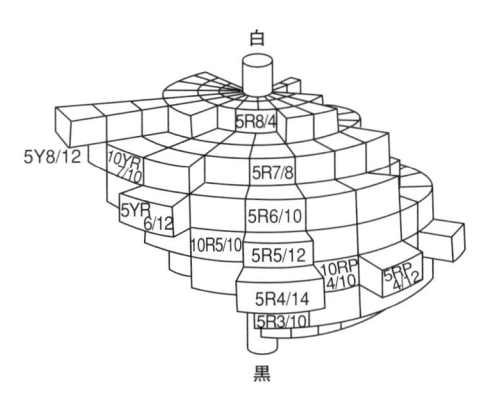

図 2.2　マンセルの色立体（Bond & Nickerson, 1942）

2.1.2　感覚尺度

　以上に述べた色相，明るさ，飽和度（彩度）は，おおまかにいえば，光の波長，光の強度（輝度），純度に対応するが，その数量的対応関係は単純な線型

関係ではない。そこで感覚の量的変化を適切に表す感覚尺度作成の問題が生じる（**BOX 2.2**参照）。第1の光の強度と明るさの間には，フェヒナーの対数法則（第1章 **BOX 1.3**参照）やスティーヴンスのべき法則の適用が試みられている。第2の波長と色相の間の関数関係は複雑であり，単純な数式では表せない。目で見て色相の差が区別できる最小の限界，すなわち弁別閾の値は弁別条件によっても，波長領域によっても異なる。好条件下では，わずか2ナノメートルの差も目で区別できる場合がある。弁別しやすい波長領域は，420，470，570ナノメートル付近で色相の変換点に相当し，青，緑，赤などの主要色相それぞれの波長領域の中央部分では一般に弁別が悪くなる。スペクトル中で各主要色相がしめる幅も一定していない。緑や赤は幅が広く，黄では幅がせまい。第3の純度と彩度の間の数量的関係についても，べき関数などの関数関係が提案されている。

マンセル色立体（**BOX 2.3**）では，色相，明度，彩度の変化がほぼ等歩度になるように経験的に等度が決められて，XYZ系色度座標との関係が数値化されている。

2.2 色と明るさの見え方

標準的な状態で観察すれば，光や物の色と明るさは，波長，純度，輝度などから予想されるような色相，飽和度，明るさに見えるが，色の見え方はそれらの刺激変数によって一義的に決まるわけではない（**BOX 2.4**）。観察者側の条件や刺激側の時間・空間的条件により，色の見え方は種々変化する。また，色残像のように，その時点ではまったく外部からの視覚刺激がなくても，色が見える場合すらある。以下では色の見え方を規定する重要な要因である色と明るさの順応と対比について述べよう。

2.2.1 色順応

明るさの順応については，すでに第1章において述べた。明るさの順応に応じて，閾値が変わるだけでなく，物や光の明るさが全体的に明るく，あるいは

BOX2.4　色の現れ方

　同じ青でも，布の青と，空の青，液体の青，色ガラスの青などでは，それぞれ色の現れ方が異なる．カッツ（Katz, D., 1935）は次のような現れ方（mode of appearance）の種類をあげている．

1. **面色**（film color）　青空の色や光学器械中の色の現れ方．距離感が不確定で，視線に対して垂直に広がり，硬い表面は感じられず，やわらかく，突き入ることができる印象を与えるが，3次元的な奥行はなく，ほぼ平面的である．衝立の小穴などを満たす色がこの面色で現れるので，開口色（aperture color）とよばれることもある．

2. **表面色**（surface color）　色紙や通常の不透明の物体の表面の色で，距離感は確定的で，表面は硬く，視線に対してさまざまの傾きと曲面をも示す．表面色の色，明るさは照明の色，明るさと分離して知覚できる．色と明るさの恒常性（照明の色や強度が変わっても，物の色や明るさがほぼ一定に知覚される傾向）が成立する．物体色（object color）ともよばれる．

3. **透明面色**（transparent film color）　色ガラスや回転中の扇風機の羽根を通して他の物体を見るとき，背後の物体の色は定位の確立した表面色に見え，色ガラスや回転中の扇風機の羽根の色は定位の不確かな面色としてかつ透明に見える．これを透明面色という．

4. **透明表面色**（transparent surface color）　両眼で本を読んでいる際に，片眼の前に手をおくと，手を通して本の印刷された文字が見える．その際，手の表面の色は明確な定位をもつ表面色で，かつ透明に見える．これを透明表面色という．

5. **空間色**（volume color）　ガラス器の中の着色液体の色のように空間に広がった色．

6. **鏡映色**（mirrored color）　磨かれた床や水面に他の対象が映っている場合の対象の色．床や水面の色の背後に現れる．

7. **光沢**（luster）　通常，表面色に囲まれ，それよりずっと輝度が高い部分に現れる．両眼にうつる高輝度部分の位置が互いにずれているときに，光沢感が顕著である．

8. **光輝**（luminosity）　みずから光を発しているような見え方．周囲より輝度が高い必要があるが，実際に光を発している必要はないことは，レンブラントの作品のように絵画によって光輝が示せることでもわかる．

9. **灼熱**（glow）　溶解した鉄や電気ストーブのニクローム線のように，表面だけでなく，内部からも光を発しているような印象の色の現れ方．やわらかく，つきとおせる感じを与える．

暗くなる。同じ色を続けて見つめていると，その色の飽和度がしだいに減少していき，その後，視野の同じ場所に他の色を提示すると，通常とは異なった色に見える。この現象を**色順応**（color adaptation）とよぶ。色順応の過程において，飽和度（彩度）は，はじめ急激に，その後しだいにゆるやかに低下していくが，色味を完全に失って無彩色になるようなことはない。

色順応下では，物の色の見え方が，全般的に変わって見える。ある色をもつ照明下にしばらくいると，目はその色に順応する。照明光と同じ色の光を反射する物体が白色に見えるようになり，通常は白色に相当する一様な分光分布の光を反射する物体は，かえって照明光の色の補色に色づいて見える。白色の物体をその照明下におくと，照明光の色光を反射するが，目の色順応のため，その色光の色には見えず，白色に見える。その他の色の物体も，色照明下では反射する光の分光分布が変わってくるが，見かけの色はそれほど変わらない。このような現象を**色の恒常性**（color constancy）という。白熱電灯と蛍光灯では分光分布が大きく違うが，それぞれの照明下での物体の色の見え方はそれほど違わないのは，そのためである。色づいたサングラスをかけた場合も色順応が生じ，色の恒常性が成立する。

2.2.2 色と明るさの対比

同一の灰色の小片を赤色の背景の上におくと淡く緑色を帯び，青色の背景の上におくとほのかに黄に色づく，白色の背景の上におくと暗く，黒色の背景の上におくと明るく見える。また，色のついた小片を，それと異なった色相の背景の上においた場合も，色がやや変わって見える。多くの場合，背景の補色の色が加わって見える。これらの現象を**色の対比**（color contrast）（**口絵3 参照**）ならびに**明るさの対比**（**BOX 2.5**）とよぶ。色と明るさの対比にも，この例のような同時対比とともに継時対比もある。しかし，継時対比は上述の色順応の一つの現れともいえるから，以下では同時対比についてのみ述べる。

色の対比については，キルシュマン（Kirshmann）の法則として次の5項目が提出されている（Graham, 1965）。

(1) 誘導領域にくらべて検査領域が小さいほど色の対比は大きい。

BOX2.5　明るさの対比

　同じ輝度の面でも，その周囲の輝度が高い場合は，周囲の輝度が低い場合にくらべて，明るさが暗く感じられる。これが**明るさの対比**（brightness contrast）といわれる現象である。この明るさの対比のために相接する2つの面の輝度の差は強調して感じられる。そのため物の輪郭が明確に感じられるから，形の知覚には好都合な現象である。

　一般に，明るさの対比は，周囲が明るいために暗い部分がますます暗く感じられるのが原因であろうか。それとも周囲が暗いと明るい部分がますます明るく感じられるのが原因であろうか。結論からいえば前者であり，周囲の網膜部位の興奮によって，囲まれた部分の神経興奮が生理的に抑制されるためと考えられている。

　ハイネマン（Heinemann, 1955）は**図2.3**に示すような視角55′の直径をもつ環状の周囲（誘導領域，I）にかこまれた，直径28′の円形の検査領域（T）と，暗黒の周囲をもつ同形同大の比較刺激（C）を被験者に比較させて，両者の明るさが等しく感じられるように後者の輝度を調節させた。

　図2.4は検査領域と誘導領域の輝度を種々に変化して，そのような調節をさせた結果を示す。各曲線はそれぞれ一定の輝度の検査領域の結果であって，横軸に示す誘導領域の輝度が上昇するとはじめやや明るさが上昇するが（促進効果），誘導領域輝度＝検査領域輝度のあたりから急激に明るさを減じること（抑制効果）が示されている。その抑制効果はかなり強力なもので，検査領域と等しい明るさに調節される比較領域の輝度は，周囲が暗黒な場合にくらべて1,000分の1以下にまで低下する。

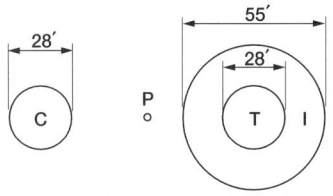

図2.3　明るさの対比の実験用刺激
（Heinemann, 1955）

T：検査領域　　I：誘導領域
C：比較領域　　P：凝視点

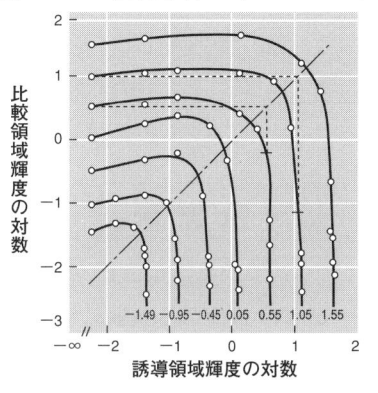

図2.4　明るさの対比における周囲
　　　　（誘導領域）の輝度の効果
　　　　（Heinemann, 1955）

各曲線に付記された数値は検査領域輝度（log mL）を示す。縦横軸の単位はlog mL。mLはミリランバート。

(2) 色の対比は，誘導・検査両領域が空間的に分離していても生じるが，その空間間隔が大きくなるほど対比効果が減少する。
(3) 誘導領域が大きいほど対比効果は大きくなる。
(4) 明るさの対比が生じないか，あるいは最小のときに，色の対比は最大となる。
(5) 明るさが等しいとき，誘導領域の飽和度が大きいほど対比も大となる。

ここで，誘導領域とは，上例の色のついた背景に相当し，検査領域とは，その上におかれた小片に相当する。

ここに述べられた5項目は大部分，その後の実験的研究によって確認されているが，(4)については否定的の結果が得られている。むしろ，明るさの対比が大きくなるときに，色の対比も大きくなる傾向が認められている（Kinney, 1962；Oyama & Hsia, 1966）。

色の対比は，一般に，周囲の色の差を強調するようにはたらくが，**口絵2**のように色の縞が描かれた赤色部分が，縞の色に近づいて見えることがある。これを**色の同化**（color assimilation）という。これは細い縞が反復する際に生じやすい。

この他，光の波長分布は均等であっても白黒の縞模様の円板によって色の感覚が生じる場合もある（**BOX 2.6**）。

2.3 色覚説

以上述べてきたような色覚の基礎となるメカニズムに関する学説としては**ヤング-ヘルムホルツの3色説**（Young-Helmholtz trichromatic theory）と**ヘリングの反対色説**（Hering opponent-color theory）がよく知られている（Boring, 1942；秋田, 1969；大山, 1994）。

2.3.1 3色説

3色説によれば，網膜中には3種の錐体があり，それぞれ，長（赤），中（緑），短（青）の波長領域の光に感度が高く，それぞれの錐体が伝える興奮の大きさ

BOX2.6　主　観　色

　主観色（subjective color）とは，客観的には色はなく，白と黒のパターンにすぎないものが色づいて見えるというので，この名がある。精神物理学の創始者であるフェヒナー（第1章参照）がすでに研究していたので，フェヒナー色ともいう。有名なのは，**図 2.5** のようなベンハム（Benham）のこまである。このような円盤を回転させると，適当な回転速度の場合に，円弧の間の部分に淡い色が現れ，中心からの距離に応じてその色相が変わる。この種の主観色はいろいろな模様の円盤で観察することができる（大山・今井・和気，1994）。白黒テレビの受像器の同期をはずした場合にも同じような色を観察できる。これは，目に到達する光はまったく波長の偏りがない白色光であっても，その時間空間的パターンによって，色が見える例である。

　この主観色の説明は古くから多くの人々によって試みられているが，いまだに定説が得られていない。この主観色の発生には明暗の時間的交替が必要であり，3色説で指摘された3種の錐体の光に対する応答時間の差が原因と考えられる。しかし単なる明暗の交替だけでは主観色は生じない。空間的縞模様の存在が必要である。この点から空間的側抑制（**BOX 3.1** 参照）の介在が推定される。この現象はあくまで時空間的相互作用によっていると考えられる。

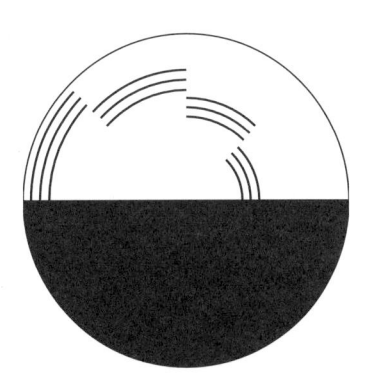

図2.5　ベンハムのこま

の比率関係によって，さまざまの色の感覚が生じるとされる。そのうちの1種の錐体がもっぱら興奮し，他の2種がほとんど興奮しなければ，当然，赤，緑，または青の感覚が生じる。また，2種の錐体が同程度に興奮し，他の1種があまり興奮しなければ，黄，青緑，または紫の感覚が生じる。たとえば，スペクトルの黄の部分の光が目に到達した場合は，その波長は赤と緑の中間であり，赤と緑の2種の錐体の感度のピークのいずれとも比較的近いので，それらの錐体を同時にある程度興奮させるが，青の錐体のピークからは遠いので青の錐体はほとんど興奮させない。この状態は上記のように黄の感覚を生じさせる。

ところで赤と緑の光が同時に同じ網膜領域に到達しても，やはり赤と緑の錐体が同時に同程度興奮し，青の錐体がほとんど興奮しない。この状態は，上記の黄の光によって生じる興奮状態と同じであり，やはり黄の感覚が生じる。これが前述のように，赤と緑の混色により黄を感じる理由であると説明される。また，赤，緑，青の3種の錐体が同時に同程度興奮する場合は白の感覚が生じる。この状態は太陽光のように可視範囲のすべての波長を均等に含んだ光によっても生じ得るし，赤，緑，青の単色光が同時に目に到達しても生じる。これが赤・緑・青の混色により白が見えることの理由と説明される。さらに3種の錐体が種々の比率で興奮するときには，その比率に応じてさまざまの色の感覚が生じるとされる。この3色説は，混色の説明にとくに適した説である（**BOX 2.7**）。

2.3.2 反対色説

反対色説では，赤，黄，緑，青，白，黒がそれぞれユニークな色で，その感覚の中に他の感覚が混在していないことを重視する。たとえば，黄は，赤と緑の混色で生じはするが，われわれが経験する黄の感覚の中には，赤味も緑味もまったく含まれていない。また，赤味と黄味を同時にもつ橙色とか青味と緑味を同時にもつ青緑色は存在するが，赤味と緑味を同時にもつ中間色はないし，黄味と青味を同時にもつ中間色はない。この点から，赤と緑，黄と青，白と黒はそれぞれ対立した色であり，同じ過程の反対の極と考える。すなわち，視覚系内に赤—緑，黄—青，白—黒の3種の反対色過程を仮定する。

BOX2.7　3色説の生理的基礎

　3色説は100年以上の間，仮説であったが，わが国の冨田恒男教授らの電気生理学的研究によって実証された．コイの網膜中の錐体の中に直接に微小電極を挿入する方法によって，個々の錐体の光の波長に応じた反応特性を調べた．微小電極を錐体内に挿入した状態において，400ナノメートルから760ナノメートルの可視範囲の間を20ナノメートルごとに波長を変化させて単色光を照射して，錐体内の電位の変化を測定した．その結果，**図2.6**に示すような3種のスペクトル応答が得られた．147個の錐体のスペクトル応答を調べたところ，460，530，610ナノメートル付近にピークをもつ3群に分けられた．ほぼマークス（Marks, H.B.）のキンギョの網膜を用いた結果に似た結果であるが，個々の錐体のスペクトル応答というより直接的な方法で青，緑，赤にそれぞれの応答のピークをもつ錐体を見出し，3色説を実証することができた．

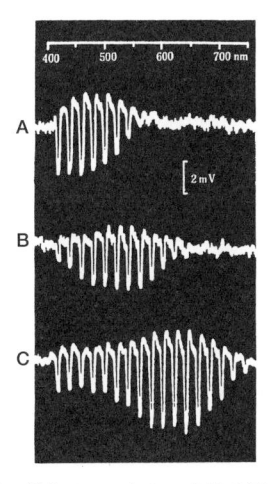

図2.6　コイの3種の錐体のスペクトル応答の例（Tomita et al., 1967）

この説では，色順応は，この反対色過程が一方の極の方向にのみ続けて進行した状態と説明される。たとえば赤に対する順応は，赤―緑過程が赤方向に持続して進行した偏った状態であり，同方向にそれ以上の進行をすること（すなわち，さらに赤を知覚すること）はしだいに困難となり，逆方向である緑方向への過程の復元（すなわち，緑の知覚）の生じやすい状態とされる。また色の同時対比は，隣接領域における反対色過程が偏って進行したため，当該領域でもその影響を受けて，同一過程が逆方向に進みやすい状態として説明される。ハーヴィッチとジェームソン（Hurvich & Jameson, 1957）は，この反対色説で仮定している赤―緑過程と黄―青過程の基本反応曲線を，心理学的実験によって求めている（**BOX 2.8**）。

2.3.3 段階説

今日では，3色説も反対色説もそれぞれ生理学的根拠をもっている。3色説は，錐体内視物質の分光吸収特性の測定，ならびに微小電極による錐体内活動電位の記録によって，錐体レベルで実証されている。一方，反対色説は網膜中の水平細胞と外側膝状体の電気生理学的研究により支持されている。したがって，現在では，3色説と反対色説は相対立する学説ではなく，取り扱っているレベルが異なるにすぎないと考えられている。錐体レベルでは，3色説で仮定されているような過程が生じていて，その結果として得られた神経信号が次の段階で反対色的過程に変換されるという，**段階説**（stage theory）が有力となっている。

2.4 色彩の心理的効果

サーモグラフのように色で温度を示す場合なら，赤が高温，青が低温，橙，黄，緑が色相順にその間に入るのがきわめて自然である（**口絵4**参照）。また危険部分と安全部分を色分けするなら，危険部分を赤，安全部分を青で示すと分かりやすい。色は，地下鉄の路線図のように単に区分けの記号に使われることもあるが，色は単なる記号以上の意味をもっている。

BOX2.8　ハーヴィッチらの反対色過程の研究

　ヘリングの反対色説の欠点の一つは，数量化していないことである。アメリカの心理学者のハーヴィッチ（Hurvich, L.M.）とジェームソン（Jameson, D.）の夫妻が，この点を補った。彼らは次のような打消し法（cancellation method）とよばれる方法を用いた実験によって，図 2.7 のような反対色説の特性曲線を求めた。

　まず観察者に，スペクトル中で純粋な赤，黄，緑，青を感じる部位を指摘させる。つぎに，それによって選ばれた4種の標準光を用いて，それぞれのほぼ補色に相当するスペクトル範囲と混色して，それぞれの部位の補色の色味を打ち消させる。たとえば，選ばれた青の光を，その補色の黄を中心とした500～700ナノメートルのスペクトル単色光に混合し，黄味を打ち消させる。その際に黄味も青味も感じなくなるための青色光の混合量を求める。ただしその際，青色光を混合しても白色とならず赤味か緑味が残るが，それは問題としない。

　このようにして求めた青色光混合量をもって，そのスペクトル部位の黄の反応価とする（一般に補色の光の混合量をもって，打ち消される色の反応価と考える）。図 2.7 は反応価の曲線を示している。つぎに400～500ナノメートルのスペクトル範囲については，黄色光を用いて，その補色の青の色味を打ち消すための黄色光の混合量を測定する。その値が青の反応価となる。さらに全スペクトル範囲の各種単色光に対して，赤色光，または緑色光によってそれぞれ緑味，赤味を打ち消し，緑と赤の反応価を求めた。これらの結果をつなげることによって反応色過程の特性曲線が得られた。白の曲線は視感度曲線（第1章参照）を示す。

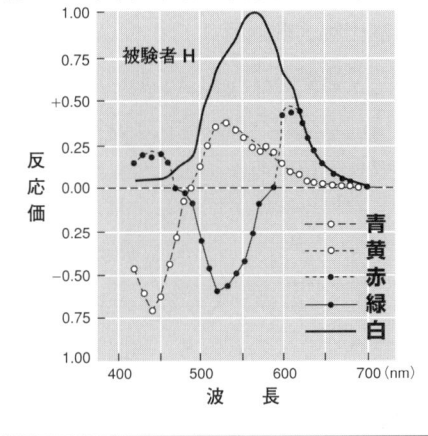

図2.7　ハーヴィッチとジェームソンによる反対色過程
（Hurvich & Jameson, 1957）

たとえば，暖色，寒色といわれるように，色は温度感覚や「温かさ」，「冷たさ」で象徴されるような感情の問題とも関連する。また進出色―後退色とよばれて，距離感覚にも影響を与えるし，物の大きさ，重さの判断にも影響する。

このような色の心理的効果は個人の主観的体験に現れるだけでなく，客観的方法により得られた科学的データとしてもとらえることができる。

2.4.1 暖色と寒色

結論から先に述べれば，視覚的に色を与えただけで，温度判断を求めれば，通常言われているように，赤，黄などの長波長色が暖かく，青を中心とした短波長色が冷たく感じられることは，多くの実験により確かめられている。しかし，ある温度の物体や液体に手をふれ，皮膚感覚的にも温度を感じるとともに視覚によりその物体や液体の色を感じるという実験事態では，結果がまちまちとなる。

筆者らは，言語心理学研究や市場調査などに用いられているオズグッドのセマンティック・ディファレンシャル法（SD法）（**BOX 2.9**）を用いて行った研究の一部としてこの問題を取り上げた。その結果では，日本・アメリカ・台湾いずれの地域の人々も赤がもっとも温かく，青がもっとも冷たく，その間，色相順に温かさ，冷たさを感じていることが示された。

2.4.2 進出色と後退色

色によって観察者に向かって進出して見えるものと，後退して見えるもののあることは，いろいろの分野の学者によって研究がなされてきた。その結果，一般に長波長の色である，赤，橙，黄などは進出し，短波長の青，菫などは後退することが報告された。波長の差による屈折率の差異による，眼球内の色収差がこの現象の原因と考える人が多かった。その中には，その水晶体の調節（第7章参照，目のレンズである水晶体の変形による焦点距離の変化）におよぼす影響を媒介とするものと，両眼視差（第7章参照）におよぼす影響を媒介とするものと2説があるが，色の感覚と関係なしに，レンズ系としての眼球内部の物理的現象として説明する点は共通している。

BOX2.9 セマンティック・ディファレンシャル法による色彩感情の研究

　セマンティック・ディファレンシャル法（Semantic Differential）（SD法と省略される）は，その名のように，意味を区分していく手段である。しかし，ここでいう意味とは，辞典に載っているような言葉の定義ではなく，その言葉が各個人に与える印象で，開発者であるオズグッド（Osgood, C.E.）自身，情緒的意味（affective meaning）という用語を用いている。この方法は，抽象的な言語の意味を研究する目的にはそれほど適したものでなく，むしろ感覚的，連想的な直接的印象をとらえるのに適している。

　セマンティック・ディファレンシャル法では，**図2.8**に示されたような評定尺度（プロフィールは書き込まれていない）を同時に多数与えて，言葉や色やその他の刺激を評定させるものであり，尺度の両端におかれる形容詞も「良い―悪い」などの評価的なものにかぎらず，さまざまの形容詞が用いられる。

　結果の因子分析から形容詞は，価値（E：良い―悪いなど），活動性（A：動いている―止まっているなど），力量性（P：強い―弱いなど）の3群に大別される。図は赤と青の色紙に対する日本・アメリカ・台湾の被験者の平均的評定結果を示す。赤と青は活動性において対照的な結果を示している。これは暖色―寒色の対立に対応するものであり，3文化圏を通して一貫した傾向が認められる（大山，1994）。

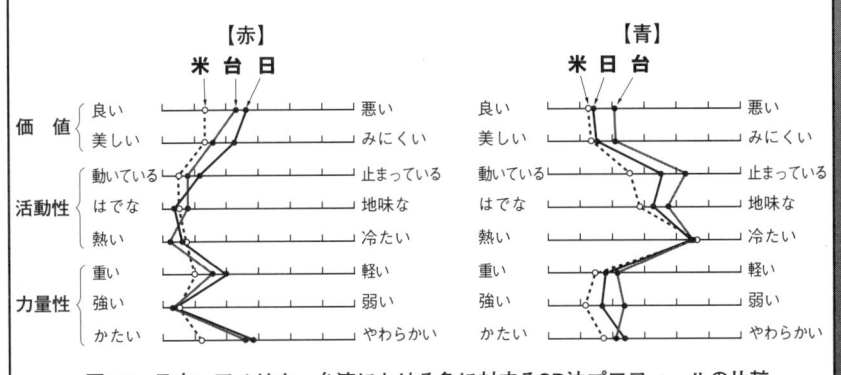

図2.8　日本，アメリカ，台湾における色に対するSD法プロフィールの比較
（大山，1994）

筆者ら（Oyama & Yamamura, 1960）が小窓を通して見える色彩面（その垂直の縁が見えている）ともう一つの小窓を通して見える垂直棒とが，同じ見かけの距離になるように被験者に調整してもらった実験結果では，赤が一番近く，青が一番遠く，その間，色相順に見かけの距離が変化することが，見事に示された。しかし，色覚異常者に被験者になってもらうと，色の弁別が困難な赤―黄―緑の間では見かけの距離の差がなく（赤と青との距離感の差は明確），色の感覚と関係しないという色収差説の予想とは異なっていた。

2.4.3 膨張色と収縮色

膨張色と**収縮色**という言葉があり，ときどき赤は青より大きく見えるなど，暖色―寒色と見かけの大きさが関係しているかのような記述が見られるが，明確な実験的根拠はないようである。

抽象画家の先駆者といわれるカンディンスキーが，黄と青とを対立させて，それぞれ進出・後退運動とも，遠心的運動と求心的運動を含むとの見解を述べたことが一般に普及しているためかもしれない。しかし，これは，彼がたまたま，黄と青という暖色―寒色の対立とともに，明暗の対立を含んだ色を代表として選んだために混乱したのであろうが，明度の等しい赤と青と比較しても見かけの大きさの差はほとんど見出せない。

筆者ら（Oyama & Nanri, 1960）が，被験者たちに種々の色相や明度の充実円の見かけの大きさを，種々の直径をもつ白地に黒の輪郭円と比較してもらった結果においても，明度が高い充実円ほど大きく見える傾向は顕著に現れたが，明度が等しく色相だけ異なるものの間には見かけの大きさの差異はほとんど見出せなかった。

このような色彩の効果は，個人的な経験にもとづく連想などでは説明できない万人共通の傾向であり，色彩の感情効果，色のイメージ，シンボル性などの基礎となっているものと考えられる（**BOX 2.10**）。

BOX2.10　色と象徴

　色はさまざまの連想を生み，象徴的な意味をもつ。白は清浄を，赤は熱情を，青は平静を，黄は快活を，黒は悲哀を表す。各国の国旗の色は，自由や博愛や赤誠などを表したり，民族を象徴することが多い。これは過去の経験にもとづく連想によるところもあるであろうが，誰でも，また文化の異なる国々でもほとんど変わらないのは，本質的に色の与える感情が人々の間に共通しているためではないだろうか。

　筆者ら（大山・田中・芳賀，1963）は14の象徴的な内容の単語を145名の女子短大生に提示し，それぞれにもっとも適した色を16の色から選んでもらう調査を行った。

　その結果，上位に選ばれた色を**表2.1**に示す。カッコ内は，**SD法**を色と象徴語に対して別々に2群の被験者群（女子短大生）に施行した際に得られた結果のプロフィールが互いに類似したものをあげた。それらは，カッコの外に示した直接に色を選んだ結果とかなり一致した。象徴語と色のSD法プロフィールが似ているということは，両者が人に与える感情がよく似ていることを意味すると考えられる。たとえば「平静」という語が人に与える感情と，青色が人に与える感情がよく似ているから，「平静」の語に対して適した色を直接に選ばせても，青が選ばれるのであろう。色がいろいろの言葉を象徴するのは，このような感情の共通性を媒介とした関係によるものであろう。

表2.1　象徴語と選ばれた色（大山・田中・芳賀，1963）

象徴語	選ばれた色
怒り	赤，橙，黒（赤，橙，青緑）
嫉妬	赤，紫，橙（赤，橙）
罪	黒，灰，青紫（青紫，黒，赤）
永遠	白，緑味青，青（緑，青，灰）
幸福	ピンク，黄橙，橙（緑，黄緑，白）
孤独	青，灰，黒（青紫，黒，灰）
平静	青，緑，緑味青（青，緑，灰）
郷愁	黄緑，緑，黄橙，青（緑，紫，灰）
家庭	黄橙，橙，ピンク（緑，青，黒）
愛	赤，ピンク，橙（緑，黄緑，白）
純潔	白，緑味青，赤（青，緑，白）
夢	ピンク，緑味青，黄（黄緑，緑，白）
不安	灰，紫，黒（青紫）
恐怖	黒，灰，赤（赤，青紫，緑青）

[**参考図書**]

　色と明るさの知覚を含めた色彩心理学全般の概説書として次があげられる。
大山　正　1994　色彩心理学入門　中公新書　中央公論社
金子隆芳　1988　色彩の科学　岩波新書　岩波書店
金子隆芳　1990　色彩の心理学　岩波新書　岩波書店
　とくに色覚に関しては次が詳しい。
内川恵二　1998　色覚のメカニズム　朝倉書店
　色彩に関する基礎から応用，表色から感覚・嗜好・文化・デザインにわたる総合的参考書としては次がある。
大山　正・斉藤美穂（編）　2009　色彩学入門——色と感性の心理　東京大学出版会
宮田久美子　2014　暮らしの中の色彩学入門——色と人間性の感性　新曜社

図と地 3

　視覚は，色と明るさを感じるだけでなく，空間的な広がりを知覚できる。空間的な位置の違いが細かく分化しているのが，視覚の特徴といえる。聴覚や触覚によっても空間を感じることはできるが，視覚ほど精密ではない。それでは視覚で感じ得るのは，空間的に配置された多数の色と明るさなのであろうか。われわれが目を開いたときに知覚するのは，家であり木であり人であって，バラバラな色と明るさの寄せ集めではない。多くのものはまとまりをもち，空や壁や床はその背景として広がる。このような視知覚における一番基本的な構造が図と地の分化と考えられる。

3.1 図と地の分化

3.1.1 図と地

真暗闇や霧の中や青空のような一様な視野では，何も認められない（**BOX 3.2** 参照）。暗闇や霧の中に形がぼんやりとでも見えるためには，そこには周囲とは異質なものが何かなければならない。純白のテーブルクロスにかすかなしみがあるように，わずかな明るさや色の違いがあるときに，そこに形がおぼろげに見え，物の存在に気づくのである。これが，**図と地の分化**の起こりであり，異質の部分が図に，周囲の等質な領域が地となる。

この図と地の分化の研究は，今から 80 年ほど前にルビン（Rubin, 1921）によって始められた。彼は図形の記憶の研究をするために，**図 3.1** のように黒い領域で囲まれた緑色（図中では白）の不規則な形をいろいろつくって観察者に見せて実験をすすめていた。ところが，観察者の中には，意外にもルビンが見せようとした緑色の形でなく，その部分を囲む黒い領域を形として見ているものがいることに気づいた。たとえて言えば，地図の中の湖の形を知覚しないで，周囲の岸の形を見ていたのである。

このように，刺激条件が一定でも，形として浮かび上がる領域と，その背景として知覚される領域があり，時によってその関係が逆転するのである。ルビンは，このような見え方の違いを**図**（独：Figur, 英：figure）と**地**（独：Grund, 英：ground）とよんで区別した。

3.1.2 図と地の性質

ルビンによると図と地の現象的差異は次のようなものである。
(1) 図となった領域は形をもつが，地となった領域は形をもつとは言いがたい。また，それまで地であった領域が図となると，何か新しいものが付け加わったという印象を与える。
(2) 2 つの領域を分ける境界線は，図となった領域の輪郭線となり，図の領域の末端として図に所属し，地の領域には所属しない。
(3) 地は図の背後まで広がっている印象を与える。

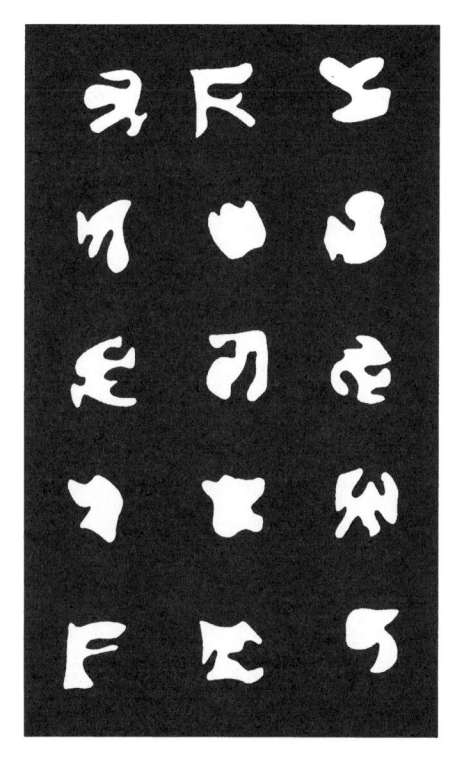

図3.1 ルビンが用いた図形の例（Rubin, 1921）
実験では白色部分は緑色光で示された。

(4) 図は物の性格をもつ。地は材料の性格をもつ。
(5) 図になった領域は地になった領域にくらべて，より豊かな，より分化した構造をもち，一つ一つの領域が個性的である。
(6) 地として現れた場合よりも，図として見られた場合のほうが，色がかたく，密で，定位が確定的である。
(7) 通常，図は地の前方に定位する。
(8) 地よりも図のほうが迫力的で意識の中心となりやすい。

これらは，誰しも日常的に経験しているところであるが，ルビン以前には，このような明確な形で表現されたことがなかった。

3.1.3 図と地の分化の規定要因

この図と地の分化を規定しているもっとも強い要因が明るさの差，厳密に言えば輝度の差である。輝度とは，客観的な光の強さを示す語である。明るさとは，心理学では，人間の感じる主観的な経験であり，明るさの対比などの種々の要因で変化する。これと区別するため，計器で測れるような光の強さを「輝度」とよぶ（**BOX 2.2**参照）。ただし物理的な光の強さとも違い，人間の目で見える波長範囲だけを問題とし，各波長に対する人間の目の感度（視感度）も考慮した値である。標準的な条件下における平均的人間の感じる明るさに対応したものと考えれば，大体当たっている。このような意味での輝度の差が，周囲との間にあるときに，その部分が図として浮かび上がる。ただし，その輝度の差が，余りに小さくては，図として見えない。ある最小限度の差が必要である。周囲と区別できる最少限度以上の輝度の差が必要である。それは，周囲より明るくても暗くてもよい（**BOX 3.1**）。

明るさ（輝度）がほぼ等しくて色だけ違う場合はどうだろう。明るい灰色の周囲に囲まれている黄色の領域とか，緑の周囲に囲まれたほぼ等しい明るさの青い領域などの場合である。このような場合，それらの黄や青の領域が図となって浮かび上がることは少ない。明るい灰色地の上に黄で文字を書いたり，緑地に青で文字を書いた場合には，それらの文字は大変読みにくいものとなる。このように，明るさがほぼ等しく，色だけ異なる領域が図になりにくいことを

3.1 図と地の分化

BOX3.1 側抑制とマッハの帯

　隣り合った位置の輝度の違いを強調して感じる傾向がある。これは，目の網膜の中の神経細胞の間の側抑制（lateral inhibition）という生理学的過程によっている。これはある神経細胞が光刺激によって興奮すると，それに近接する神経細胞の興奮を抑制する生理過程を指している。強さの違う光で刺激された隣接する神経細胞は，この側抑制によって，それぞれの興奮の差が拡大する。したがって感じる明るさの差も拡大する。その結果，輪郭が明確になるのである。

　このような側抑制は，明暗領域が直接隣接していない場合にも生じる。明暗領域の間がゆるやかに輝度が変化している場合にも，輝度変化部分と一様な明部分または暗部分との接点で，見かけの明るさの増大と減少が生じる。この現象を確かめるために，各部分の見かけの明るさを，他の位置におかれた輝度が調節できるスリット状の光刺激と比較する方法で，見かけの明るさの変化を測定した結果が**図3.2**の曲線Bで示される（Lowry & DePalma, 1961）。実際の輝度変化を示す折線Aと比較すると，曲線Bのほうが折線より上になる部分（明るさが増大して見える），曲線が折線より下になる部分（明るさが減少して見える）があることがわかる。

　このような明暗両領域にはさまれて輝度漸減部分があると，その両側の部分に明るい線と暗い線が見える。この現象は，すでに19世紀に物理学・哲学者のマッハ（Mach, E.）により発見されているので**マッハの帯**とよばれている。

　明暗両領域が中間の輝度変化部分をはさまずに直接に隣接していれば，マッハの帯の明るい線と暗い線が相接して生じているわけであり，輪郭の成立に大いに役立っている。さらに，白地上の黒輪郭線の両側には2組のマッハの帯が生じ，輪郭をますます明確にしているのである。

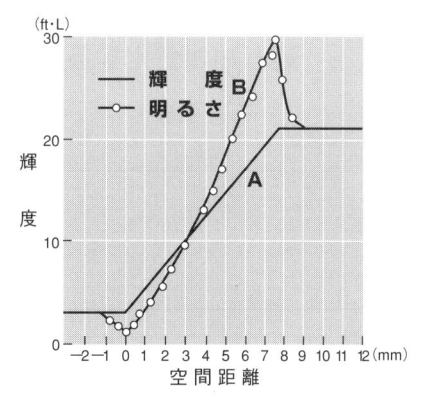

図3.2　マッハの帯における輝度の分布と知覚される明るさの分布
（Lowry & DePalma, 1961）

はじめて組織的に研究したのはドイツのリープマン（Liebmann, S.）という人であり，この現象はリープマン効果とよばれる（Koffka, 1935）。赤や黄より，青や緑で生じやすいので前者をかたい色（hard color），後者をやわらかい色（soft color）とよぶことがある。リープマンらの研究はその後いつしかアメリカの色の研究者からも忘れられ，最近では最少明確度境界（minimally distinct border）の名で再登場したが，実は古くから知られたリープマン現象と同じ現象であることが，ギブソン（Gibson, J.J.）により指摘された（Kaiser et al., 1971）。しかし，ゲシュタルト心理学の伝統の強いわが国の知覚心理学者にはリープマン効果の名称はなお親しまれている。

このほか，異質な領域の面積が余りに小さいと図として分化しない。非常に小さいしみは目立たないことは，日常よく知られたところである。また視野の周辺で見たり，ごく短時間だけ提示した場合には，図と地の分化は生じにくい。

要するに，図と地の分化が生じるためにはある程度以上の面積の領域が，周囲と区別できる明るさ（輝度）の差をもっていることが必要であり，さらに，ある程度の時間（1, 2秒以上）提示され，注目するか，注目点のほど近い位置にあることが必要である（Day, 1957）（**BOX 3.3** 参照）。

3.2 図と地が分化する過程

ウェーバー（Wever, 1927）はルビンが用いたものと類似した不規則図形を，タキストスコープ（瞬間露出器）を用い，数ミリ秒より数十ミリ秒の範囲内における種々の時間で提示して，あらかじめ定められた判断基準にもとづいて報告させるとともに，自由な言語報告を求めた。彼は，その結果にもとづいて，図と地の分化にともなう現象特性として，つぎの8特性を見出している。

(1) **異質性**：視野が互いに異質な2つの領域に分かれる。
(2) **明るさの差**：2つの異質な領域の間で明るさが異なる。
(3) **輪郭**：2つの領域を分ける中間領域が知覚される。提示時間が短いうちは，その中間領域は幅が広く，2領域間のゆるやかな移り変わりを示すものにすぎないが，提示時間がますと，中間領域の幅は狭くなり，2

3.2 図と地が分化する過程

領域間の変化の勾配は急激となって，明確な輪郭が生じる。
(4) **形**：明確な輪郭が形成されなくても，すでに形の経験が生じる。
(5) **図の進出**：図が地より浮かび上がって見える。
(6) **明確な定位**：図と地の奥行感の差が明確となる。
(7) **テクスチャー**：図が表面色として，地が面色として現れる。
(8) **暈**（halo）：黒い図の周囲の領域に，そのさらに外側よりも明るい部分ができる。

ウェーバーは，これらの特性は，提示時間の増大によって，連続的に発達するものであるが，いちおう次の3段階に分けることができるとした。

第Ⅰ段階（もっとも簡単な図─地経験）：上述の(1)～(4)の特性を，それぞれ最低の程度においてそなえている状態。

第Ⅱ段階（よい図─地経験）：(1)～(4)の特性がより高い段階に発達し，(5)が加わった状態。ときには(6)も加わる。

第Ⅲ段階（完全な図─地経験）：(1)～(6)の特性がさらに明確になり，多くの場合，(7)が加わる。

本邦において，このウェーバーと類似した研究が，種々の幾何学的図形を用いて行われている。すなわち，友田（1937）は刺激図形の大きさをしだいに拡大し，田中（1939）は提示時間を変化し，速水（1935）は照度を漸次的に増加し，成瀬（1951）は図と地の領域の間の輝度差を変化する方法によって，図と地の分化の過程を調べている。それらは，若干異なった目的をもった研究であるが，ウェーバーの結果と対応させることができる結果を得ている。それらの研究結果によると，被験者により，形がわからないが，何かがあると報告される段階，刺激図形とはやや違った形が報告される段階，および刺激図形と等しい形をもち輪郭も明確で，表面色的に見える段階の存在がほぼ共通に見出され，また，輪郭線が知覚される以前に，ぼんやりした形が認められることが指摘された。

3.3 図になりやすさの規定条件

3.3.1 反転図形を用いた実験

どのような領域が図になりやすいかは，前に述べた反転図形を用いて調べることができる。筆者（Oyama, 1960）は図 3.3 のような反転図形を用いて実験を行った。周囲は中程度の灰色である。このような反転図形を垂直な面の中央に提示し，被験者にその前の一定の距離に座って，図形の中央を注視しながら，どの部分が図となって見えるかを観察してもらう。たとえば，図 3.3 中の α 型の部分が図に見えたなら，そう見えている間，右の電気ボタンを押し続けてもらう。また β 型の部分が図として見えたならば，その間は左の電気ボタンを押し続けてもらう。見ている間に図と地の関係が反転したら，押すボタンをただちに変える。このような観察を一定時間（たとえば 1 分間）続けて，その間にこの 2 つのボタンが押されていた合計時間を，それぞれのボタンに接続した電気時計で測定した。ここで，α, β 型に対応したボタンを押していた時間を T_α, T_β として，次の式によって，α 領域の図になりやすさを数量的に示した。

$$R_\alpha = \frac{T_\alpha}{T_\alpha + T_\beta} \times 100$$

ここで，分母はどちらかのボタンを押していた合計時間を示している。この時間は，観察時間とほぼ一致するが，完全には同じでない。図—地関係が明瞭でなかったり，α, β 型以外の見え方が生じたりしたため，どちらのボタンも押してない瞬間もあるからである。分子は α 型が見え方が生じていた時間であり 100 の値を乗じたのは，百分率で表すためである。もし，この R_α の値が 50 であれば，α 型と β 型が互いに交替しながらも均等に現れていたことを示している。また，R_α が 50 以上の値であれば，α 型が優勢であり，50 以下の値であれば，β 型のほうが優勢であることを示している。つまり R_α は α 型の出現優位性の示標である。

3.3.2 面積と明度の効果

筆者は，まず α 型と β 型の面積を系統的に変えて，R_α を測定した。その結

3.3 図になりやすさの規定条件

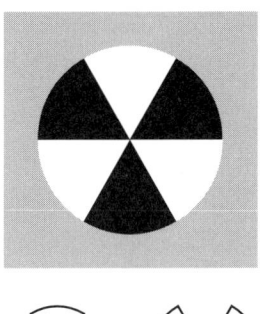

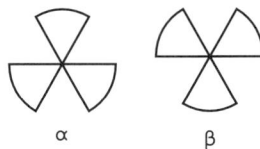

図3.3 図─地反転図形 (Oyama, 1960)

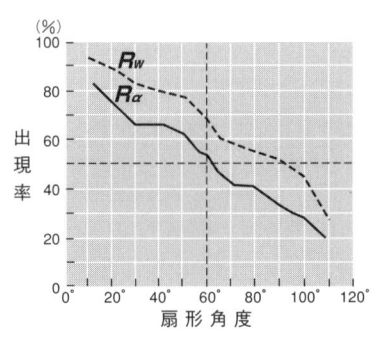

図3.4 持続提示法における図になりやすさ（出現率）に及ぼす扇形角度の影響 (Oyama, 1960)

果は**図 3.4** の実線のようになった（その際，α 型が白か黒かで図になりやすさが異なるので，α 型を白，β 型を黒とした実験系列と，逆に α 型を黒，β 型を白とした実験系列をつくり，それらの 2 系列の結果の平均値を**図 3.4** の実線で示した）。横軸は α 型の扇形の中心角を示し，10°から 110°まで 10°ステップで変化させた（それに応じて，β 型の扇形の中心角は 110°から 10°まで減少した）。**図 3.4** 中に示されているように，扇形角度が，最小の 10°の場合に，R_α の値が 80 以上で，α 型が非常に図になりやすいことを示している。それから，α 型の中心角がしだいに大になり，扇形面積が大になるほど，R_α がしだいに減少する。α の角度が 60°となり，α 型と β 型の角度が等しく，両扇形が等面積となったときに，R_α がほぼ 50 となった。つまり両扇形の図になりやすさが伯仲した。α 型の角度が 60°を越えて，α 型の扇形のほうが β 型の扇形より大きくなると，R_α の値は 50 以下となり，β 型のほうが優勢となる。α 型の角度が最大の 110°，β 型の角度が最小の 10°となったときに，R_α の値が最小となり，β 型が図にもっともなりやすかった。

　この実線は，前述のように α 型が白の実験系列と，α 型が黒の実験系列の結果の平均である。α 型が白の実験系列の結果だけを示したのが，図中の破線で示した R_W で，全体的に R_α より大きな値となった。これは，領域の明度が図になりやすさに影響を与えていることを示している。白い領域のほうが黒い領域より図になりやすいことになる。ただし，これは周囲の明度によって変わるので，一般的には言えない。周囲が白い場合と，周囲が黒い場合について，α 型扇形と β 形扇形の明度を組織的に変化させて R_α の変化を調べた結果（その際，α 型 β 型とも中心角は 60°ずつ，つまり等しい面積とし，面積の効果は一定に保たれた）では，周囲が白の場合は，α 型扇形の明度が低い（暗い）ほど R_α が大，周囲が黒の場合は，扇形部分の明度が高いほど R_α が大となった。言い換えれば，周囲が白ならば暗いほど図になりやすく，周囲が黒の場合は，明るさほど図になりやすかった。周囲との明度の差が重要で，その差が大きいほど図になりやすい結果であった。

3.3.3 色相の効果

　色相も図になりやすさを規定する重要な要因である。筆者は，やはり中心角が60°ずつの扇形図形を用いて，色相の効果を調べた。一般に，色は色相，明度，彩度の3属性に変化する。第2章で述べたように色相とは，赤，黄，緑，青などの差を示し，明度は明るさを示す。彩度とは鮮かさの差のことで，同じ赤でも，鮮かな赤と，淡い赤がある。もっとも鮮かな（彩度の高い）色の明度は，色相によって異なっている。もっとも鮮かな赤や青は，中程度よりやや低い明度であるが，もっとも鮮かな緑は，それよりやや明度が高く，もっとも鮮かな黄は非常に明度が高い。したがって，鮮かな色どうしを比較しようとすると，明度が異なってしまう。もっとも赤らしい赤と，もっとも黄らしい黄を比較すると，明度が異なる。したがって，図になりやすさにおよぼす色相の効果を調べようとすると，明度（同一照明下では輝度に対応）の効果が混入してしまい，色相の効果と明度の効果が区別しにくい。

　そこで，次のような方法をとることにした。図3.3のような6扇形の図—地反転図形のα型かあるいはβ型の扇形領域に種々の色相の彩度の高い色を用い，それと対となるβ型かα型の扇形領域を灰色とした。その際，その灰色の明度は対となる色領域と等しくした。つまり明度の等しい鮮かな色と灰色とが，α・β型領域を構成する。一方が黄色なら，明るい灰が対となり，一方が赤なら，それと同じ明度の灰が対となるようにした。こういう組合せにしておけば，前述の周囲との明度差の効果は，色領域にも灰色領域にも平等に作用するから，純粋に色相の効果だけが検出されるであろう。

　このような図—地反転図形を用いて，色領域の図になりやすさ R_c（αが色領域ならば $R_α$，βが色領域ならば $R_β$ を求めて平均した値）を求めたところ，図3.5のような結果が得られた。実線は，周囲が黒の場合の結果，破線は周囲が白の場合の結果を示しているが，両者はほとんど変わりがない。横軸に示した色相が赤（R）のときに出現率（R_c）がもっとも高く70～80となり，色相が青（B）のときに R_c がもっとも低く30～40であり，その間，色相の順に規則的に変化する。色相が緑（G）と紫（P）のときに出現率はほぼ50となる。すなわち，暖色系の赤・橙・黄（R，O，Y）で図になりやすく，寒色系の青緑・青・

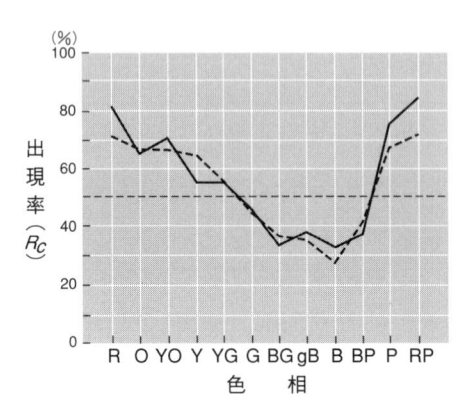

図3.5 図になりやすさに及ぼす色相の効果
(Oyama, 1960)
実線は黒周囲，破線は白周囲の結果を示す。

青紫（BG，B，BP）で図になりにくく，中間色の緑や紫で灰色と同程度の図になりやすさとなる。これは，奥行感が実際より近く感じる進出色（赤・橙・黄）と遠くに感じる後退色（青緑・青・青紫）の区別ともよく対応する（**2.4.2** 参照）。

暖色系の赤・橙・黄は図になりやすい色，寒色系の青緑・青・青紫は図になりにくい色であることが分かる。人々の注意をひきたい掲示や広告は赤や黄で示したほうがよいことは，この実験からも分かる。ただし周囲との明度の差も重要であることも忘れてはならない。白地に黄で書いたのでは，たとえ黄が図になりやすい色相であっても人々の目をひかない。黒地の上の黄であれば，色相の効果も周囲との明度の差の効果もはたらき，非常に図になりやすくなり，人々の目につきやすい。

3.3.4 形の効果

形の差も図になりやすさに大いに影響する。垂直・水平に広がった領域が，斜め方向に広がった領域よりも図になりやすいことは，ルビン以来知られている。筆者（Oyama, 1960）が，**図 3.6** のような8扇形の図―地反転図形で出現

3.3 図になりやすさの規定条件　　　63

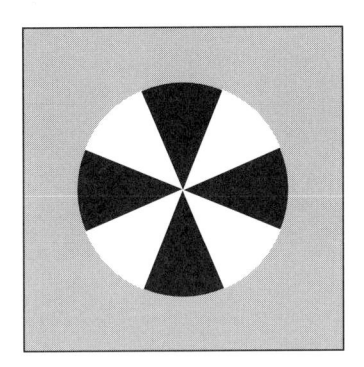

図3.6　8扇形の図ー地反転図形
垂直・水平の領域が図になりやすい。

図3.7　形の上下方向と図になりやすさ
（Ehrenstein, 1930）

率 R を測定したところ，垂直・水平に広がった領域の R は 60〜70 にもなり，斜め方向の領域の R（30〜40）を大きく凌いだ。

また，**図3.7** のように下から突き出た領域のほうが上から垂れ下がった領域より図になりやすいことがエーレンシュタイン（Ehrenstein, 1930）により指

摘され，図3.8のように対称的な領域が，非対称の領域より図になりやすいことがバーンゼン（Bahnsen, 1928）により，また図3.9のように，幅が一定の領域が，幅が変化する領域より図になりやすいことが盛永（Morinaga, 1941）によって見出されている。一般に，規則的なよい形が図になりやすいと言える（Koffka, 1935；Metzger, 1953）。

3.3.5 経験の効果

これまで述べてきた図になりやすさの規定条件は，刺激の図形に含まれる面積や明度や色相や形の条件であった。それに対して，見る人の側の条件も見えやすさに影響を与えることが知られている。図と地の問題を心理学者としてはじめて取り上げた前述のルビン自身が，見る人の経験が図になりやすさを規定することをすでに見出している。図3.1に示したような不規則な形を用いて，最初に内側の緑の部分を図として見た場合には，第2回目の提示のときにも内側を図として見る傾向が大で，第1回の提示に外側の黒領域を図として見た場合は，第2回の提示でも同じように見る傾向が大であることを実験的に確かめている。これと逆に，図3.3のような反転図形で，α型に相当する形を30秒ほど続けて見てから反転図形を観察すると，α型は図になりにくく，β型が図になりやすくなることも何人かの研究者により確かめられている（Boring et al., 1948；大山，1952）。

前者が図になりやすくする促進的残効であり，後者は図になりにくくする抑制的残効である。促進的残効を見出したルビンらの実験では提示時間は数秒で，抑制的残効を見出した実験では数十秒の提示であった。どのような条件で促進的残効が生じ，どのような条件で抑制的残効が生じるかについては，二宮（1958）が組織的に研究した。彼女の実験結果では，先行提示の提示時間が短く，提示回数が多く，提示からテストまでの間隔時間が長い場合に，促進的残効が生じやすく，逆に先行提示が長くテストまでの間隔時間が短いときに抑制的な残効が生じやすいことが明らかになった。また先行提示の際の賞罰実験が図になりやすさを規定するという報告もある（Schafer & Murphy, 1943）。

親しみのあるものが気づきやすかったり，逆に見たことがない新しいものが

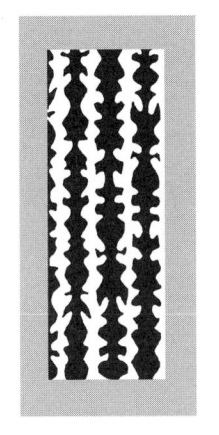

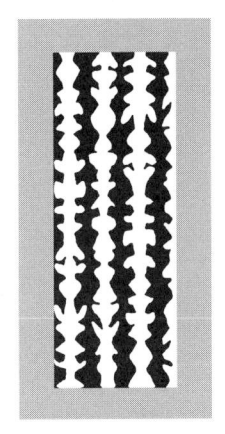

図3.8 形の対称性と図になりやすさ
(Bahnsen, 1928)

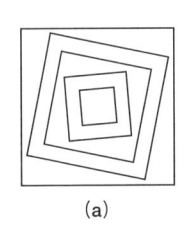

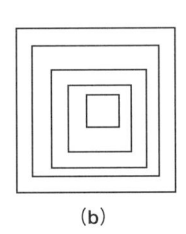

図3.9 幅の一定性と図になりやすさ
(Morinaga, 1941)

図になりやすいことは日常生活でも認められる。多数の人々がいる雑踏の中でも，知人がいればすぐ気づく場合や，各種の銘柄の商品の中で，テレビのCMで見たものが自然に目に入るのが促進的残効の例であり，家の中で毎日見ている家具は気にならず，新品の家具は目をひくのは，抑制的残効の例と言える。先行経験により図になりやすさが変わることに気づいたルビンらの研究は，現在の認知心理学で先行経験による認知の促進を指すプライミング効果の研究の先駆ともいえよう（太田，1991）。

BOX3.2　等質視野における知覚

　もっとも単純な視覚体制として，暗黒の視野の中で，小光点が1つ与えられた状態を考えることもできる。しかし，ゲシュタルト心理学者はこれに反対し，視野全体がまったく等質で等しい強度の光で満たされた場合をもっとも単純な状態としてあげる（Koffka, 1935）。そのような状態は**全体野**（Ganzfeld）ともよばれ，その組織的研究はメッツガー（Metzger, 1930）によってはじめられた。

　彼は，4メートル四方の壁の上下左右に傾斜面をとりつけ，それらの内面を白くぬって一様に照明し，壁の前方1.25メートルに被験者をすわらせ，凹形に広がるほぼ一様な視野をつくって実験を行った。彼の研究は，もっぱら被験者の言語報告にもとづくものであり，また高照明下では白壁の微細な不均一性が見出されるという手続上の欠点も認められる。主として低照度の条件下で得られた実験結果を要約すると，次のようになる。

(1)　彼の用いた照明の変化範囲（0.0001～2ルクスと推定される）のうちで中程度以下の照度下では，視野は面色（第2章，**BOX 2.4**参照）として現れ，ちょうど気球の中心から気球の内面を見ているように弾力性のある凹面が感じられる。ただし，正面はやや平たく見える。照度をそれより下げるか，あるいはさらに観察を続けると，霧にとりこまれたように空間に光が満ち，その霧状のものは，被験者に近づくほどうすく，被験者から遠ざかるほど濃くなり，不確定の距離にいたって凝固するように見える。

(2)　等質視野と小図形を交替で提示して比較すると，小図形の面は緊密に引きしまって感じられるが，等質視野の面は弛緩してやわらかく抵抗力が少なく感じられる。

(3)　いろいろな物が存在する日常的視野と異なり，等質視野では，面の明るさ（白さ）とそれを照明する光の明るさとの区別が困難であり，それらに分かれる以前の「迫力」として感じられる。

(4)　暗黒の等質視野では眼前に空間を感じ，その空間が25～40センチメートルの距離で閉じ，いわゆる眼灰（AugengrauまたはEigengrau, visual grey）

を形成しているように感じられる。照度を上げると，それまで受けていた圧迫感から解放され軽くなったという感じを得る。照度が上昇するのにしたがって，視野を覆う色はしだいに後退して空間が広がるように感じられる。

この種の研究は，その後アメリカにおいてふたたびなされた（Avant, 1965）。ただし，等質視野を得る手段としては，メッツガーとは異なった方法が用いられ，ピンポン球の半球をアイカップとして両眼につける方法（Hochberg et al., 1951；Gibson & Waddel, 1952），大きな積分球（内部が一様な白色拡散面からなる球体）を用いる方法（Cohen, 1957, 1958）などによっている。また，自由な言語報告のほか，あらかじめ用意されたいくつかの質問に対して回答させるなどの方法も用いられた。

それらの結果は，多くの点でメッツガーの記述を支持するもので，たとえば霧状の知覚の報告は，どの研究でも多く認められた。また soft, thick, dense, penetrable, endless, milky などの形容も広く認められた。一方，メッツガーとは異なり，卵の殻，幕，蜘蛛の巣などのぼんやりした形状や面，縁，傾きの印象を報告するものもあった。また一般に照明や陰の印象は認められないとされたが（Gibson & Waddel, 1952），白から暗灰への明るさの変化が報告された場合（Cohen, 1958）もある。距離感については，一般に不確定とする報告が多く，判断された距離については個人差が大であるが，眼前までせまり，ときには霧が頭の中にまで侵入すると報告した場合もある。メッツガーと異なり，照度と距離感の間に有意な関係は認められなかった（Cohen, 1957）。ただし，輝度が異なる領域を導入すると，霧状の知覚が減少し，距離感が増大した（Cohen, 1957）。また，全視野を色光で均質に照明するときには，多くの場合，数分間で色感覚がまったく消失し，無色に感じられるようになった。すなわち，等質視野では色順応が生じやすい（Hochberg et al., 1951；Cohen, 1958）。

BOX3.3 面の知覚

　ギブソン（Gibson, 1950）は，視空間知覚の基礎として，**面**（surface）**の知覚**を考え，空虚な空間における点や線の知覚は日常場面から離れた特殊な事態で生じるものと主張する。彼は知覚された面（visual surface）の現象的特性として次の8項目をあげている。

(1) 視覚的に抵抗をもつ（visually resistant），または，かたい（hard）という性質。表面色（第2章，**BOX 2.4** 参照）がもつ「かたさ」に相当する。

(2) 色の広がり（extended color）の諸性質。明るさ（正確には，白さ―黒さ），色相，飽和度を含み，面の傾きと凹凸に付着し，恒常性を示す。

(3) 照明されている（illuminated），または陰をおとされている（shadowed）という性質。(2)の性質と一緒にして，照明の下におかれた色（a-color-in-illumination）をもつ性質といいかえることもできる。

(4) 傾き（slant）の性質。額面平行を中性点として，床，天井，または左右の壁の方向をそれぞれの極限として，その範囲内で傾きが変化する。面の各部分で傾きがすべて等しければ，面は平たく，隣接部位間の傾きが違えば，その違い方に応じて凹凸，鋭さ，まるみ等の高次の性質が生じる。

(5) 近さ，遠さ，すなわち距離の性質。

(6) 閉じた輪郭（contour）の印象。面の限界であり，これによって物（object）という経験が生まれる。

(7) ある傾きにおかれた形（shape-at-a-given-slant）という性質。閉じた輪郭は形をもつ。ここでいう形とは幾何学で扱う抽象的な形態とは異なる。形は傾きと不可分の関係にある。

(8) ある距離に位置する大きさ（size-at-a-given-distance）の性質。輪郭をもつ面は大きさによって特徴づけられ，大きさの印象は距離と不可分である。

　ギブソンのあげるこれらの特性は，ルビンのいう図の特性（**3.1.2**）と多くの点で共通しているが，傾きや凹凸などの性質を明確に述べ，さらに，色を照明印象と関係づけ，形を傾き感と，大きさを距離感と不可分のものと規定している点で，それぞれ明るさ，大きさ，形の恒常性の問題と関係づけられる。また，知覚された面が，すべてこれらの8項目の特性をもつとは限らないことを指摘し，1～5項目の特性をもちながら6～8項目の特性を欠いた「輪郭をもたない面」（surface without visible contour）の例をあげている。

　「輪郭をもたない面」とは，メッツガーの等質視野の実験の際に，高照度条件下において報告されたものに相当するものであろう。すなわち，彼の実験装置では，白壁が完全に均質でなく，細かい粒子があるため，高照度となると，それが被験者に認められ，壁面がかたい表面色として見えるようになる。ギブソンら（Gibson & Dibble, 1952）は，大きな漆喰壁を用い，照度を変化させて実験し，高照度下では明確な距離感をもつ垂直な灰色のかたい表面が知覚され，その際，照明の印象も明確であることを確かめた。これは，上述のギブソンの8項目のうち，(1)～(5)の項目を満足するものであるが，(6)輪郭，(7)形，(8)大きさの性質はもっていない。また，面色よりもむしろ表面色の性質をもつものであることも明らかである。

　彼らは，乳白ガラス製の照明用大型グローブで被験者の顔面をおおい，外側から一様に照明すると等質視野の知覚が生じることを確かめてから，微細な模様をグローブの全面に投影すると，かたい面が知覚されることを見出した。これらの研究により，刺激の空間的な微細構造，すなわち刺激としてのテクスチャーの存在が，この種の「輪郭をもたない面」の知覚の成立に重要なことが示唆される。

　なお，この「輪郭をもたない面」は，**図3.10**のように窓を通してテクスチャーのある面を見るときにも生じる。面が窓枠の背後まで広がっているように知覚され，また面のかたさ，傾き，距離を感じることができる。

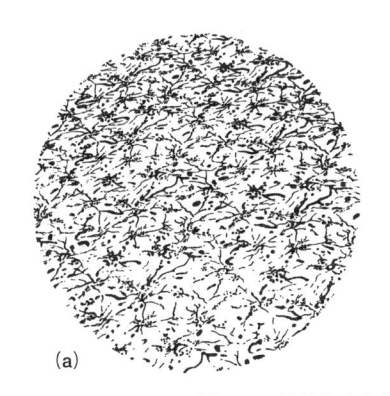

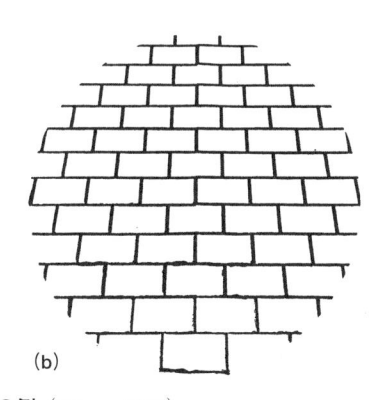

図3.10　輪郭をもたない面の例（Gibson, 1950）
（a）不規則的テクスチャー，（b）規則的テクスチャー。

BOX3.4　明るさの恒常性と照明の知覚

　一般に面の明るさは，照明の強さが変わってもほぼ一定に保たれる。それを**明るさの恒常性**（brightness constancy）と呼ぶ。白い紙は，暗い照明下でも白く，黒い洋服は，明るい太陽の下でも黒く感じられるのがその例である。このような明るさの恒常性は，全体野では生じず，表面色として現れる面ないし図の知覚を特徴づけるものと考えられる（**BOX 2.4**；**BOX 3.2**；**BOX 3.3** 参照）。

　筆者（Oyama, 1968）は上田茂穂の協力を得て，このような明るさの恒常性の測定と照明の明るさの測定を同じ実験条件下で同時に行った。**図 3.11** に示されているように，3個の同大の箱を並べ，中央の箱を実験箱，右の箱を面の明るさ測定用の比較箱，左の箱を見えの照明の測定用の比較箱とした。中央の実験箱の内側は灰色で，箱の背後は開放されていて，180 センチメートル後方に黒いビロードのカーテンがつるされている。そのカーテンを背景にして，実験箱中に反射率が6〜88％の5段階に変えられる円盤が1個つるされる。実験箱内の照明は10〜160 ルクスの5段階の照度に変化された。背景の黒色カーテンは遠くにあるので実験箱中の照明の変化の影響を受けず，常に一定の輝度を保っている。したがって，照明を変化しても，円盤の直接の周囲は低輝度に一定に保たれる。明るさの対比の影響をできる限り排除するための配慮である。

　右側の比較箱中の内側は黒色で，中央に比較用の回転混色円盤がおかれる。回転円盤は白と黒の扇形からなり，それらの中心角は回転中に変えることが可能で，白黒の混色比率を調整して明るさを変えることができるようになっている。左側の比較箱は内側が白色で，背面には黒色円上に白色正方形が配置されたパターンが照明知覚の手がかりとしておかれている。3つの箱の前面は覆われ，観察用の小窓があけられている。被験者は中央の実験箱を覗いて，まずその中の円盤の見かけの明るさと等しくなるように，右側の比較箱中の比較円盤を調整する。次に実験箱中の見えの照明の明るさと等しくなるように，左側の比較箱の照明を調整した。

　この実験結果では，右側の比較箱の回転円盤で測定される見えの明るさは実験箱中の照明変化に応じて若干変化するが，正比例するほどではなかった。正確にい

うと照度のべき関数として変化した。そのべき指数は0.31〜0.44であった。このべき指数は，恒常性が完全であれば0，恒常性がまったくなければ1の値となるはずであるから，この結果は明るさの恒常性は完全ではないが，かなり高く保たれていたことを示している。とくに実験箱中の円盤の反射率が低いときにその傾向は高かった。それに対して，見えの照明の測定結果は，円盤の反射率とは無関係に，常にほぼ正確に照明に正比例して調整された。もし照明の知覚が面の明るさの「推定」の基礎となっているなら，照明の知覚が正確な場合には，円盤反射率に無関係に完全な明るさの恒常性が成り立つことが予想されるのに，その予想に反する結果であった。照明の知覚と面の明るさの知覚は別個の過程であることを示唆している。

　なお照明の知覚と面の明るさの知覚の関係については，その後多くの研究がなされている（上村，1994）。明るさの恒常性には多くの要因が影響するが，照明の知覚は視野中のもっとも高い輝度によって強く規定されることが多くの研究で確かめられている（Beck，1972；Kozaki & Noguchi，1998）。

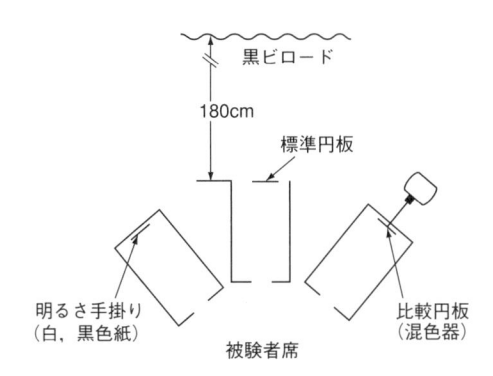

図3.11　照明の知覚と明るさの知覚の実験装置
（Oyama, 1968）

[**参考図書**]

　図と地の問題については，下記がくわしい．

大山　正　1969　図と地の知覚　和田陽平・大山　正・今井省吾（編）感覚・知覚心理学ハンドブック　誠信書房　pp.460-477.

大山　正　1970　視知覚の基本体制　大山　正（編）講座心理学4　知覚　東京大学出版会　pp.25-137.

　本章はゲシュタルト心理学の立場と関連が深い．その点から下記が参考となる．

メッツガー，W.　盛永四郎（訳）1969　視覚の法則　岩波書店

コフカ，K.　鈴木正弥（監訳）1988　ゲシュタルト心理学の原理　福村出版

形の知覚 4

　第3章で述べたように，形をもつことが図の大きな特性である。われわれが目を開くと見えるものは，ほとんどすべて形をもっている。植物や動物や岩や山など自然の事物も，建物や橋や家具や衣服などの人工の事物もすべて形をもっている。それらの形はそれぞれ異なった特徴をもち，われわれはそれらの形でものを区別している。色や明るさとともに，さらにそれ以上に形が，多くのものを区別する手がかりとなっている。またいかなる言語に用いられる文字もすべて形によって区別される。何千とある漢字はそれぞれ形が異なり，別々の意味を伝える。視覚によって微妙な形の違いを知覚できることが，視覚によって受け取れる情報をきわめて豊富にしているのである。また形には美醜があり，さまざまな印象を与える。

4.1 主観的輪郭

4.1.1 主観的輪郭とは

　前章で述べたように，形と輪郭をもつことが，「図」の重要な特性である。形と輪郭とは，このように密接な関係がある。ところで，輪郭が見えるためには，通常，明るさ（輝度）や色あるいはテクスチャーなどが急激に変化する境界線が必要だと考えられている。前章で述べたマッハの帯とその基礎過程と考えられている側抑制は，そのような境界線の明るさの段差を強調するようにはたらいている。

　ところが，イタリアのゲシュタルト心理学者カニッツァ（Kanizsa, 1976）は，明るさも色もテクスチャーも変わらない一様な面の上でも，条件によっては，明確な輪郭線が見え得ることを指摘した。たとえば**図4.1（a）**において，白い三角形がはっきりと見える。多くの読者は，3個の黒い円盤と黒い線で描かれた逆三角形の上に乗った白い三角形を認めるであろう。そして，多くの場合，白三角形は周囲の白地部分より明るく，やや前に浮き上がって見えるであろう。これが**主観的輪郭**（subjective contour）の現象である。

　たしかに，白三角形の3頂点に相当する部分においては，黒い円の中に，白い鋭角の切り込みが入っていて，その部分には明確な白黒の明るさの段差がある。しかし，それらをつなげる3辺の中央部分は，2直線の突端を通過するだけで，他はまったく一様な白い面が広がっているだけなのに，三角形の3辺が明確に見える。この図形には，途中に直線の先端があったりして，やや複雑であるが，**図4.1（b）**の場合は，もっと簡単で，直角の切り込みのある黒い円盤が4個配置されているだけであるが，明確な白い四辺形が見える。このような一様な面の上に現れる見えの輪郭線を主観的輪郭とよんでいる。

4.1.2 主観的輪郭に関する諸説

　この現象を説明する説はいろいろある。カニッツァ自身は，非感性的完結化とよばれる説を唱えている。彼はさまざまの図形をつくって試みた結果，この主観的輪郭が現れるのは，つねに視野の中に何か不完全な部分が存在するとき

4.1 主観的輪郭　　75

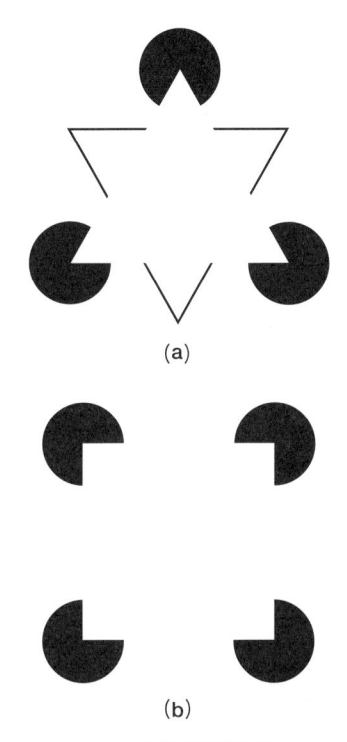

図4.1 主観的輪郭図形
((a) Kanizsa, 1976 ; (b) Watanabe & Oyama, 1988)

であり，それを主観的輪郭で補充すれば，完結した安定した見えが生じる場合であるという。われわれの視覚系はそのような補充作用をもっているというのである。これはゲシュタルト心理学の立場からの説明である。

またこれは人の推理能力で線を補っているのだと説明する人々もいる（Bringer & Gallagher, 1974）。しかし，このような主観的輪郭でも，実際の線で描かれた場合と同様に幾何学的錯視（第6章参照）が生じる。図4.2は，主観的輪郭による三角形と平行線であるが，左図では，主観的三角形に重ねて描かれた2垂直線の長さが異なって見えるポンゾ錯視が起こるし，右の図では，斜めに主観的平行線をよぎる直線が一直線上になく食い違っているように見えるポッゲンドルフ錯視が生じる（図6.1参照）。このように主観的輪郭は見えのうえだけのものでなく，機能的にも実際の輪郭と同じ役割を果たしている。この点から，主観的輪郭は単なる推測によるものとは言いがたい（BOX4.1参照）。

4.2 透明視

視野の同じ部分に2つ以上の形が同時に見えることがあるだろうか。図4.3はこの疑問に肯定的な回答を与える。この図では白い十字形と黒い斜めの矩形が重なって見える（Fuchs, 1923）。しかし，実際の刺激布置は，非常に複雑で，9辺形と4辺形の2つの白い領域，5辺形と6辺形の2つの黒い領域，7辺形の灰色領域の合計5つの領域が灰色の周囲に囲まれている。ところが，中央の灰色領域を十字形と斜めの矩形が重なった領域として見ると，全体が，単純なまとまりのよい見え方となる。その際，中央の灰色領域は，半透明の黒い面に覆われた白十字の一部と見えたり，半透明の白い面の背後にある黒い矩形の一部と見えたりする。この2つの見え方が交代で現れることが多い。中央の灰色領域が白と黒の2層に分かれて，一方の層が透明であるかのように見えるので，**透明視**（perceptual transparency）とよばれる。

この現象は，主としてゲシュタルト心理学の立場から取り上げられ，第5章で述べられる群化の現象におけると同様に類同の要因がはたらき，黒領域は黒領域同士，白領域は白領域同士が一体化する傾向が，交差部分を2層に見るこ

図4.2 主観的輪郭と幾何学的錯視 (Kanizsa, 1976)

図4.3 透明視 (Fuchs, 1923)

とによって実現したと論じられた（Metzger, 1953；盛永，1952）。

4.3 形の属性

4.3.1 形を表現する方法

　日常われわれは，色を表すには「赤」とか「青」といい，形を表現するときには「三角」とか「円」などということが多い。赤や青は，感覚を示していて，光の特性である波長とは直接関係がないが，三角や円は，物の物理的，幾何学的特性で感覚独自の名称ではない。形の場合は，感覚ないし知覚の性質を表す独自の名称が確立していないので，物理的，幾何学的名称で代用しているのである。これを色に置き換えれば，赤というところを 630 ナノメートルとか，青という代わりに 470 ナノメートルというように，波長の長さで色を表しているようなものである。この点では形の心理的属性の研究は，色の心理的属性の研究より遅れていると言える。

　われわれが感じている色，音，匂い，味などの感覚の差異（非類似性）と感覚の諸属性を空間的に表示しようとする試みは，古くからなされてきた。色立体，音の螺旋，嗅覚のプリズム，味の 4 面体などがその例である。たとえば，人の知覚する色彩は実にさまざまあるが，色相，明るさ，飽和度の 3 属性に関して変化し，3 次元の色空間中に分類できる。このうち色相については，スペクトル中に現れる赤，橙，黄，緑，青，藍，菫の色の列の両端の赤と菫をつなげて円環状に並べると色の類似性をうまく表現できることは，ニュートン以来知られている。さらに，この円の中心に白（灰）をおき，中心からの距離によって，色の鮮やかさ（飽和度，彩度）を表し，円と直交する次元で色の明るさ（明度）を表すとマンセル色立体のような色立体ができる（**BOX 2.3** 参照）。

4.3.2 多次元尺度法

　しかしこのような色立体は直感的につくられたもので，色立体中の距離が果たして色の知覚的差異を正確に表現しているかは疑問であった。その点を**多次元尺度法**で検討したのは印東（1969）らであった。たとえば印東ら（Indow &

BOX 4.1　透明視における上層と下層

　筆者ら（大山・中原，1960）は，**図 4.4** のような十字型の刺激図を用いて，透明視が生じる際に，白い横長の長方形と，黒い縦長の長方形のいずれが上層になりやすいかについて，交差部分の灰色領域の明度をいろいろに変えて検討した。第 3 章で述べた図—地反転図形と同様に，この透明視図形でも，白黒どちらが上層になるかは，観察中に反転する。そこで，被験者にこの図形を持続観察させて，観察中，白黒いずれの層が上層に見えるかに応じて，2 つの電気ボタンを押し分けるように教示した。その結果では，交差領域の明度が白領域に近いほど，白領域が上層になっている時間が長く，交差領域明度が黒領域明度に近いほど，黒領域が上層になっている時間が長くなった。その際，明度を反射率の平方根に比例する数値で表現できると仮定した場合，白黒両領域が上層となっていた時間は，灰色交差部分と白黒領域との明度差に反比例するというきわめて規則的な傾向が認められた。

　また筆者らは，**図 4.4** の白黒領域を，赤，黄，緑，青の 4 色のうちの 2 色の色彩領域に代えて，交差部分をその際用いられた 2 色の混色とした場合にも，明確な透明視が生じることを確認した。たとえば上下の腕を赤，左右の腕を黄，交差部分を橙とした場合，赤い縦長の長方形と黄色の横長の長方形が重なって見える。その際，どちらが上層になるかは，交差部分の混色率だけでなく，色相自体の影響も認められ，進出色・後退色現象（**2.4.2** 参照）との関連も示唆された。すなわち進出色といわれる赤，黄は一般に上層になりやすく，後退色とよばれる青は上層になりにくい傾向であった。

　この透明視現象では，このような明度や色相などの要因だけでなく，形態的要因も重要である。盛永ら（Morinaga et al., 1962）は互いに 45°で交差する長方形のいずれが上層になりやすいかを，筆者らと同様な時間計測法で測定した。その結果では，白黒いずれの領域でも，垂直・水平方向に伸びた領域が上層になりやすく，斜め方向の領域は，上層に見えにくかった。これは第 3 章に述べた図になりやすさにおける異方性と共通する傾向である。この結果も透明視の現象が，図—地知覚の問題と総合的に考えるべき問題であることを示唆している。

図 4.4　透明視刺激図形
（大山・中原，1960）

Kanazawa, 1960）は，マンセル明度が5または7の値で，種々の色相・彩度をもつ24個の小色票を用い，それらの色票に関するすべての組合せについて，2つずつ対にして灰色背景の上に提示して，それらの対の間の見えの差異を，4名の被験者に空間的距離で表現させた。その結果をトーガーソン（Torgerson, 1952）の多次元尺度法という方法で解析したところ，マンセル色立体に近似した空間が構成された。ただし色相間の間隔はマンセル色立体とはやや異なっていた。また筆者（大山，1992）も，同じ輝度にそろえた色光を用いて，色覚健常者と色覚異常者（色弱）における色空間を多次元尺度法で構成したところ，色覚健常者ではuv色度図として知られる2次元色空間と類似した結果が得られたが，色覚異常者では赤－緑の差異を示す軸が，青－黄の差異を示す軸にくらべて，短くなるように変形された2次元空間が得られた。これは両群の色の見え方の差異をよく反映した結果である（大山，1994）。

多次元尺度法とは，ちょうど地図がいろいろな地点の間の距離関係を正確に表しているように，多くの対象間の違いを空間の距離として表す方法である。たとえば，ある都会の中のa, b, c, dの4つの地点があれば，その間のab, ac, ad, bc, bd, cdの直線距離は，地図上のそれらの位置の間の距離と正確に比例しよう。しかし，それらの4地点がヨーロッパ，アメリカ，アジア，アフリカの4大陸に分かれていれば，平面的な地図上の距離とは正確には比例しない。地球儀のような立体で表すことが必要になる。多次元尺度法とは，多くの地点間の距離関係から地図や地球儀を構成しようとする方法である。色を例にとれば，さまざまな色の間の見えの差異の大小を距離の大小として表して，それらの距離にもとづいて色の地図をつくることに例えられる。色の場合，明るさが一定でないと，さまざまな色の組合せの間の差異を距離で表す平面的な地図をつくることが困難であり，3次元的な立体で表す必要がある。しかも，地球儀のように立体（この場合は球）の表面だけでなく，立体の内部のさまざまな場所に色を配置しないと，それらの間の距離が，色と色の差異とうまく対応しない。

多次元尺度法は，多くの対象間の差異を距離として表現するのに適した空間を構成する数学的方法である。ただし，差異の測定には誤差が伴うことを考慮

BOX4.2　鏡映文字と心的回転

　心的回転の研究では，鏡映図形は標準図形とは異なった形として扱われたが，子どもはしばしば平仮名の鏡映文字を書く。これは日本に限らない国際的な傾向で，英語国では子どもはbとd，pとqをしばしば間違える。子どもは，回転した文字や形より左右裏返した文字や形のほうが，もとの文字や形に似ているように，とらえているのかもしれない。筆者と佐藤（Oyama & Sato, 1975）は，この点を検討するため，前述の菊地（Kikuchi, 1971）の用いた図形から11図形を選んで，**図4.5**のように，標準図形を左端におき，それを45°，90°，135°，または180°回転した図形と，左右に裏返した図形，上下に裏返した形の計6個をランダム順にならべて，その中から標準図形に似たものを，順に選ばせた。被験者は，平均年齢が5，6，7，10，12，14，19歳の6群で，各23～39名であった。その結果では，7歳以下の幼児は，左右裏返しの鏡映図形をもっとも似ているとして選んだが，12歳以上は45°回転の図形をもっとも似ているとした。10歳群がちょうど中間で，鏡映図形と45°回転図形を選んだ人数がほぼ同数であった。また90°以上の回転と上下逆転に対しては幼児はほとんどみな同じ程度の低い類似性しか示さなかったが，14歳以上では，回転角度が大きいほど類似性が低く判断し，上下逆転をもっとも違った形と判断した。形の同一性ないし類似性が，回転図形で保たれるか，鏡映図形で保たれるかは，人の成長発達とも関連するもので，幼児期には，鏡映図形のほうが回転図形よりも形の類似性が大きいと判断される傾向があると考えられる。

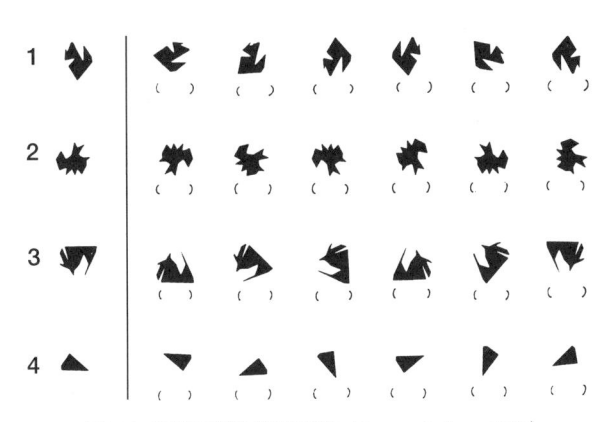

図4.5　回転図形と鏡映図形（Oyama & Sato, 1975）

して，統計的手法が用いられる．その際に問題としている対象群を表示するのに何次元の空間が適しているかは，その解析結果から判断される．この多次元尺度法は，その発展の初期から色，音，匂い，味，形における感覚の差異と感覚属性の空間表示に適用されて，その有効性が示されてきた（和田他, 1969）．

4.3.3 形の多次元尺度解析

前述のように色彩には色相・明るさ・飽和度の心理学的属性が確立されているが，形については心理学的属性がいまだに確立されてなく，幾何学的属性を借りて記述しているのが現状である．過去において，アトニーヴら（Attneave & Arnoult, 1956）の方法で作成したランダム図形を使って多次元尺度法によって解析したベーマンら（Behman & Brown, 1968）や菊地（Kikuchi, 1971）の研究などがある．アトニーヴらのランダム図形とは，図 4.6 のように 100×100 の桝目から数個の点をランダムに選んで，それらの点を直線で結んで不規則な多角形をつくり出したものである．ベーマンらはこのような 16 個の 4 辺形を用い，分散性，ギザギザさ，細長さの 3 次元を見出した．また菊地は計 25 個の 4, 8, 12, 16, 20 辺形のアトニーヴ型のランダム図形を用い，集約性（分散性の逆），複雑性，対称性の 3 次元を見出している．

これらの研究はアトニーヴ型のランダム図形を用いているため，使用ランダム図形そのものの制約を受け，われわれが日常遭遇するさまざまな形を代表したものとは言いがたい．そこで筆者と宮埜（大山・宮埜, 1999）は，より一般性があるといえる山田・大山（1996）の方法でコンピュータを用いて作成した形を刺激図形として用いた．この方法は，円周に波形を加え，その波形の波形，周波数，振幅，直線性—曲線性，規則性—不規則性を定量的に変化させるものである．この方法で作成した 16 図形（図 4.7）を刺激図形として用いた．これらの図形は周波数が 5 と 20 の 2 段階に，振幅も 2 段階に変化させている．図 4.7 の a〜d，e〜h，i〜l，m〜p はそれぞれ周波数と振幅の小・小，小・大，大・小，大・大 の組合せに相当し，また，曲線—直線性と規則性から見れば，縦列が左から，a・e・i・m が曲線・規則，b・f・j・n が直線・規則，c・g・k・o が曲線・不規則，d・h・l・p が直線・不規則に相当する．

4.3 形の属性

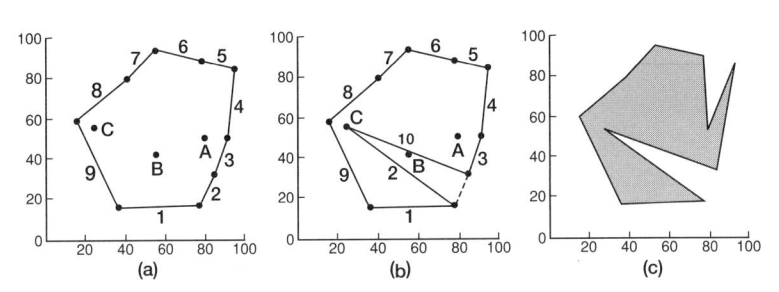

図4.6 アトニーヴ型ランダム図形 (Attneave & Arnoult, 1956)

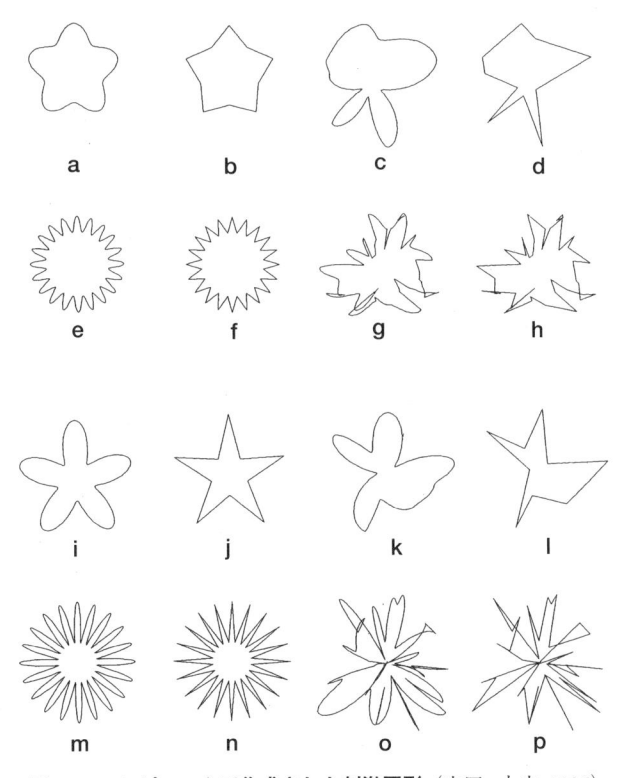

図4.7 コンピュータで作成された刺激図形 (山田・大山, 1996)

34名の大学生に対し，個人別に，これらの16図形を16枚のカードとして机上に提示し，ランダム順にそのうちの1枚を基準図形として，他の15枚をその基準図形と似ている順に机上に並べてもらった。いったん並べ終えてからも納得するまで修正させた。16枚のカードをそれぞれ基準図形として，この操作を繰り返した。実験は渡辺昌美により実施された。

この操作終了後，さらに筆者ら（大山・滝本・岩沢，1993）が標準的に用いている11尺度の**セマンティック・ディファレンシャル法（SD法）**で評定してもらった。用いられたSD尺度は，価値に関する 良い―悪い，好きな―嫌いな，美しい―汚い，活動性に関する 動的―静的，騒がしい―静かな，派手な―地味な，軽明性に関する 明るい―暗い，軽い―重い，陽気な―陰気な，鋭さに関する 鋭い―鈍い，緊張した―ゆるんだの11尺度であった。

図4.8にALSCAL法（高根，1980）という非計量的多次元尺度法による解析結果における3次元解を示す。平均ストレスは0.148，平均決定係数（R^2）は0.874であり，かなりよい当てはまりを示している。次元1は刺激図形の周波数・振幅と対応し，「複雑性」を示し，次元2は「規則性」を示し，次元3は「曲線性」を示した。これは，色を分類表示する色空間に対応する形―空間で複雑性，規則性，曲線性が形の3属性と言える。

4.4 形と方向

4.4.1 形の移調

正方形は，大きくても小さくても，輪郭線を実線で描いても，破線で描いても，また色を変えても，正方形である。**図4.7**に示したような形についても同じことが言える。一般に，大きさや色を変えても形は変わらない。これは，音楽において音の高さを転調しても，メロディが変わらないことに似ている。この性質を，ゲシュタルト心理学者は**移調**（transposition）とよんだ（Köhler，1930）。形の知覚の一つの大事な特性である。

ところが，正方形を45°傾けるとまったく違った形に感じられる（第1章，**図1.13**）。菱形である。また**図4.9**に示す4つの図形のうちの下の2つは上の2

4.4 形と方向

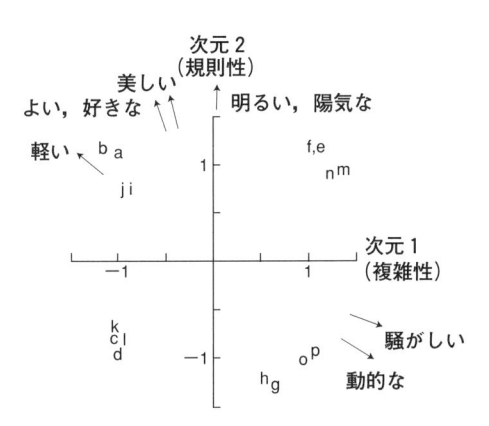

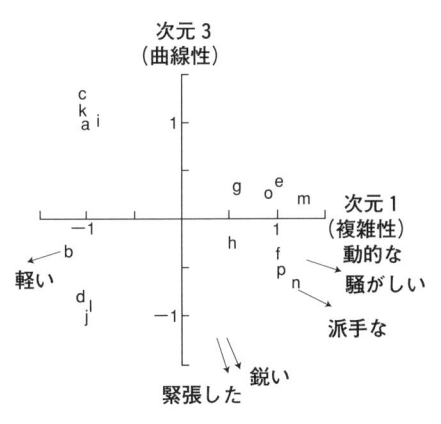

図4.8 多次元尺度法（大山・宮埜, 1999）

つをそれぞれ90°回転させたものであるが，上下の図形は非常に違った形に見える。左上はコックさんに見えるが，左下は犬に見える。また右上はあごひげのある人の横顔に見えるが，右下はアメリカ合衆国の地図のように見える（Rock, 1974）。

このように，形は方向によって非常に変わって見える。この本を上下逆さにして，読んでみれば，方向が文字の形の判別にいかに大切かがよく分かるであろう。手書き文字や，顔の写真の場合にとくに方向が重要である。上下逆転すると，手書き文字の原稿も大変読みづらいし，顔写真は個人の特徴が薄れ，誰であるか分かりにくいし，表情も区別しにくくなる。

4.4.2 心的回転

一方，方向が変えられた形を，頭の中で回転して比較することも可能である。ただしそれには，若干の時間がかかる。クーパーとシェパード（Cooper & Shepard, 1984）らは，立方体を組み合わせた立体的な形や文字などさまざまな図形を用いて，心的回転とよばれる現象の研究を多数行っている。その一つの実験では，前述のアトニーヴ型のランダム多辺図形を8個用いて，まずそれらの標準図形とそれらを左右裏返した鏡映図形の弁別訓練を十分行っておいてから，それらの標準図形と鏡映図形を種々の方向に回転させた図形を提示して，標準図形か鏡映図形をできるだけ速く被験者に判断させた。その結果は，**図4.10**のようになった。回転を加えずに提示した場合でも750〜800ミリ秒（0.75〜0.8秒）の平均反応時間を要したが，回転が大になるにしたがって，反応時間がきわめて規則的に，直線的に増加した。

この傾向は，さまざまな図形で確かめられている。反応時間の増加率は，回転角1°当たり約450分の1秒であった。これは，頭の中で心的イメージを回転する速度を表していると考えられている。この実験結果によれば，頭の中で形の心的イメージを90°回転するのに約5分の1秒かかることになる。なお鏡映図形に対しては，標準図形にくらべ，規則的に約60ミリ秒余分に反応時間がかかっている（**BOX 4.2** 参照）。

図4.9 方向によって形が変わる（Rock, 1974）

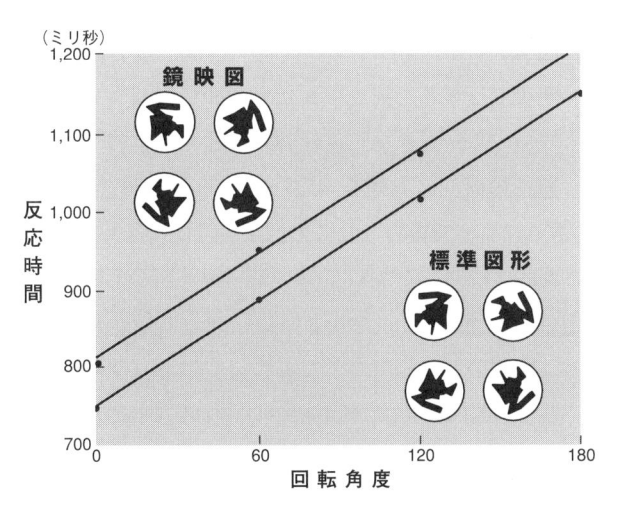

図4.10 心的回転（Cooper & Shepard, 1984）
上の直線が鏡映図，下が標準図形の結果を示す。

4.5 形と感情

　形は単に幾何学的性質をもつだけでなく，それを見る人にさまざまの感情を抱かせる。その感情は見る人によってバラバラのものでなく，個人を越えて共通性をもっている。たとえば，**図4.11**のEとMの2つの形に"タケテ"と"バルマ"の名のどちらかをつけるように言われた場合，人々は，躊躇なく直線でできたEの形に"タケテ"，曲線でできたMの形に"バルマ"，の名をつけるであろう。これはゲシュタルト心理学のケーラー（Köhler, 1930）があげている例であるが，日本人の読者の人々もまったく共感すると思う。文化や言語の違いを超えて，形が与える感情，語音が与える感情が共通しているからであろう（**BOX 4.3**）。

4.5.1　形の次元と感情効果

　筆者らの最近の研究（大山・宮埜, 1999）において，前述の図の属性の実験と同じ被験者に**図4.7**の16図形について11のSD尺度を用いて評定させた結果を，多次元尺度法で得られた前記の3次元空間に回帰させたところ，それぞれ**図4.8**中の「美しい」，「好きな」，「軽い」などの文字のついた矢印の方向に回帰を示した。感情の研究に有効な測定法であることが広く知られているSD法（**BOX 2.9**参照）によって得られたこの結果では，「軽い－重い」尺度（0.42）を除き，決定係数は比較的高く（0.69〜0.93），これらの形態群が広い感情効果を包含していることが示唆された。「よい」，「美しい」，「好きな」などの価値に関する尺度と「明るい」，「陽気な」などの尺度は形－空間の第2次元（規則性）に高い回帰を示し，「動的」，「騒がしい」，「派手な」の活動性に関する尺度は第1次元（複雑性）に高い回帰を示すとともに，第2・3次元のマイナス方向（不規則性，直線性）にも若干の回帰を示した。また「鋭い」，「緊張した」などの尺度は第3次元のマイナス方向（直線性）に高い回帰を示した。形の各属性と感情の各属性が緊密に対応していることが分かる。

　またこれらの16図形は筆者ら（Oyama, Yamada, & Iwasawa, 1998）の形態の象徴性に関する研究においてすでに用いられた図形と同じものである。

BOX4.3 形と語音象徴

　筆者と芳賀（Oyama & Haga, 1963）はかつてのケーラーの図形（E, M）にその後の研究者（Fox, 1935）が用いた図形と幾何学的図形を加えた図 4.11 に示す 14 個の形に，ケーラーの"タケテ"と"バルマ"のほかに，ラマラ，リミリ，ルムル，レメレ，ロモロ，ラリラ，マミマ，カタカ，キチキ，クツク，ケテケ，コトコ，カキカ，タチタの 14 個の無意味語を加えた計 16 語から，それぞれの形に適した語を 102 名の女子大学生に選ばせる実験を行った。その結果では，ケーラーの直線図形に相当する E には 32 名ずつがキチキとカキカ，9 名がカタカを選んだ。またケーラーの曲線図形に相当する図形 M には，16 名がロモロ，14 名がラマラ，13 名がレメレを選んだ。この選択には，直線図形 E には，カ行とタ行，曲線図形 M には，ラ行とマ行の語音が選ばれる傾向があることを明確に示している。さらに，その他の図形に対する選択結果を見ると，図 A～I の直線図形にはカ行とタ行，J～M の曲線図形にはマ行とラ行がもっぱら選ばれた。これらの結果では，子音の影響が強く現れ，母音の違いはあまり関係しなかった。k と t の子音と視覚的直線性・鋭角性が硬く鋭く冷たいの感情を，m と r の子音と視覚的曲線性がやわらかく鈍く暖かいの感情を，共通に生むためであろう。このことは，筆者らの SD 法による分析によって裏付けられている。ケーラーのあげたタケテ，バルマの例は，このような一般傾向の一つの現れと理解すべきであろう。

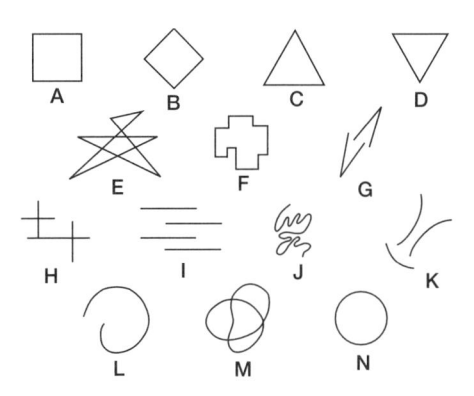

図4.11　形と語音象徴（Köhler, 1930；Oyama & Haga, 1963）

その研究では，54名の大学生を被験者として，10の抽象語それぞれを表すのにもっとも適した形を**図4.7**の16図形のうちから選ばせた。第2章**BOX2.10**に示した色の象徴性に関する研究と同じ手法である。その結果では，「幸福」には28名が図形aを，「不安」には33名が図形gを，「怒り」と「破壊」には，それぞれ30名と41名が図形pを選んだ。また，「恐怖」には20名が図形h，17名が図形gを，「驚き」には17名が図形n，15名が図形fを選んだ。個人間の一致度が高い結果である。この実験結果は，形は個人の過去経験の違いを超えて，共通の感情を抱かせることをよく示している。また形を人々の感情を象徴として利用できることをも示している。この結果は造形芸術の心理学的基礎を与えるものであろう。なお，この実験で類似な抽象語に割り当てられた図形の多次元尺度空間中の位置は互いに近接していた。多次元尺度法でつくられた前述の形―空間の有効性を裏づけるものでもある。

4.5.2　色と形の感情効果

すでに第2章で述べたように，色も感情と非常に関係が深いことが知られている。そこで，形に色をつけた場合は，どのような感情効果を示すであろう。筆者ら（Oyama, Yamada, & Iwasawa, 1998）は，**図4.7**のa，e，h，n，oの5個の形それぞれを，赤，黄，緑，青，紫の5色で輪郭線で描いた25図形（そのうち5例については**口絵5**参照）に対して，27名の被験者に前述の11尺度のSD法で評価させて，その結果が，色の感情効果と形の感情効果それぞれにどの程度，回帰できるかを調べた。その結果では，評価と活動性の因子に関係する尺度では色と形がほぼ均等に関与するが，軽明性に関する尺度では色の影響のほうが，鋭さに関する尺度では，形の影響のほうが強かった。また評価に関連する尺度では色と形の組合せが重要であり，色と形の組合せ（交互作用）の仕方で変わっていた。この結果は色と形それぞれの感情効果の特徴を物語っている。

BOX4.4　主観的輪郭——原因か結果か

　主観的輪郭で囲まれた部分は，より明るく，奥行も手前に見えることはすでに述べたが，そのことが，主観的輪郭が現れる原因だと考える説もある（Coren, 1972）。たとえば，明るさの場合は，主観的輪郭で囲まれた領域がより明るく見えるのは，黒い円盤と白い地の間の明るさの対比であって，主観的輪郭は，その明るさの対比の結果として生じた副次的現象であるというのである。また，奥行感が先に生じて，主観的輪郭がその副次的結果であるとの主張もある。

　この点を検討するため，渡辺と筆者（Watanabe & Oyama, 1988）は，**図 4.1(b)** のような図形を用いて，（直角部分が欠けた）黒円盤の輝度と，黒円盤の間隔距離をそれぞれ 8 段階に変えて，それらの組合せ計 64 個の図形を 10 名の被験者に個人別にランダム順に提示した。被験者は，それぞれの図形に対して，見えの明るさ，見えの奥行，主観的輪郭線の明瞭度，の 3 つについてそれぞれを 10 点満点で評価した。その結果によれば，黒（または灰色）円盤間の間隔が増加すると，見えの明るさ，見えの奥行，主観的輪郭の明瞭度のすべての評価値が減少した。また黒円盤の輝度が上昇すると（したがって白地との差が減少すると），主観的輪郭と見えの奥行の評価値がわずかに上昇した。

　この際，各被験者が各図形に対して下した 3 種の評価の間にどのような関連があるかを偏相関（他の変数の影響を排除した相関係数）を用いた因果推定（**BOX7.7** 参照）を行った。この分析法は，因果の経路について示唆を与えるものである。この実験の場合，因果の経路は，実験的に組織的変化を与えた黒色円盤の輝度と円盤間の間隔が因果の出発点であることが論理的に明らかである。それらの刺激図形の変化の影響が，見えの明るさの変化や見えの奥行の変化を媒介して，主観的輪郭の明瞭度に影響を与えている（第 1 の因果モデル）か，あるいは逆に刺激図形の変化が主観的輪郭の明瞭度にまず影響を与え，その副次的影響として見えの明るさや見えの奥行に影響をおよぼすのか（第 2 の因果モデル）は，各変数間の偏相関の値から推定できる。

　たとえば，B と C の 2 変数の間に相関が認められても，因果の流れで明らかに先行する変数 A を固定した際の BC 間の偏相関がゼロに近いものであれば，それらの 2 変数間には真の意味の相関はなく，共通の変数 A の別々の結果のため，見かけ上の相関が得られたのだと推定できる。また AC 間に相関が認められても，B 変数を固定した際の AC 間に偏相関がゼロに近ければ，C に対する A の影響は B を媒介したものと言える。

　このような偏相関による因果の推定を，前述のように明瞭な結果が得られた黒円盤間隔の効果に適用した場合について述べよう。10 名の被験者において，黒円盤間隔

(A）と白四辺形の見えの明るさ（C）の間には全員において有意の負の相関が認められたが，主観的輪郭の明瞭度（B）を固定した際の偏相関はどの被験者においても有意に達せず，ゼロに近かった。これは前述の第2の因果モデルのように，黒円盤間間隔（A）が見えの明るさ（C）に及ぼす効果は，すべて主観的輪郭線の明瞭度（B）に媒介されたものといえる。黒円盤が白四辺形の見えの奥行に及ぼす効果については，若干の個人差があったがほぼ同様なことがいえる。これに対して，見えの明るさや見えの奥行を固定した場合の黒円盤間間隔と主観的輪郭線の明瞭度の偏相関は被験者全員において有意であった。この分析結果は，主観的輪郭が，見えの明るさや，見えの奥行を媒介して生じるという説明（第1の因果モデル）を否定するものであった。むしろ，見えの明るさと見えの奥行が主観的輪郭の明瞭度に媒介されていること（第2の因果モデル）を示す結果であった。

　主観的輪郭線の生じる原因については，明るさの対比や奥行の効果に帰すことが出来ないことがわかったが，それならば，主観的輪郭線はなぜ生じるのであろう。そのメカニズムはまだ不明であるが，筆者は，主観的輪郭線の問題は，それだけを個別に扱わずに，前章で述べた図と地の問題や，透明視の問題と総合的に考えるべきだと思う。主観的輪郭線が生じたことよりも，それに囲まれた領域（三角形など）が図として知覚されたことに注目すべきではなかろうか。前章で述べたように，図が生じるとともに，おのずから輪郭線が生じるのである。

[参考図書]

　主観的輪郭を中心としたゲシュタルト心理学からのアプローチとしては，
カニッツァ，G.　野口　薫（監訳）　1985　視覚の文法——ゲシュタルト知覚論　サイエンス社
　本章で取り上げた問題全体に関連して
山田　亘・増田直衛・藤井輝雄　1994　形の知覚　大山　正・今井省吾・和気典二（編）新編　感覚・知覚心理学ハンドブック　誠信書房　pp.606-658.
　形の心理学的属性研究に用いられた多次元尺度法については
クラスカル，J.B.・ウィッシュ，M.　高根芳雄（訳）　1980　多次元尺度法　朝倉書店
がそれぞれ参考となる。

見えのまとまり
：群化

　いくつかのものが同時に図となった場合，それらがまったくバラバラのままでは，図としての特性が失われる。われわれが日常見ている世界は，バラバラなものの集まりではなく，いくつかのグループにまとまって見える。近くのものは，互いにまとまったり，同色や同じデザインのものがまとまったりしている。そのまとまりは恣意的にできたものでなく，自然にまとまりができる。見る人が違っても，まとまりのでき方はあまり変わらない。それぞれ人は過去経験が違っているのに，見えのまとまり方は変わらないということは，万人共通のまとまりの法則，すなわち群化の法則があるのであろう。この法則にもとづき，われわれの見えの世界は秩序立てられ，把握しやすいものとなっていることが多いが，他方動物の擬態や，軍隊のカムフラージュのように，外敵から身を隠すのに用いられることもある。

5.1 星のまとまり

図 5.1 は北斗七星の図であるが，(a) が北斗七星であるといっても，誰も信用しないだろう。(b) はまさしく北斗七星である。(a) と (b) はともに星の正しい配置を示した (c) を適当にむすび合わせたものに過ぎない。われわれが北の夜空に見るものは (c) であり，(a) でも (b) でもない。それならば，なぜ (b) がただちに北斗七星と見られ，(a) はまったく違ったものと見られるのだろうか。

これは (b) は，見えのまとまりすなわち群化の法則に適合したものであり，(a) はそれにしたがっていないからである。このような見えのまとまりを規定する要因，すなわち**群化の要因**としては，近接の要因，類同の要因，閉合の要因，よい連続の要因，などがある。北斗七星のまとまり方は，主として，近くにあるもの同士がまとまりやすいとする近接の要因によったものと言える。

5.2 群化の要因

以上のような，いくつかの群化の要因にしたがって，外界からわれわれに与えられるバラバラの素材は，秩序だったものに整理され，われわれの見えの世界を形づくっている。ゲシュタルト心理学の創始者であるウェルトハイマー (Wertheimer, 1923) は次のように述べている。「私は窓辺によって，家と木と空を見ている。理論的に数えると，そこには 327 の明るさと色調がある。私は 327 の明るさと色調を見ているのだろうか。否，私は空を，家を，木を見ているのだ。それぞれの明るさと色調は，それ自体としてはけっして現れない。」

つまり，われわれの目の網膜に映ずるのは，さまざまの色や明るさをもつ部分の配列に過ぎないが，われわれが実際に知覚するのは，そのような断片的な感覚の集まりではなく，青い空の下にある緑の木に囲まれた家であることを，ウェルトハイマーはこのように表現したのである。もし空や木や家の部分部分の明るさと色を知覚しようとするならば，それぞれの部分だけに注意する特別な構えで見る必要がある。むしろ，そのような構えは特殊で不自然な見方で

5.2 群化の要因

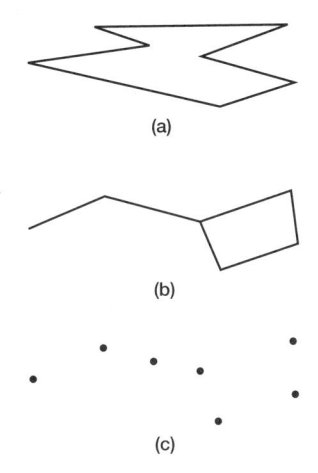

図5.1 北斗七星 (Metzger, 1953)

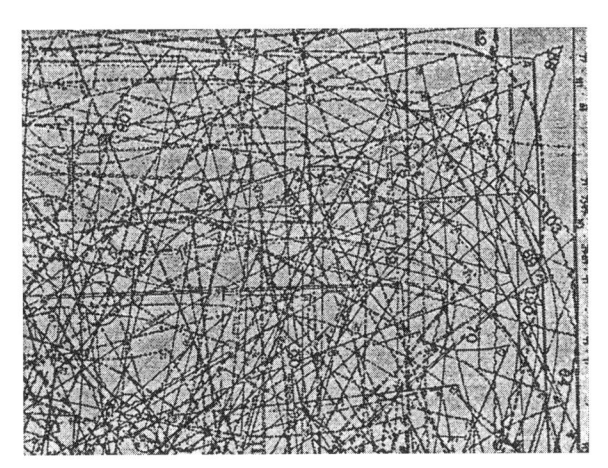

図5.2 洋裁型紙 (Metzger, 1953)
よい連続の要因,類同の要因などをたくみに用いて多数の型を区別させている。

あって，ごく自然な見方をすれば，空と木と家に分かれて，それぞれ，空は空，木は木，家は家としてまとまって見える。そのような，まとまりは，偶然的なまとまりでなく，ある原則にしたがってまとまっている。その原則とは群化の法則である。その群化を規定している要因としてウェルトハイマーは次のような要因をあげている。

1. 近接の要因 たとえば図5.3（a）のように他の条件が一定ならば，互いに近い距離にあるもの同士の1―2，3―4，5―6がまとまって見える。

2. 類同の要因 各種のものがある場合，図5.3（b）のように他の条件（たとえば間隔・距離）が一定ならば，類似なもの同士がまとまって見える。

3. 閉合の要因 たとえば，図5.3（c）において閉じた領域をつくるものがまとまりやすい。図中の1―2と3―4がそれぞれまとまりやすく，1―3，2―4のようなまとまりは生じにくい。

4. なめらかな経過（あるいはよい連続）の要因 たとえば，図5.3（d）のように，なめらかな経過またはよい連続を示す。1―4，2―3がまとまりやすく，近接していても1―2，3―4のようなまとまりはほとんど生じない。また図5.3（e）の左側では，上述の閉合の要因によれば3つの閉じた部分にまとまるはずであるが，よい連続の要因のほうが勝って，波形と矩形の折線にまとまりやすい。

5. よい形の要因 図5.3（e）の右は閉合の要因によれば，左，中，右の3つの部分にまとまるはずであるが，円形と四角形とみたほうがよい形となる。このように，よい形，すなわち，単純で，規則的で，対称的な形が結果として生じるようにまとまる傾向がある。

6. 共通運命の要因 たとえば図5.3（f）において12個の点は通常3個ずつ4群に分かれて見えるが，いまもし3―4―5，9―10―11の6つの点が同時に上方に動いたとしたら，いままでの4群は解散し，動いたもの同士，止まっているもの同士の群化が生じる。このように運動や変化の運命を共にするものがまとまって見える傾向がある。

7. 客観的構えの要因 たとえば，図5.4の（d）は同形同大の点が等間隔に並んでいるので，近接の要因によっても，類同の要因によっても，どのようなま

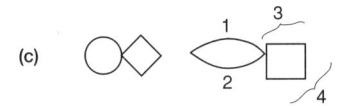

図5.3 群化の諸要因（Wertheimer, 1923）

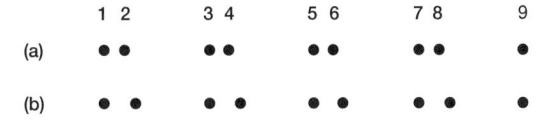

図5.4 客観的構えの要因（Wertheimer, 1923）

とまりが生じやすいかは決めがたい。図 5.4 の (a), (b), (c), (d) の順に提示していくと, 1—2, 3—4, 5—6 のようなまとまりが生じやすく, 図 5.4 の (g), (f), (e), (d) の順に提示していくと, 2—3, 4—5, 6—7 のようなまとまりが生じやすい。これは, 恣意的な純主観的なものでなく, 客観的な刺激の提示系列の中で自然に生まれた観察者の構えによって生じた傾向であるのでこの名でよばれたのであろう。

8. 過去経験の要因 たとえば, 図 5.5 (a) は juni と見えて, (b) のようには見えないのは, ローマ字を過去経験で学んでいるからである。しかし, 多くの過去の心理学者は, この要因の効果を過大評価して, その他の要因も, すべてこの過去経験の効果に帰せしめようとするが, この要因の効果は他の形態的要因にくらべると弱いものである。

第1章で述べたように図 1.11 にはマックス・ウェルトハイマーの頭文字であるMとWが含まれていて, それらの文字は彼自身が生まれてから非常に多数回経験しているにもかかわらず, MとWとに分かれては見えないことを指摘している。この場合, 過去経験の要因よりなめらかな経過の要因やよい形の要因のほうがわれわれの知覚に強い効果を与えているのである。

全体がいくつかの群として群化すれば, それらの群と群とは分離する。したがって, 群化は別の面からみれば分節である。群化と分節が生じると全体は構造化する。このような構造化は知覚だけではなく, 多くの心理現象に関して認められる。したがって, この群化の諸要因も多くの心理現象に通じるものと考えられた。

5.3 過去経験と群化

5.3.1 連合心理学とゲシュタルト心理学の立場

心理学では, 人々が体験するいろいろの現象をその人の過去の経験にもとづく連想などで説明することがある。たとえば, 梅干しを見るとつばが出るという現象は, 以前その人が梅干しを食べたときに口の中につばが出たという経験にもとづくものだとする。その証拠に, 梅干しを食べたことがない外国人は,

(a) *juni*

(b) *jiwi*

図5.5　過去経験の要因（Wertheimer, 1923）

BOX5.1　群化の効用

　群化の要因は，日常生活にたくみに応用されている。種々のユニフォームや，全集本の装丁などが，類同の要因を用いたものであることは容易に気がつく。洋裁の型紙の型を何重にも印刷した図5.2の例は，よい連続の要因をうまく利用したものである。さらに注意深くさがすと，われわれが日頃用いている日本語の仮名まじり文は，この群化の要因から多くの恩恵を受けていることに気づく。漢字制限がとなえられても，漢字全廃にまではなかなかゆかない。これを食い止めている一つの理由は，全部仮名にしたならば，言葉がどこで切れるかさっぱり見当がつかなくなることであろう。「きんせつのよういんとるいどうのよういん」などと書かれては読みづらく困る。「近接の要因と類同の要因」のように，適当に漢字と仮名が混じると，それぞれの字体ごとにまとまり，それが言葉の区切りと一致して読みやすくなる。これは類同の要因を利用したものといえる。もし全部仮名文字で書くならば，「きんせつ　よういん　と　るいどう　の　よういん」のように字間を切って書くこともできる。これは子ども用の絵本で用いられている仕方で，近接の要因にしたがったものである。また英文でもfactorofproximityではなくfactor of proximityと区切って記す。また文章のなかに，「　」，（　），〈　〉，などを適当に用いるとわかりやすくなることもある。これは第3の閉合の要因によったものといえる。いずれにせよ，これらの言葉の区切りは群化の要因のどれかを用いて表されていることは興味深い。

　群化の要因は見えの世界を秩序立てるのに役立っていることが多いが，逆にものの存在に気づきにくくしている場合もある。多くの動物が，住んでいる環境の色や形に類似した姿をして外敵から身をかくしている擬態（カムフラージュ）である（この場合，外敵である動物の目に群化が生じていることを示唆している点でも興味深い）。また軍隊などの迷彩服や戦闘車両のカムフラージュも類同の要因を利用している。

梅干しを見ただけではつばは出さないことがあげられる。これは現在の心理学でも，条件反射の例として，過去における条件刺激（梅干しの外観）と無条件刺激（梅干しの味）の連合の結果として説明されている。

古い心理学，とくに18世紀に盛んであった連合心理学（**1.3.1**参照）では，条件反射のような概念は用いなかったが，人が頭の中に思い描く観念と観念の連合によって多くの心理現象が説明された（大山・上村，1998）。このような**過去経験**によって何でも説明しようとする傾向は，20世紀初頭までも強かった。ある意味で，その傾向は現在までも続いている。この傾向に強く反対したのが，まさにゲシュタルト心理学の創始者であり，群化の要因をあげたウェルトハイマーである。

しかし，彼も過去経験の効果をまったく否定したわけではないことは，前述のjuniの例を取り上げ，過去経験の要因を群化の要因の一つに数えている点からも明らかである。われわれも，筆で続けて書いた平仮名文字がなかなか読めないのは，どこに文字と文字の区切りがあるか，分からないからである。しかし，読みなれた人はすらすらと読める。これは過去経験の効果である。

ゲシュタルト心理学者の一人であるゴットシャルト（Gottschaldt, 1926）は第1章で述べたように，知覚におよぼす経験効果の組織的研究を行い，単なる反復の効果は認めがたいことを示した（**BOX 1.6**参照）。しかし，彼の第2研究では，知覚者の構えを変えるような経験の効果は明確に認めている（**BOX 5.2**参照）。前述のウェルトハイマーの客観的構えの要因に対応するものであろう。

5.3.2　生態学的妥当性

他方，ゲシュタルト心理学者らとは違った立場から，ブルンスウィックら（Brunswick & Kamiya, 1953）は群化の要因も生得的なものでなく，経験によって学習されたものであることを主張している。彼らはその主張の根拠として，たとえば近接した平行線の映像を与えるものは，われわれの環境における物体の両側の輪郭を示すことが多く，それらをまとまりをもつものと知覚する傾向，すなわち近接の要因は，**生態学的妥当性**（ecological validity）があることをあげている。彼らは，映画の7つの場面におけるすべての平行線を分析し

て，これを実証している．彼らによれば，このような生態学的妥当性を経験することにより，実際に1つの物体の輪郭である可能性の高いものをまとめて知覚することを学習することが，この群化の要因の基礎とされた．

5.4 群化の要因の量的測定

5.4.1 近接の要因と類同の要因の比較

これまで述べてきたような群化の諸要因は，それぞれどれほどの強さをもっているのであろうか．ただ多くの要因を羅列したのでは，それらの各要因がどれほどの影響力をもっているのかは分からない．たとえば，近接の要因と類同の要因を比較するとどちらが強いだろう．もちろん，そのような比較には，近接の程度・類同の程度をあらかじめ規定しておかねばならない．

このような2つの要因間の量的比較は，次のようにして行うことができる．図5.6のように16個の小円を4行4列に並べて提示する．すると，横のまとまりが4行あるとも見えるし，縦のまとまりが4列あるとも見える．(a)のように，縦横の間隔が同一の際には，横のまとまりがもっぱら優勢であり，縦のまとまりはほとんど生じない．しかし，(b)のように上下の間隔を縮めると，縦のまとまりも生じるようになる．すなわち，近接の要因にしたがえば，縦のまとまりが生じ，類同の要因にしたがえば，横のまとまりが生じることになる．

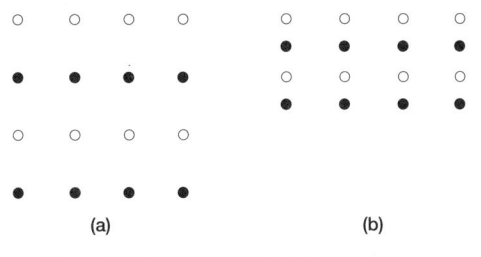

図5.6 群化の量的測定のための刺激パターン

いわば，近接の要因と類同の要因が互いに競合するのである。上下間の間隔を適切に選べば，両要因がつり合いがとれるところがあるはずである。どうすれば，そのような間隔距離が求められるであろう。

5.4.2 実験による量的測定

筆者ら（大山他，1991）は，次のような方法を用いて，これら2要因の均衡点を求めた。すなわちパソコンの画面の上に同じ明るさの赤と緑の小円（直径7ミリメートル）を図5.6の白黒小円のように4行4列に並べて提示する。その際に左右の小円間の間隔は3センチメートルに一定しているが，上下の間隔は提示ごとに変え，1.5，2，2.5，3，3.5センチメートルと5段階とする。同じ画面が20秒間続けて提示され，被験者は画面から57センチメートルの距離[注1)]からその中心を注視しながら，それらの16個の小円が，縦4列にまとまるか，横4行にまとまるかを観察する。そして縦にまとまって見えている間は，コンピュータの①のキーを押し続け，横にまとまれば②のキーを押し続ける。それぞれのキーを押していた合計時間は，パソコンに自動的に入力され，どちらが優勢であるかは，前章で述べた図—地反転の場合と同様に次の式で表される。

$$R = \frac{T_1}{T_1 + T_2} \times 100$$

ここで，T_1とT_2は，①と②のキーを押していた時間，つまり，それぞれ縦と横のまとまりが生じていた時間を示す。このRの値が50であれば，縦と横のまとまりが生じていた時間が互いに等しく，Rが50より大であれば，縦のまとまりが優勢で，Rが50より小であれば，横のまとまりが優勢なことを示す。

7名の被験者の2回ずつの観察結果の平均は図5.7の◇印の曲線のようになる。図の横軸は小円間の上下の間隔距離を示し，縦軸はRの値を示す。上下間隔が15ミリメートルのときはRは80以上であるが，上下間隔が広がるとRはしだいに低下して，間隔が25のときに50以下となり，上下間隔が30のとき（左右間隔と等しいとき）にはRは20程度に下がる。

この実験結果から，直線内挿法という方法を用いて，Rがちょうど50となるであろう上下間隔を推定すると，23.6ミリメートルという値が得られた。つ

まり，同色小円同士の左右の間隔が30ミリメートルで，赤と緑の小円間の上下間隔が23.6ミリメートルのときに，縦と横のまとまりの傾向がほぼつり合うことになる。言い換えれば，同色同士の類同性と赤・緑の類同性の違いは30ミリメートルと23.6ミリメートルの近接性の違いで打ち消すことができる。群化現象におけるこのような関係を用いて類同性を量的に比較できる可能性が開かれる(注2)。

以上は，赤と緑の小円の例を示したが，明るさの異なる（輝度の値で約1対3）赤同士（または緑同士），さらに色も明るさも異なる場合についても同様の実験を行ったが，その結果は**図 5.7** の＋と△の曲線のようになった。均衡点は，それぞれ25.4ミリメートル，21.7ミリメートルと推定された。色も明るさも異なる場合（たとえば明るい赤と暗い緑の組合せ）は，均衡点はさらに小さくなることが分かる。すなわち，色の類同性と明るさの類同性は累加的に作用しているのである。なお，念のため同色で同じ明るさ同士でも同様の実験を行った。その結果は，**図 5.7** の□の曲線で示されている。その際の均衡点は30.53ミリメートルで，左右間隔の30ミリメートルとは完全には一致しなかった。これは，水平・垂直間の異方性（方向による視空間の異質性）などによるのかもしれない。

以上のようにして，種々の群化の要因を量的に測定することができる。また，この方法によって色だけでなく，明るさや形などの種々の次元の類同性の効果

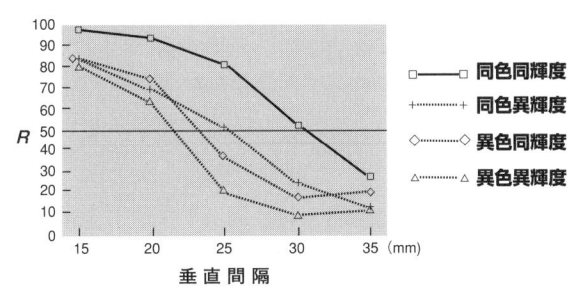

図5.7 群化優位性の結果（大山・内藤・野村, 1991）

を量的に比較することも可能であろう。その後，筆者ら（Oyama et al., 1999）は，色・明るさ・大きさ・形の4つの知覚属性を変化させて，類同性が群化に及ぼす効果を，量的に比較するとともに，それらの類同性の組合せが累加的にはたらくことを確かめている。

5.5 時間を越えた群化

5.5.1 継時的群化の量的測定

これまで述べてきた群化は，同時に提示された対象間のまとまりであった。しかし群化は，継時的に提示された対象間にも生じる。いわば，時間を越えて生じる群化である。

筆者と山田　亘（Oyama & Yamada, 1978）は，前出の**図 5.6** と類似の刺激図形を用いて，継時的群化に関する量的測定を行った。その実験では，4 行 4 列に並んだ 16 個の小黒円が同時には提示されず，8 個ずつ継時的に提示された。タキストスコープという実験装置を用いて，左から第 1 列（縦列）と第 3 列は第 1 刺激として，まず 20 ミリ秒（50 分の 1 秒）の間提示され，0 ないし 120 ミリ秒の SOA（stimulus onset asynchrony；第 1 刺激が出現してから，第 2 刺激が出現するまでの時間間隔）をあけて，第 2 列と第 4 列が第 2 刺激として 20 ミリ秒間提示される。その際，左右の列間の間隔は 20 ミリメートルで一定であるが，上下の行間の間隔は，25, 30, 35, 40 ミリメートルの 4 段階に変化させた。観察距離 87 センチメートルであった。5 名の被験者に各条件（4 空間条件×10 時間条件），20 回ずつ提示された。被験者は，各提示ごとに，縦 4 列にまとまって見えたか，横 4 行にまとまって見えたかを報告する。

その結果は一般的にいうと，前述の同時提示による群化実験同様に，垂直間隔が短いほど，縦のまとまりが優勢であり，垂直間隔が長くなるにしたがい，横のまとまりが優勢に変わった。さらに，**図 5.8** に示すように第 1・第 2 刺激の時間間隔が短いほど横のまとまり（継時的群化）が優勢で，時間間隔が長くなるほど，縦のまとまり（同時的群化）が優勢になった。この実験の場合，時間間隔は，第 1・3 列の提示と第 2・4 列の提示の小円間の時間的隔たりであり，

小円間の群化においてちょうど横の空間間隔と同じ役割を果たしている。横の空間間隔は20ミリメートルに一定に保たれていたが，時間間隔がそれに加わって，横のまとまりを生じにくくしたといえる。

そこで，前述の実験と同様に，縦横のまとまりが均等に生じやすい状態となる均衡点を直線内挿法で求めた。ただし今回は，均衡点は空間間隔でなく，時間間隔（SOA）の値として表された。

小円をすべて，白地上の直径6ミリメートルの黒円とした実験系列の結果では，行間の縦間隔が25ミリメートルの条件で，均衡時間間隔（SOA）が，31.1ミリ秒となった。また縦間隔が30ミリメートルの条件で均衡時間間隔が32.6ミリ秒。縦間隔35ミリメートル条件で，均衡時間間隔が36.9ミリ秒。縦間隔40ミリメートル条件で均衡時間間隔が45.3ミリ秒となった。つまり縦方向の空間間隔が長くなるほど，それと均衡する時間間隔が長くなる傾向であった。この実験の場合，時間間隔は横方向の空間間隔（20ミリメートルに一定）に加わって，横方向より縦方向のまとまりを優勢にするように作用している。したがって，縦方向のまとまりにマイナスのはたらきをする縦方向の空間間隔の増大に対して，（横方向の）時間間隔の増加によってバランスをとっていること

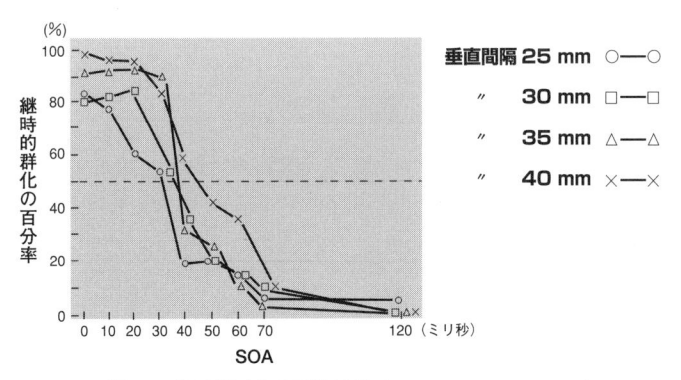

図5.8 継時的群化の実験結果（Oyama & Yamada, 1978）

になる。この実験の結果は，その予想に合致するものである。言い換えると，縦方向の空間的近接性の低下（空間間隔の増大）と横方向の時間的近接性の低下（時間間隔の増大）がつり合ったのである。

もう一つの実験系列では，図 5.6 のように1行おきに，白円と黒円にしてその他の点では前述と同じようにして，継時的群化の実験を行った。その結果では，縦方向の行間間隔が，25, 30, 35, 40 ミリメートルの各条件に対して得られた均衡時間間隔は，それぞれ 69.0, 72.0, 78.8, 82.3 ミリ秒であった。前の実験系列と同様に，縦間隔が広がるほど，それにバランスをとる時間間隔が増大する傾向であった。時間間隔の増大が横方向の空間間隔の増大と群化において同じ役割を果たすことが再確認された。

それとともに，白・黒円条件では求められた均衡時間間隔の値が，黒円のみの条件にくらべて，全般的に 30 数ミリ秒増大している。これは，1行おきに白円と黒円にしたこと，すなわち行間の類同性の低下にもとづいたものであろう。つまり縦方向の類同性の低下と横方向の時間的近接性の低下（時間間隔の増大）とが群化においてバランスすることを示している。

5.5.2　群化の要因としての時間的近接性

この2つの実験系列の結果が示すことは，時間的近接性は空間的近接性，類同性と同じように群化の要因としてはたらいていることである。すなわち時間的近接も，空間的近接と同様に群化の要因の一つである。そして，その効果は，ここに示した方法により，量的な測定が可能である。

なお，この実験で用いた短い時間間隔では，第1・第2刺激の提示が主観的には，同時に感じられているのではないかという疑問に答えるため，同じ実験条件で同時性の判断の実験も行った。その結果では，同時と感じる時間間隔の限界は約 30 ミリ秒であり，前述の継時的群化が生じる時間間隔では，この限界を越えているから同時とは感じられていないことが示された。

5.5.3　継時的群化と仮現運動

また，ここでいう継時的群化は，第8章で述べる仮現運動（見かけの運動）

によるのではないかという疑問も生じるだろう。つまり第1刺激から第2刺激へ仮現運動が生じているとき，継時的群化と感じているのでないかという疑問である。この実験では，その点を注意して，被験者に運動印象についても報告を求めていた。その結果では，群化は縦方向に生じ，縦の4つの小円がまとまりを保ちながら，それら全体が同時に横に運動して見えるというような報告もしばしば生じていた。このように，群化は縦方向に，仮現運動は横方向に生じる場合があるという事実は，この2つの知覚現象は互いに無関係なことを示している。

また，時間間隔の影響の仕方も，この2つの現象の間で異なっている。継時的群化は，時間間隔が短いほど生じやすかったが，仮現運動には，一般的に最適時間間隔があって，それより短い時間間隔でも，それより長い時間間隔でも生じにくいことが知られている。言い換えると，継時的群化の起こりやすさは，間隔時間の単調減少関数であるが，仮現運動の生じやすさは，間隔時間の逆U字型関数である。これらの点から，継時的群化は，仮現運動とは別個の現象であることが示された（**BOX 5.3** 参照）。

5.6　類似性か特徴の共通性か

知覚のまとまり，すなわち群化に，色や形や明るさや大きさの類同性が重要であることは，ウェルトハイマーがかつて指摘して以来，これまで述べてきた筆者らの研究などで量的に調べられてきたが，そこでいう類同性とは果たして対象を並べて比較して直接に判断される全体的類似性と同じであろうか。この問題をベック（Beck, 1966a）が取り上げて次のような研究をしている。

図 5.9 の（a）のようにT字形の光刺激を40個並べた間に，別の形（たとえば（b）に示す傾いたT字）を24個散らばらせて入れておく。全部が等しい明るさ（正確には輝度）である場合には，64個の形が一様に見えて，観察者は形の差に気づかない。ところが，2つの形の間に明るさの差をつけると，同じ形同士がまとまり，(a) と (b) のグループに分かれる。ベックは，その際に，どの程度の明るさの差をつけたら，(a)(b) が分かれて見えるかを測定した。

2つのグループに分かれて見えるために必要な明るさの差は，(a)(b)間の形の違いによって異なっていた。(a)(b)がともにまったく同じT字であるときには，もっとも大きな明るさの差が必要であり，Tと⊣，Tと⌟，Tと+の組合せでも，それとあまり違わない明るさの差が必要であった。他方，T字と45°傾いたT字，T字形とV形を組み合わせたときには，より小さい明るさの差で，(a)(b)グループが分離して見えた。形の差に明るさの差が加わり分離しやすくなったのであろう。

ここで注目すべき点は，同じT字形でも，45°傾けたときは，⌟形や+形よりもT字形と分離しやすかったことである。この実験結果では形全体の類似性よりも，垂直・水平線より成り立っているか，傾斜線より成り立っているかの差異が，まとまって見えるか，分離して見えるかに重要な影響を与えている。ベック（Beck, 1966b）は別の実験で，これらの形の見かけの類似性を評定させて，その結果と，群化（(a)(b) 2群の分離）に必要な明るさの差の測定結果との相関関係を調べたところ，両者の間に明確な関係が認められなかった。これらの研究から，群化における類同性は，形の類似性よりも，形を構成している特徴——垂直線よりなるか，傾斜線よりなるか，直線か，曲線か，閉じているか開いているかなど——の共通性が重要であることが示唆された。

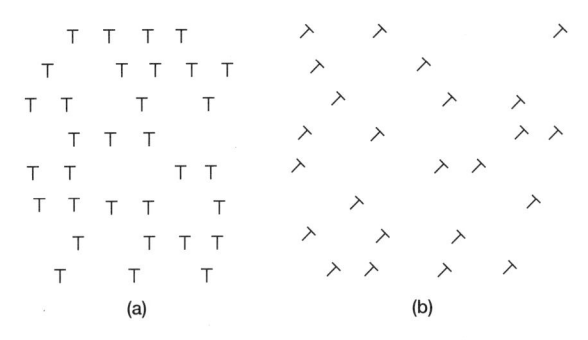

図5.9　ベックの群化刺激（Beck, 1966a）

注

注1　57センチメートルの観察距離であると，画面上の1センチメートルが，視角の1°にほぼ相当する（**BOX1.2**参照）。また観察者にとって自然な距離であり，しばしば視覚実験に利用される。

注2　この実験では，同色同士の距離間隔が一定で，異色間の間隔を可変としたが，逆に異色間間隔を一定，同色間を可変とすることもできる。その場合は，類似性が低くなるほど，均衡する同色間間隔が長くなる（Oyama et al., 1999）。

BOX5.2 　構 え の 効 果

　ゴットシャルト（Gottschaldt, 1929）は **BOX 1.6** で紹介した研究に加えて，第2研究において，前出の客観的構えの要因で取り扱ったような「態度」ないし「構え」の効果を取りあげ，反復経験の効果との比較を行っている。この研究は，観察者側の主体的要因である構えを客観的な手続きで統制した実験であり，その後だいぶたってから心理学者が一般に研究し始めた問題を早くから取りあげた点でも注目される。彼は種々の図形（第1研究の(b)図形よりも簡単な図形）をプロジェクターで投影し，その明るさを徐々に上げていって，各段階で見えたままの形を描かせる課題を多数，系列的に与えていった。そして，それらの刺激系列の組み方を工夫して，ある構えが自然に被験者にできるようにした。

　図 5.10 の系列3と系列4とをくらべてみよう。系列3の12番目の刺激図形と系列4の17番目の刺激図形は同じ図形で，正方形と＋印の両方を含んだ図形である。系列3の場合は，それまでに正方形を5回反復経験し，＋印を1度だけ経験しているから，単純に経験頻度だけからいえば正方形が見えることが期待される。しかし，系列の規則性からいえば，それまで5回ずつ同じ刺激図形が繰り返されているから，12番目も11番目と同じものが提示されると期待する構えができるであろう。一方，系列4では，それまでに＋印は8回反復経験しているが，正方形は1度も経験していない。しかし系列の規則性からいえば2回反復ごとにほかの図形に変わっていて，17番目も＋印以外の新しい図形が提示される順番であり，それを期待する構えができることが予想される。すなわちどちらの系列でも，反復経験回数からの予想と系列の規則性にもとづく構えからの予想が相反している。実際にだされる刺激図形は，両方の見え方が可能な多義図形である。その実験結果では，どちらの系列でも，経験頻度の多いほうでなく，系列の規則性から期待されるほうの図形が，より弱い照明段階で見え始めた。構えの効果が経験頻度の効果にまさったのである。

　このゴットシャルトの第2研究が示していることは，彼の第1研究におけるのと同様に，単純な経験の反復数が知覚に直接与える効果はきわめて無力であることである。しかし，刺激提示の系列性によって生じた観察者の構えは，知覚に大きな効果を与えることが証明された。これはウェルトハイマーが「客観的構えの要因」とよんだものとほとんど同じ効果であり，ゴットシャルトは場面のベクトルとよんだ。しかし，このような刺激系列や場面が直接に知覚に影響するのではなく，それらの刺激系列や場面を経験した被験者の心の中に生じた構えの変化を通しての効果であり，広義の経験の効果である。ゲシュタルト心理学は，このような意味での経験の効果を重視しているのであって，心的体制を規定する1つの要因としてそれを考えているのである。全体的体制の方向に逆らった過去経験の効果は，いくら経験頻度が多くても無力なものにすぎないが，体制全体の方向に合致するか，

その方向を決める役割を果たす位置におかれるならば，先行経験は大きな効果を示すとされた。

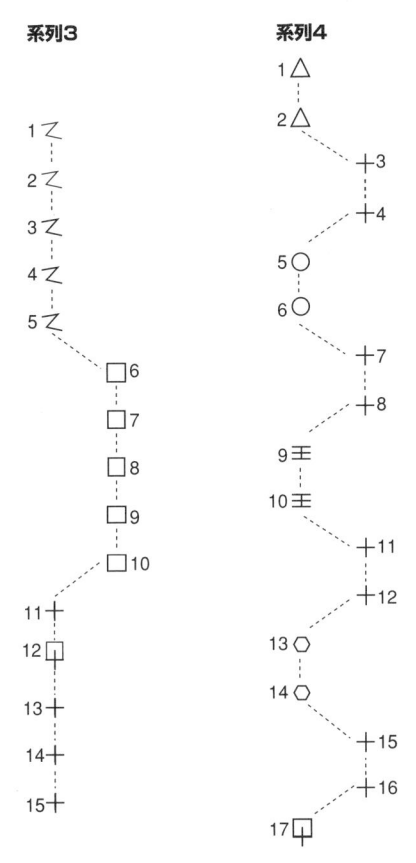

図5.10 刺激提示系列における位置と知覚（Gottschaldt, 1929）

BOX5.3 　継時的統合とマスキング

2つの図形などを継時的に提示した場合，それらが知覚的に統合されることによって，まとまりが出来て，そこに新しいものが生成される場合と，知覚的に統合されることによって個別のものが失われる妨害的な場合がある。

たとえば図5.11のように上の2つは意味のまったくないランダムドットと見えるが，重ねると下の図のようにVOHと読める。上の2つを6ミリ秒ずつ継時的に提示すると，75ミリ秒の間隔時間（ISI）までは，50％以上の正答率で文字が読める（Eriksen & Collins, 1967）。同時に2つを重ねて提示したときは，約90％の正答率で答えられるが，間隔時間が増大するに従い，正答率は低下する。この過程は，継時的群化の過程と似ている。

他方，継時的統合のために，個別のものが知覚できなくなる場合がある。ある種の継時マスキングがその例である。筆者らは，図5.12(a)のような1個から14個のランダムに配置した斜めのバーからなるテスト図形を50ミリ秒提示した後で，0～100ミリ秒のSOA（提示時間＋間隔時間）をあけて図の(b)，(c)のような多数のバーからなる妨害（マスク）図形を提示すると，最初のテスト図形のバーの個数が正しく答えられなくなることを見出した（Oyama, Watanabe, & Funakawa, 1983）。一種の逆向マスキング（backward masking）である。その際，SOAが0秒のときに，妨害効果が最大であるが，SOAの増大に伴い次第に減少するが，SOAが100ミリ秒でも，有意に妨害効果が認められた。マスク図形が(b)でも(c)でも正答率では差が認められなかったが，回答されたバーの個数と提示されたバーの個数との相関をとってみると，マスク(c)のほうがマスク(b)より相関係数が高かった。ここで相関が高いということは，正答でなくても，回答したバーの個数の大小が提示したバーの個数の大小と関連があることを示している。いわば誤答であっても正答に近い誤りであることを示唆している。その点で，テスト図形(a)と同方向の多数のバーをもつ妨害図形(b)のほうがバーの方向が90°違う妨害図形(c)より妨害効果が大であることを示している。つまりテスト図形と妨害図形の類似性が妨害効果を大にしている。また筆者らは，赤と青のテスト・妨害図形でも同様の効果が見出された。すなわち，テストと妨害図形が同色な場合に妨害効果が，異色の場合（赤―青，青―赤）よりも大であった。この点で，このような継時マスキングと継時的群化の共通性が認められる。

ただし，継時マスキングにもさまざまな種類があり，ここで述べたものは，その一部に過ぎない（菊地，1994）。

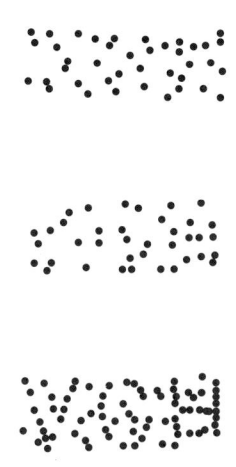

5.6 類似性か特徴の共通性か　　　113

図5.11 継時的統合 (Eriksen & Collins, 1967)

(a)　　　(b)　　　(c)

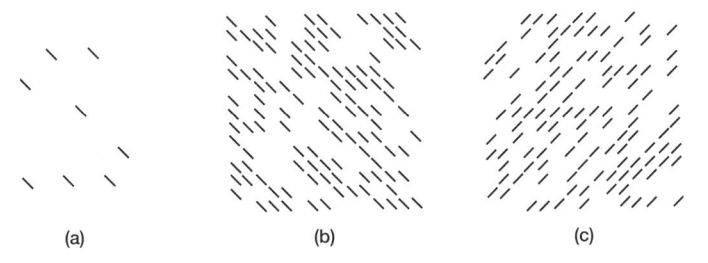

図5.12 継時マスキング (Oyama et al., 1983)

BOX5.4　特徴の組合せと群化

　トリーズマン（Treisman, 1986）は，図5.13(a)のように，多くの＋印中の―を見つけ出すまでの時間，あるいは┐，―，｜などの中の＋印を見つける時間は，全体の形の数の増大とともに次第に増加するが，図5.13(b)下段，(c)の上段のように，○形の中で◐形を見つける時間や，C形を見つける時間は，○形の数に関係なく，一定で，瞬時に見つけることが出来ることを見出した。彼女はこれらの実験事実から形の基本特徴の抽出は，前注意的な情報処理によって生じるが，基本特徴の組合せの違いでできる＋と―や┐の違いは注意が必要な情報処理によっていると論じている。なお，彼女の研究では，図5.13(b)上段のように◐の中の○型を探す場合や，図5.13(c)下段のC字形の中の○を探す過程は，◐形やC字形の数の増大とともに反応が遅くなった。すなわち，ある特徴の欠除を見出す過程は，注意が必要であることが示唆された。

　またトリーズマンは，色と形を組み合わせて，赤い丸，青い丸，赤いV字形，青いV字形を多数並べた場合（図5.14では，赤を白抜き，青を黒，V字は三角形で示した），(a)のように赤・青の丸と赤・青のV字といった形によるグループ分けか，あるいは(b)のように赤い丸と赤いV字のグループと青い丸と青いV字のグループといった色分けによるグループ分けの境界は，一目で判然と生じることを示して，前注意的情報処理の例としている。これに対して，(c)のように赤い丸と青いV字のグループと，赤いV字と青い丸のグループといったグループ分けは大変困難であることを示し，情報処理の初期段階では，個々の特徴のみを扱い，特徴の結合は扱わないと論じている。

　このトリーズマンの主張は，色や形の類同性は累加的に群化を規定しているとした筆者らの前述の主張と矛盾するように見える。しかしトリーズマンの例に，(d)のように赤の丸と青のV形の間のグループ分けの例を加えるならば，それらのグループ間の境界は，色だけ，形だけのグループ分けの境界にくらべ，さらに明瞭となるであろう。このような意味では特徴の結合は累加的に作用すると言えよう。

5.6 類似性か特徴の共通性か

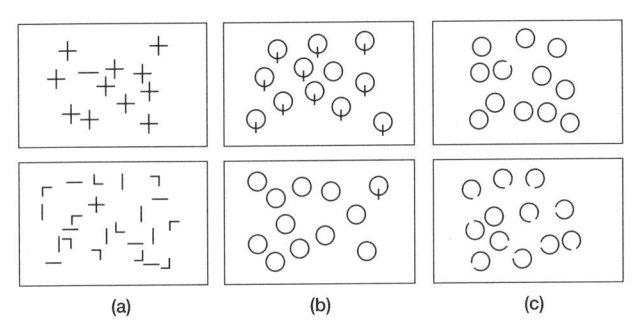

図5.13 特徴と群化 (Treisman, 1986)

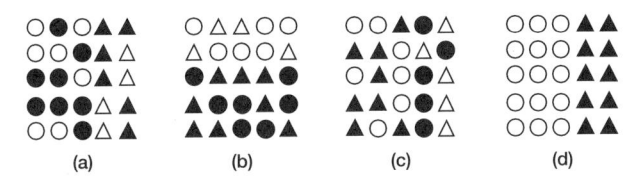

図5.14 特徴（色・形）の結合と群化
(Treisman, 1986より改変)
原図の赤は白抜き，青は黒，丸は丸，V字型は三角形としてある。

[参 考 図 書]

本章には下記が参考になるであろう。

メッツガー，W．盛永四郎（訳）　1969　視覚の法則　岩波書店

山田　亘・増田直衛・藤井輝雄　1994　形の知覚　大山　正・今井省吾・和気典二（編）　新編　感覚・知覚心理学ハンドブック　誠信書房　pp.606-658.

菊地　正　1994　視覚マスキング　大山　正・今井省吾・和気典二（編）　新編　感覚・知覚心理学ハンドブック　誠信書房　pp.659-681.

行場次郎・市川伸一　1994　パターンの知覚　大山　正・今井省吾・和気典二（編）　新編　感覚・知覚心理学ハンドブック　誠信書房　pp.947-965.

行場次郎　1994　視覚の心理学　川人光男他　岩波講座　認知科学（3）　視覚と聴覚　岩波書店　pp.1-40.

錯視　6

　錯視とは，視覚における錯覚のことをいう。われわれが目で見ている世界は，物理学や幾何学で扱っている客観的世界と違っている。それでは，見る人，一人一人で異なっている主観的な世界かというと必ずしもそうではない。多くの人に共通して起こる錯視がたくさんある。錯視はけっして見誤りではない。筆者らのように長年にわたり錯視を取り扱っているものが，慎重に見ても，錯視はやはり生じる。

　広い意味では，すでに述べた図と地の反転や，明るさの対比，後の章で述べるステレオスコープや仮現運動なども錯視である。この章では，幾何学的錯視とよばれている錯視について述べる。直線や円で描かれた簡単な幾何学的図形で生じる錯視である。

6.1 幾何学的錯視

6.1.1 錯視とは？

われわれの見る形や大きさは，外界の物の形や大きさの忠実な模写ではない。この事実をもっとも端的に示しているものが，**幾何学的錯視**（geometrical-optical illusions）である。1855年にオッペル（Oppel, J.J.）が分割距離過大視の研究をして以来，多くの幾何学的錯視の研究がなされてきた。1890年代には研究がとくに活発であって，図6.1に示されているような今日よく知られている多くの錯視図は，ほとんど19世紀末までに多くの学者によって案出された（Boring, 1942）。それらの学者の中には，生理学者，心理学者，物理学者，天文学者などさまざまの領域の学者がいる。多くの錯視図は，考案した学者の名をつけて誰々の錯視とよばれている。その後，幾何学的錯視に関する多くの研究がなされてきており，とくにわが国でさかんである（田中, 1994；Robinson, 1972, 1998）。

ここで注意すべきことは，幾何学的錯視は何ら特別な現象でも異常な現象でもなく，錯視現象に示されるような知覚の歪みは，通常の視知覚において一般的に生じていることである。ただ，いわゆる錯視図でそのような歪みがとくに顕著に現れるに過ぎない。けっして，錯視図にだけとくに異常な知覚が生じているわけではない。程度の差はあっても，同様の歪みは多くの日常場面で生じているはずである。

したがって幾何学的錯視を研究することは，視知覚一般，とくにその2次元空間知覚の基本を探るための有力な手がかりとなり得ると考えられる。もし，これらの幾何学的錯視を統一的に解明する理論が見出されるならば，それは視知覚一般の理論となり得るものである。そのような理論をつくろうとする試みは今日までにたびたび繰り返されてきたのであるが，多くの人々から受け入れられるにたる有力な理論はいまだに提出されていない。

6.1.2 錯視の分類

しかし，図6.1に示された錯視を大まかに分類すると，① 鋭角を過大視し鈍

(a) ミュラー・リヤー錯視　　(b) オッペル・クント錯視

(c) ツェルナー錯視　(d) ポッゲンドルフ錯視　(e) ヘリング錯視

(f) ポンゾ錯視　　(g) ヘルムホルツ錯視

(h) デルブーフ（同心円）錯視　(i) エビングハウス（ティッチェナー）錯視

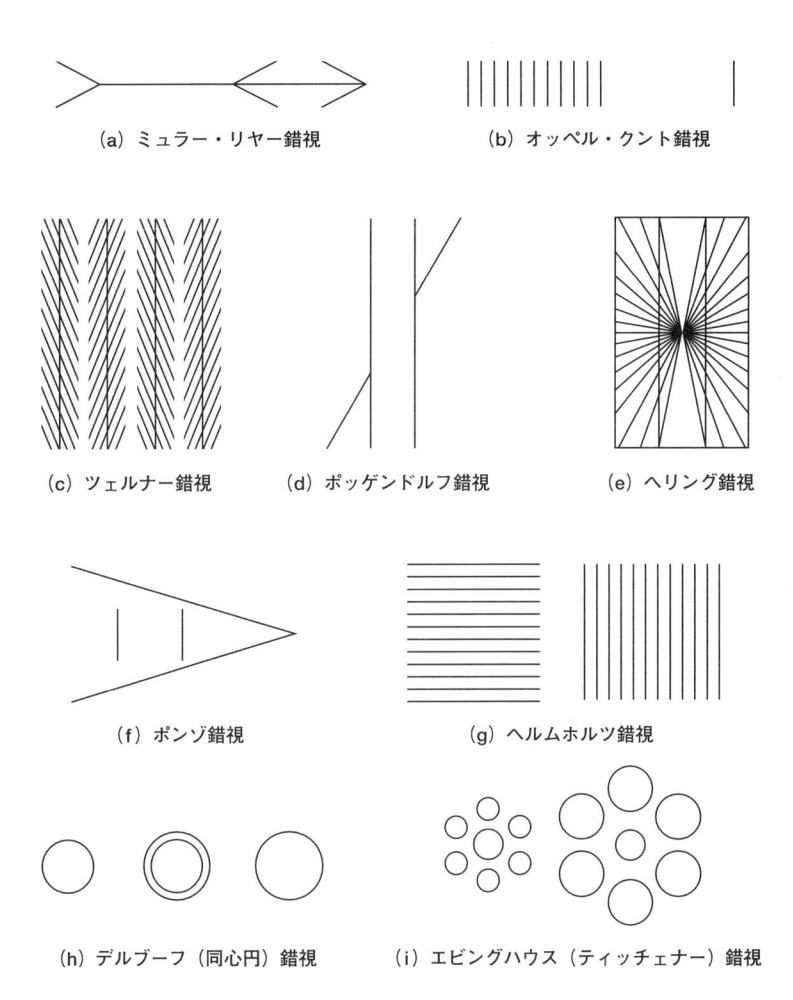

図6.1　代表的な幾何学的錯視

角を過小視するという一般的な傾向を仮定すると説明できるツェルナー，ヘリング，ポッゲンドルフの錯視，② 周囲の図形部分の性質（たとえば大きさなど）に同化したとして説明できるミュラー・リヤー，デルブーフ（同心円）錯視，③ 周囲の図形部分との対比が生じるとして説明できるポンゾ，エビングハウス（ティッチェナー）の錯視，④ 分割距離の過大視傾向を仮定することによって説明できるオッペル・クント，ヘルムホルツ錯視などに分けることができる。しかし，これらの説明は，なぜ鋭角過大視や分割線過大視が起こるのか，いかなる条件下で同化が起こり，いかなる条件下で対比が生じるのか，またそれはなぜかが究明されなければ，科学的な理論とは言いがたいであろう。

いずれにせよ，幾何学的錯視は，同時に提示されたいくつかの図形部分間の相互作用の現れと見ることができる。以下では，このような見地から，実験的研究が比較的多くなされ，組織的な探究がされている。① 錯視の異方性，② ツェルナー錯視と方向検出器，③ 同心円錯視，④ 変位と錯視の関係，⑤ 遠近法と錯視，⑥ 眼球運動説，⑦ 低空間周波数抽出説の7つのトピックスを取り上げて，それらの問題点を明らかにしたい。

6.2 錯視の異方性

6.2.1 錯視図を回転させると

小保内（1930）はポッゲンドルフ錯視図全体を図6.2（a）のように回転させて種々の位置で錯視量を測定したところ，図6.3に示されるような結果を得た。ポッゲンドルフ錯視図では，平行線で中断された斜線が，客観的には一直線上にあるのに食い違っているように見える。図6.3の横軸はその錯視が生じる斜線がおかれる方向を示す。0°が垂直方向を示し，時計まわりに角度が増加する。その際，平行線も同時に回転するので斜線と平行線がなす角度は一定（30°）に保たれる。図6.3の実線が示すように，図形全体を30°回転して斜線を垂直方向（0°）に提示したときには，錯視が小さく，斜線の位置が回転するとともに錯視が増加し，斜線の方向が45°の位置のときに錯視が最大となり，錯視量は0°のときの約3倍となる。それ以上傾きを増すとふたたび錯視量は減少し

6.2 錯視の異方性

(a)

(b)

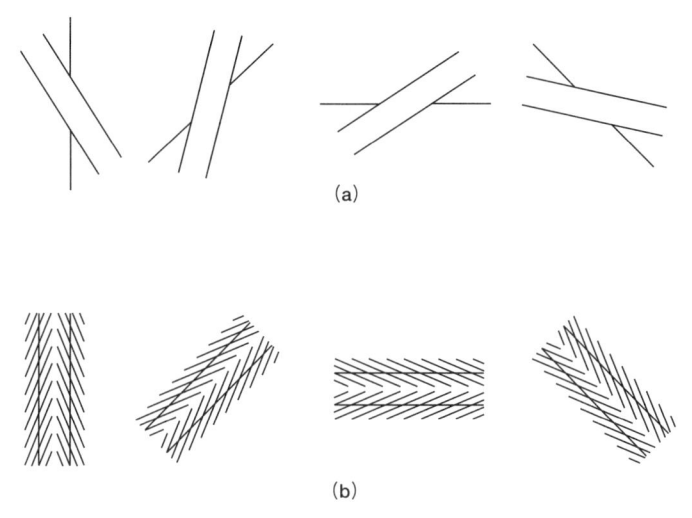

図6.2 ポッゲンドルフ錯視(a)とツェルナー錯視(b)の異方性

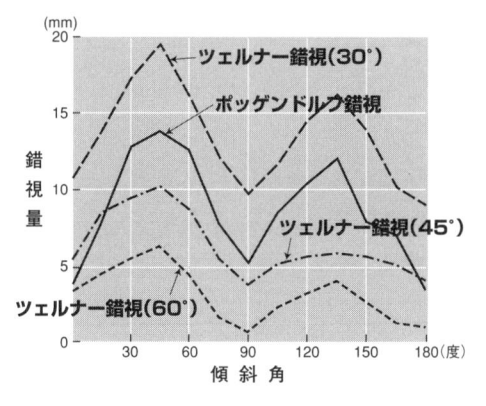

図6.3 錯視の異方性（小保内, 1930；盛永, 1933）

90°（水平）のときに最低（0°のときとほぼ等しい）となり，それからまた増加して135°で最大となってから減少し180°で最低となる。90°を周期とする規則的変化を示し，垂直・水平方向で錯視が少なく，45°傾斜方向でもっとも錯視が生じやすい。その後リーボヴィッツら（Leibowitz & Toffey, 1966）は，ほぼ同様の実験を行い，やはり45°方向で垂直・水平の場合の2倍以上の錯視量を見出している。

また盛永（1933）はツェルナー錯視図を**図6.2（b）**のように回転させて，**図6.2**に示すように，小保内がポッゲンドルフ錯視に関して得たのとよく似た周期的な錯視量の増減を見出した。彼は2本の平行線に多くの斜線が交わる図形を用い，その交差角を30°，45°，60°の3種に変え，それぞれの図形を種々の回転位置で提示して錯視量を測定した。その結果では一般的に交差角が30°のときにもっとも錯視量が大で，45°，60°と低下するが，それぞれ，**図6.2**に示されるように回転角に応じた周期的な錯視量変化を示した。この場合は，横軸は平行線の方向を示す。ツェルナー錯視においても，錯視が生じる部分（平行線）が垂直・水平方向位置にあるとき錯視が最小で，45°または135°方向にあるとき錯視が最大であり，その間，傾斜角に応じて錯視量が周期的に変化した。

6.2.2 錯視量の測定法

これらの諸研究において注意すべきことは錯視量の測定法である。ポッゲンドルフ錯視では，錯視によって生じた見かけの食違いを補正するように傾斜線の一方を平行移動させて，一直線に見えるようにするための移動量を錯視量とした。また，ツェルナー錯視では，錯視によって平行に見えなくなった平行線を平行に見えるようにするために，客観的には平行ではなく逆方向に開くように変形した際の2直線の尖端の移動量を錯視量とした。言い換えると，これらの錯視図は錯視が生じる図形であるとともに，錯視量を測るための図形の両方の役目を果たしている。

小保内と盛永は，このような測定手続きを，種々の方向に回転させた錯視図で行っているから，錯視量を測るのに用いた傾斜線あるいは平行線の位置もさまざまに変化している。したがって，たとえば垂直方向におかれた平行線を用

BOX6.1　ツェルナー錯視の異方性

　筆者（Oyama, 1975）は坂場　登とともに次のような測定法を用いてツェルナー錯視の異方性を検討した。115センチメートルの距離にある**図6.4**に示すような直径20センチメートルの円形窓に，間隔8センチメートルの2本の平行線に30°の交差角で6本ずつの斜線が交わる錯視図を種々の方向に回転させて提示した。盛永らと異なり，この錯視図の平行線自体には変化を与えず，別に比較刺激（錯視図中の平行線に対応するほぼ平行な2本線）を種々の方向に傾斜させて（錯視図の傾斜角とは独立に変化する）提示し，この比較刺激の2本線を錯視図の平行線と等しい開きに見えるように調整させた。**図6.5**は，5名の被験者の平均値を示している。横軸は，錯視図の平行線の傾斜角，各折線に付記された数値は比較刺激の傾斜角である。一般に，比較刺激が水平・垂直方向にあるときより，45°または135°方向のときのほうが得られた錯視量がやや大となる傾向にある。しかし比較刺激がいずれの方向を向いている場合でも，錯視図形の方向の影響が明瞭に現れている。すなわち，錯視図の平行線が水平方向（90°）のときに錯視が最小で，垂直方向（0°，180°）がそれにつぎ，45°または135°方向で錯視が最大となった。だいたいにおいて，盛永の結果を再確認するものであるが，水平と垂直の差は盛永の結果ではそれほど明瞭でなかった。

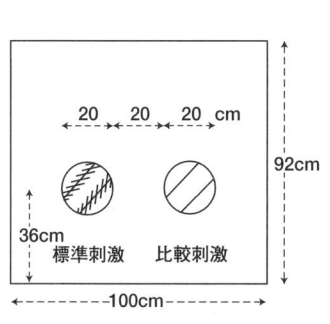

図6.4　ツェルナー錯視の測定事態
（Oyama, 1975）

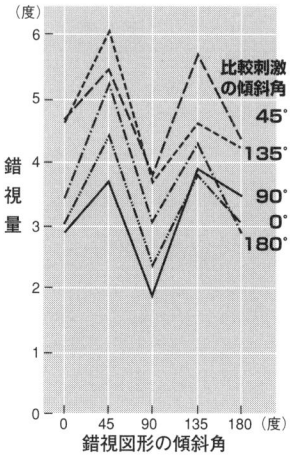

図6.5　ツェルナー錯視の異方性
（Oyama, 1975）

いて測った錯視量と，45°方向におかれた平行線を用いて測った錯視量は直接的に比較可能な量かどうかは疑問が残る。とくに，平行線の場合，平行か否かの弁別判断は，垂直・水平方向で精度が高く，45°方向で精度が低いことは，種々の方向で弁別閾を測定したロクリン（Rochlin, 1955）や筆者（大山，1970b）の結果に示されている。両研究とも，45°，135°方向では弁別閾が垂直・水平方向の2倍以上になることを示している（垂直・水平方向で5～10′，45°・135°方向で10～25′）（**BOX 6.1** 参照）。

6.3 ツェルナー錯視と方向検出器

6.3.1 方向検出器の相互作用

　ツェルナー錯視は，線の方向または角度に関する典型的な錯視である。**図6.1(c)** のように，平行線に斜線が交差すると，平行線が，平行に見えず斜線と逆方向に収束するように見える。斜線と平行線が交わる角度を過大視しているとみなすこともできるし，平行線を形成している2本の直線のそれぞれの見えの方向が，それと交わる傾斜の方向との差を強調するように，対比的に変化したとみなすこともできる。前者は鋭角過大視説として古くから言われてきたことである。後者は，大脳視覚皮質中に，線の方向（オリエンテーション）に選択的に反応する特徴検出機構（**1.4.2**参照）が，生理学的に見出されてから唱えられるようになった説である。

　ブレークモアら（Blakemore et al., 1970）は，**図6.6** のような単純な配置の3本の直線をコンピュータの画面に提示して，ABのなす角度によって，Bの見えの方向がどう変化するかを，比較刺激として提示されたCの方向をBと平行に見えるように調整することによって測定した。その結果では，一般にBの見えの方向がAから離れるように変化し，ABの交差角が約15°でその傾向が最大となった。その錯視量は約2°に達した。彼らは，この結果を，**方向検出器**（orientation ditector）相互間の生理的な側抑制によると説明している。側抑制については，第3章で，マッハの帯と関連して述べたが，ブレークモアが仮定したのは，それよりも高次の神経生理過程である方向検出器の側抑制である。

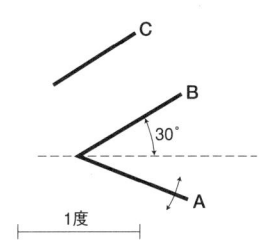

図6.6　方向錯視の測定事態
(Blakemore et al., 1970)

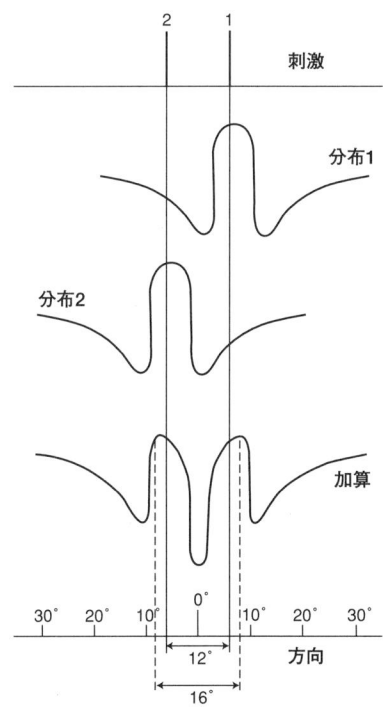

図6.7　方向検出器間の側抑制モデル
(Blakemore et al., 1970)

彼らは，直線 AB によって起こされた方向検出器の興奮と抑制の分布を**図 6.7**の 2 曲線で表した。曲線の山の部分が興奮で，谷の部分が抑制である。横軸は方向を示す。この 2 つの分布を加算すると，興奮のピークの位置が移動する。この図の例では，加算以前の 2 つのピークの間隔が 12°であったものが，加算後のピークの間隔は 16°と広がっている。彼らによると，このピーク間隔の差が方向の錯視に相当するという。興奮の山に抑制の谷が加わり，山の形が変形しピークが移動したのである。これは一種の側抑制とされた。

筆者（Oyama, 1975）も，**図 6.4** のようなツェルナー錯視図を用いて交差角の影響を調べた。最大の錯視は，交差角が 25°の条件で生じ，その際の錯視量は 5°に達した。ただし，この場合は，2 本の平行線に生じた錯視の全量であるから，1 本あたりにすれば，2.5°で，ブレークモアらとほぼ等しい。

また筆者は**図 6.8** のようにツェルナー錯視の斜線と平行線の間にギャップをあけた際の錯視の測定もしている。その結果では，ギャップをあけても錯視が生じるが，錯視量はギャップ（d）の拡大とともに減少した。しかしギャップが視角 30 分でも錯視は明らかに生じていた。しかしギャップが視角 1°に達すると錯視は認められなかった。また，別な実験でギャップをあけずに，斜線の長さを増加していき，錯視量が最大に達する限界を測定した。その結果は，交差角によって異なったが，斜線の長さでなく，斜線の先端から平行線へ下ろした垂線の足の長さで表すと，交差角に関係なく，ほぼ一定となり，その限界は視角約 1°であった。この結果は，斜線をこれ以上延長しても錯視が増加しないこと，言い換えれば，斜線を延長しても，延長部分は錯視に効果を与えないことになる。この結果と前述のギャップの限界の結果は，ともに視角約 1°の値である。この 2 つの値は，方法は違うが，斜線が平行線に与える影響力の及ぼす空間的範囲の限界を示しているのではあるまいか。ツェルナー錯視を方向検出器間の相互作用と考えれば，それらの検出器の受容野の大きさにほぼ対応しているとも考えられる（**BOX 6.2** 参照）。

6.3.2　方向検出器の異方性

ところで，このモデルによると，前述のツェルナー錯視の異方性はどのよう

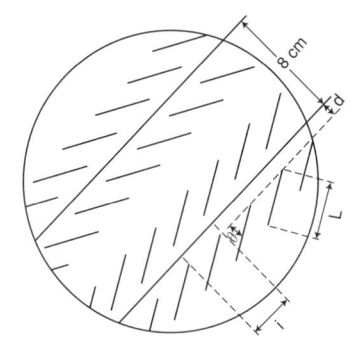

図6.8　ツェルナー図形におけるギャップの効果
（Oyama, 1975）

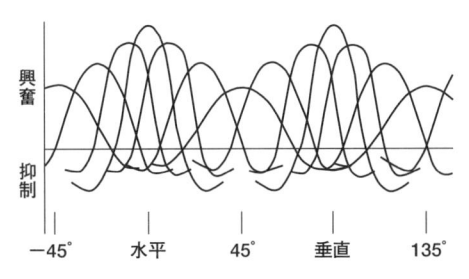

図6.9　方向検出器の仮説的感度曲線と分布
（Oyama, 1977）

に説明されるであろう。ある方向に並んだ2直線が平行であるか否かを目で判断する場合の方向の弁別閾が，方向によって異なっていることは，前述の通りである。平行線が45°に傾いている場合の方向弁別閾は，垂直・水平方向におかれている場合の方向弁別閾の約2倍になっている。垂直・水平方向にくらべ斜め方向では，方向の弁別が鈍いことを示している。このことから方向検出器の感度と分布密度が，方向によって異なり，図6.9に示すように，垂直・水平方向で山型分布が鋭くかつ密で，45°方向で鈍で粗であると想定できるであろう（Oyama, 1977）。このような想定下では，錯視図内の斜線に対応する方向検出器の側抑制によって生じる錯視図中の平行線に対応する方向検出器の興奮曲線のピークの移動は，垂直・水平方向で小さく，45°方向で大きくなることが理解できる。方向弁別閾の異方性と方向の錯視の異方性が共通のモデルで説明可能となる。

6.4 同心円錯視

6.4.1 盛永の研究

図6.1 (h) にデルブーフの図形として示されている同心円の外円は，その右にある客観的に同大の円より小さく見え，同心円の内円は左にあるそれと同大の円より大きく見える。この錯視現象を**同心円錯視**または**デルブーフの錯視**とよぶ。この錯視は，とくにわが国でさかんに研究され，その性質がかなりよく分かっているので，錯視研究の例としてややくわしく述べる。

まず，盛永 (1935) が内外円の直径の比率や配置などを組織的に変化させて，円内に生じる錯視量（過大視）を測定して次の諸点を明らかにした。

(1) 内外円がほとんど同大の条件から，外円を順次大きくしていくと，内円の過大視量はしだいに大きくなって，内外円の直径比が2:3のとき過大視量が極大となった。

(2) それよりさらに外円を大きくしていくと，過大視量はゆっくりと減少し，外円の直径が内円の5倍ないし6倍のときに，過大視から過小視に移行する。

(3) 内外円が互いに同心となる配置から，しだいに2円の中心を離していくと，

BOX6.2　方向検出器モデルの実験的検討

　ツェルナー錯視が方向の検出器の相互作用の結果によるとする仮説が正しいならば，ある方向の検出器の活動を抑制すれば，その方向の斜線が交わっている主線に生じる錯視量は減少するであろうと予想される。森川（Morikawa, 1987）はこの予想を実験的に検証した。彼は，**図 6.10（a）** のような単純化されたツェルナー錯視図をコンピュータ画面上に提示して，左上の直線と平行に見えるように，被験者に右下の直線を調整させて，錯視量を測定した。その際，錯視量測定に先立って，左上の直線に交差する斜線と同方向，同間隔の斜線縞（**図 6.10（b）**）を 120 秒間提示し続けて，それに順応させた場合と，そのような順応を行わない場合の錯視量を比較した。彼の結果では，順応がない場合の錯視量は平均 2.4°であったが，錯視図の斜線と同一方向・同一間隔の縞に順応した場合は，錯視量は平均 1.2°に半減した。しかし，順応する縞模様の方向や縞の間隔が違う場合には，そのような錯視の減少が生じなかった。つまり，錯視図の斜線の方向に感度をもつ検出器のみを選択的に順応させると，その検出器がもたらす側抑制の力が減少するため，錯視量が減少したとして，この結果が理解される。しかも，その際の選択的順応は，方向だけでなく，線の間隔すなわち空間周波数にも選択的であることが示された。方向検出器相互作用のモデルを支持する実験結果である。

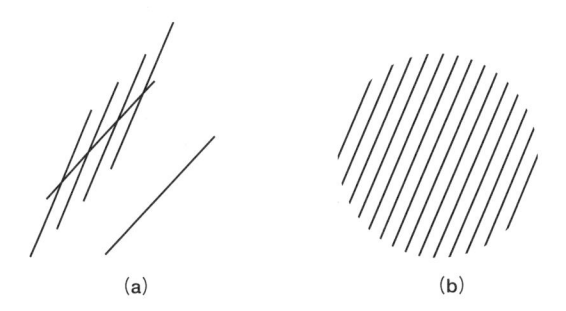

図6.10　ツェルナー錯視における選択的順応の効果
（Morikawa, 1987）

内円の過大視量はしだいに減少し，外円の円周上に内円の中心がくるとき，錯視がゼロとなり，それ以上離れると，内円の過小視に移る。

(4) 内外円を前後に離して提示すると，その距離間隔が増加するにしたがい，内円の過大視量は減少し，外円の過小視は過大視に変わる。

(5) タキストスコープを用いて，外円を内円より先だって提示すると，内円の過大視は過小視に移る。

これらの結果から，盛永は，内外円を一体的に把握するとき，大きさの同化が起こり，二肢的に把握するとき，大きさの対比が生じると結論した。(5)は後年ケーラーが見出した図形残効（**BOX 6.4**）研究の先駆ともいえる。

このうち，(1)に示された錯視の極大点の問題，すなわち内外円の直径が2：3の条件下で錯視が最大となるという結果は，一般的なものか，あるいは単に盛永の用いた実験条件に特有なものなのかは，この研究からだけでは結論できない。とくに，内外円の円周間の間隔距離の絶対値（たとえば視角で示された間隔）が，錯視を規定しているのか，内外円の比率関係が重要なのかは，内円の絶対的大きさを一定にした盛永の研究結果だけでは決められない。この問題に答えるためには，両円の絶対的な大きさを組織的に変化させ，円周間隔の絶対値が変わっても，2：3の原理が成り立つか否かを調べる必要がある。

6.4.2 直径比の原理

この検討を行ったのが小笠原（1952）の研究である。小笠原は，内円の直径を，系列Ⅰ：2センチメートル（視角1°17′），系列Ⅱ：4センチメートル（2°35′），系列Ⅲ：6センチメートル（3°50′）の3段階に変化させ，内円の過大視におよぼす外円直径の効果を調べた。**図 6.11**（a）はその結果を示す。この図では横軸は内円直径に対する外円直径の比（対数スケール），縦軸は内円の過大視量の相対値（内円の直径に対する百分率）を示す。このような結果の表し方をすると，Ⅰ，Ⅱ，Ⅲ，3系列における結果を示す曲線は，互いにきわめてよく一致し，盛永の結果(1)と(2)の前半をよく支持している。**図 6.12**に示すように，錯視図形の全体的大きさを変えても，3条件とも，極大の過大視は内外円の直径比がほぼ2：3のところで生じている。この錯視の極大点を内外円周間

6.4 同心円錯視

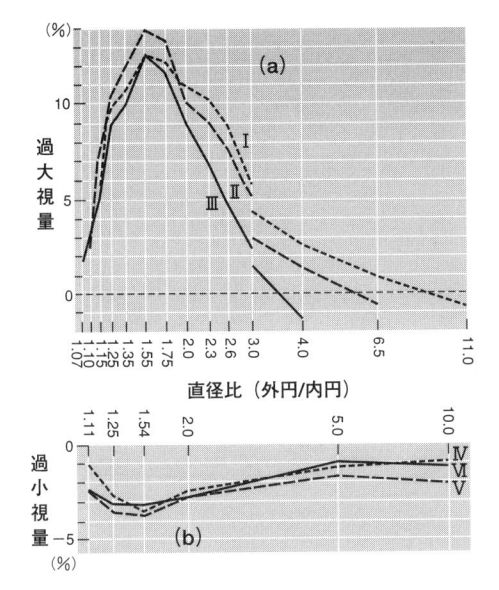

図6.11 内外円直径比と同心円錯視量 (Oyama, 1960)
小笠原(1952)のデータにもとづいて描いた。Ⅰ, Ⅱ, Ⅲ, Ⅳ, Ⅴ, Ⅵは実験系列を示す。

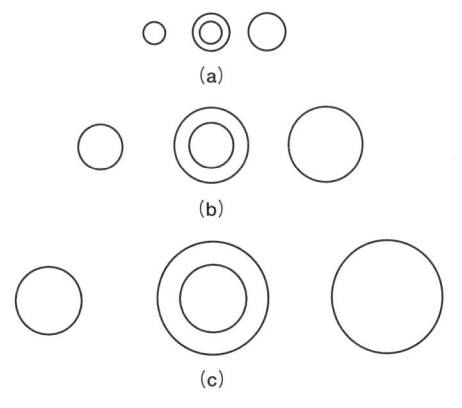

図6.12 大きさを比例的に変化した同心円錯視
(b), (c)は(a)の2倍, 3倍となっている。

隔で示すと，系列Ⅰで5ミリメートル（約19′），Ⅱで約10ミリメートル（約39′），Ⅲで約15ミリメートル（約58′）となり，相互に大いに異なっている。この点から，内円過大視の極大点を規定しているのは，円周間間隔に関する物理的な距離の絶対値でも，視角上での絶対値でもなく，内円に対する外円の相対的大きさ，すなわち内外円の直径比であるといえる。

また，錯視の絶対量も内円の大きさと比例的に変化するが内円の大きさに対する相対量（％）に関してほぼ一定していることも示された。たとえば，錯視図の大きさが変わっても，最大の錯視量はほぼ12～13％に保たれる。なお，外円が非常に大きくなり内円の錯視が過大視から過小視に移行する条件は，この実験では，系列Ⅰで外円が内円の6.5倍から11倍の間のとき，Ⅱで4倍から6.5倍の間，Ⅲで3倍から4.5倍の間となっている。これは系列間で一定しないだけでなく，Ⅰ・Ⅲ系列の値は盛永の結果の（2）とも一致しない。

また小笠原（1952）は，同心円の外円に生じる錯視についても組織的な研究を行っている。すなわち，彼は，直径が系列Ⅳ：4センチメートル（視角約2°35′），Ⅴ：6センチメートル（約3°50′），Ⅵ：8センチメートル（約5°10′）の3種の外円を用い，内円の直径を系統的に変化して，外円に生じる錯視を測定した。その結果は図6.11（b）に示されているように，一般に過小視であり，その量は，内円の過大視量ほど大きくないが，内外円直径比に応じて変化した。内円過大視におけると同様に，直径比が2：3のとき外円過小視量も極大となること，横軸に内外円の直径比を示し，縦軸に過小視量の外円直径に対する相対量を示すと，3系列の実験結果を示す曲線が互いによく一致することなど，内円の錯視の場合によく対応する結果を得ている。

6.4.3　同心円錯視の説明

これらの実験結果は，同心円錯視における内円の過大視も外円の過小視も，その錯視量の増大―減少を規定している条件は，内外円の円周間の絶対的距離ではなく，内外円の大きさの比率関係であることを示している。また，錯視量も，その絶対量は，錯視が生じる円が大きくなるとともに比例的に増大し，内円との相対量で表すとほぼ一定となった。これらの事実は，この錯視を，内外

6.4 同心円錯視

BOX6.3　類同の要因と同心円錯視

　筆者らは（Oyama, 1962；Oyama & Akatsuka, 1962）内外円の直径比を2：3に一定したまま，内外円の円周の色相と明度を組織的に変化させて，錯視量を比較した。この際，内外円が同色・同明度であれば，異色・異明度であるときにくらべ，類同の要因（第5章参照）にもとづく一体的構造が容易に起こり，ドーナツ的な形相が生じやすいことが予想される。ところが，内外円を赤，黄，緑，青，灰とすべての組合せ25通りの錯視図を用いて測定した結果では，同色同士の組合せのときに，とくに錯視量が多いとか少ないとかいう傾向は内円の過大視に関しても外円の過小視に関しても見出されなかった。たとえば図6.13で実線と点線がほぼ同明度で色相が異なる2色を表すとすれば，図中の (a) と (b) に相当する図形の間ならびに (c) と (d) に相当する図形の間で内円の錯視量に差がなかった。また (a) と (d) に相当する図形の間ならびに (b) と (c) に相当する図形の間で外円の錯視量をくらべても差異がなかった。全部の錯視図の結果について行った分散分析でも，内円の色と外円の色の間の交互作用項は有意にならず，この結論を支持した。この限りにおいて，類同の要因は，この錯視に重要な意味をもたないといえる。

　また，これらの研究では，色相そのものは錯視量には影響を与えず，背景（この場合，白色）との明度差が，錯視量に規則的な影響を与えていた。たとえば，明灰や黄など，背景との明度差が少ない色を錯視が生じる部分（たとえば，内円過大視錯視の場合は内円）に用いると，錯視量は大となり，それらを錯視を生じさせる部分（内円過大視錯視の場合は外円）に用いると錯視量は小となる。この傾向は，すでに1902年にベヌーシが，ツェルナー錯視に色彩線を用いて見出した傾向と一致し，また盛永・神作（1961），和田（1962）が灰色系列を用いて，同心円錯視について検討した結果とも合致している。

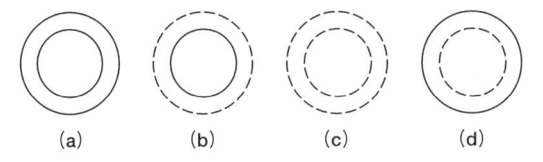

　　　(a)　　　(b)　　　(c)　　　(d)

図6.13　同心円錯視と類同の要因（Oyama, 1962；Oyama & Akatsuka, 1962）

円の円周の相向かいあった部分が互いに引き合うといった単純なメカニズムによって説明することが困難であることを示している。そこで，内外円の直径比が一定であれば，つねに一定に保たれるような図形の性質がこの錯視の原因であると仮定すれば，これらの実験結果を説明することができることになる。

盛永（1935）はすでに，内外円が一体性をもつとき同化が起こり，二肢的構造をもつとき対比が生じると述べているが，この考え方は，同化的方向の錯視量は一体性がもっとも強いときに極大となることを示唆し，2：3の直径比をもつ状態とは知覚構造の一体性がもっとも生じやすい条件として理解される。

小笠原（1952）は，内外円がドーナツ的円環を形成するという図形全体の特質が重要であることを述べている。内外円の比率関係が錯視量の増減の重要な変数となっているのは，それが彼のいう図形全体の特質を規定しているからであると考えたのであろう。そうすると，直径比がたとえ2：3でも，一体的構造ないしドーナツ的形相が生じがたい条件下では当然錯視が減少することが予感される（**BOX 6.3** 参照）。

同心円錯視の場合も，錯視の原因を，円周を構成している点の変位によっては説明しがたい。なぜならば，もし同心円錯視で生じる内円の見えの拡大と外円の見えの縮小が，内外円の円周を構成する点が互いに引きつけ合った結果であるとするならば，引きつけ合うのにもっとも適した間隔距離は一定しているはずである。ところが，前述のように，錯視量が最大となるための内外円の間隔は一定していないで，円の大きさに比例的に変化し，両円の比が2：3の場合に錯視が最大となる。

このような実験結果を説明するための一つの仮説としては，前述のツェルナー錯視を説明する方向検出器モデルになぞらえて，大きさ検出器の存在を仮定し，それらの大きさ検出器の感度と分布密度が大きさの対数に比例するモデルを想定することもできる（Oyama, 1977）。このモデルによれば，大きさの弁別閾が大きさに比例して増大すること（ウェーバーの法則；**BOX 1.3** 参照）と同心円錯視の最適条件が比率で決まる事実の両方が説明できる。ただし，ツェルナー錯視が方向の差を強調するように対比的にはたらくのに対して，同心円錯視は，2円の大きさの差を少なくするよう同化的に作用する。この錯視

BOX6.4 図形残効

　ゲシュタルト心理学者ケーラーが自らの仮説にもとづいて発見した現象である。彼は，たとえば図一地反転図形を続けて観察していると反転が起こるのは，同じ部分が図として知覚することを妨害する飽和が大脳視覚領の対応部位に生じることによると考えた。そこで，どのような図形でも見つづけていれば，視覚領の対応部位に飽和が起こり，その後に同じ部位に投射される図形が通常と違って見えることが予想される。

　彼はこの予想にもとづいて次のような実験を行った。まず**図6.14**の×印と円を提示し，この×印をしばらく続けて注視した後で，この図を取り去り，×印とその上下に描かれた同形同大の正方形を提示し，×印を注視したまま比較すると，円があった上方の正方形が下方の正方形より，明らかに小さく，薄く，遠くに見える。彼はこの効果を**図形残効**（figural after-effects）と呼んだ（Köhler, 1940）。その後，彼はワラックの協力を得て，さらに多くの実験を行い，図形残効による見えの大きさや形の変化は，「変位」と「距離のパラドックス」の原理で説明した（Köhler & Wallach, 1944）。第2次世界大戦後，この研究がわが国に伝えられると盛んに図形残効の研究がなされ国際的な注目を浴びた（Köhler, 1969；Sagara & Oyama, 1957；Oyama, 1978）。

　わが国での研究成果として重要なものとして，次の2点があげられる。まず空間的要因としては，先行（持続視）図形と検査図形の比率関係が重要なことである。先行・検査両図形として，円が用いられることが多いが，先行図形が検査図形より大きければ検査図形が縮小して見える，先行図形が検査図形より小さいときには，検査図形は拡大して見える。縮小拡大が最大になる条件は，先行・検査図形の輪郭間の間隔距離でなく，両図形の大きさ（直径）の比率が重要であり，2：1の場合に最大の縮小が生じ，1：2の場合に最大の縮小が生じる（大山，1970a）。これは変化の方向が対比的に起こる点で，同心円錯視と異なるし，また最適な比の値が錯視と残効で異なるが，輪郭間の間隔でなく比率によって最適条件が決まるという点では共通している。錯視研究が盛んであったわが国でこそ生まれた成果といえる。

　また研究の当初は図形残効には1分以上の先行図形持続視が必要とされていたが，実験の結果，数秒の持続視でも，同じような図形残効が生じることがわかった。ただし持続視時間が短いと残効が急速に減少する。持続視時間の長さは，残効の大きさそのものより，残効の持続時間を規定していることが判明した（大山，1970a）。

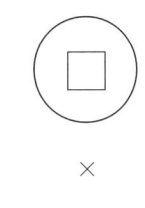

図6.14　図形残効研究の初期の図形（Köhler, 1940）

の方向の違いを説明するためには，側抑制的相互作用でなく，内外円の興奮の加重による興奮曲線のピークの接近を仮定する必要がある．

6.5 点の変位と錯視

幾何学的錯視を視知覚の場の問題として扱い，錯視図形を構成する点がそれぞれの場の力によって**変位**（displace）することが錯視の原因と考える立場がある（Orbison, 1939；横瀬, 1956）。錯視を場の問題として扱うことは一見合理的に思えるが，実際に知覚における形や大きさの変化をすべて図形の構成点の変化の集合に還元できるか否かは，すこぶる疑問である。たとえば，前述の同心円錯視の場合に，錯視量が図形の大きさに比例して増大する事実や，錯視量の増減が内外円の円周間間隔でなく内外円の直径比によって規定されている事実は，この錯視が内外円周の構成点間の牽引または反発作用に単純に還元しがたいことを示唆している。

盛永（1957, 1959）は，**図 6.15**に示すようないくつかの例をあげ，図形全体としての大きさ，傾き，湾曲などの知覚属性の変化と，図形の構成点の変位では，方向や量において異なっていることを指摘して，**変位（偏位）の矛盾**（paradox of displacement）とよんだ（**BOX 6.5**）。

錯視が生じる図形部分（影響を受ける部分）を多くの要素点に分解し，それぞれの点の変位から，その図形の形や大きさの変化を説明できるか否かが問題とされたが，錯視を生じさせる図形部分（影響を与える部分）をいくつかの要素に分解し，錯視を生じる図形部分にもっとも近い図形要素がもっとも強力に反発ないし牽引作用をもたらしていると考える立場も不適当なものであることを**図 6.16**によって示した。この図の（**a**）は**図 6.1**にエビングハウス錯視図としてあげたものの変形とみなせる図形で，中央の円の大きさを対比的に過小視させる。しかし，中央の円にもっとも近い図形部分のみを残して，他の外円部分を消すと，（**b**）のようになり，中央の円はむしろ過大視され，逆に中央の円に近い外円部分を消して他の部分を残すと，（**c**）のようになり（**a**）と同様に過小視が生じる。この結果から，（**a**）における錯視で大きなはたらきをしてい

BOX6.5　変位の矛盾

たとえば，図 6.15（a）はツェルナー錯視図の一部分に相当する図形であるが，客観的には平行なはずの 2 線が上に少し開いているように見える。しかるに，その 2 本の平行線の上下端に相当する 4 点のみを描いた（b）図では，上の 2 点の間の間隔距離と下の 2 点の間隔距離とを比較すると，上のほうの間隔が下より狭く見える。(a) の平行線を構成する点の変位という観点で（b）を考えるならば，上の 2 点間のほうが広く見えそうなはずなのに，結果は逆であった。つぎに（c）は前出のヘリング錯視図の変形と見なせるものであり，客観的には平行な 2 線が中央でふくらんでいるように見える。ところが，その平行線の構成点のうちの 6 点をとりだしてみると，(d) のように中央の 2 点間間隔が左右のそれよりも狭く見える。つまり，(b)(d) のように，各点が独立して存在する条件下で認められる変位と，それらの点を 2 本の平行線の中に組み込んだ（a）(c) において観察される傾きや湾曲度の知覚から論理的に推定される各構成点の変位がまったく逆方向を向いているのである。盛永（1957）は，錯視や図形残効（BOX 6.4 参照）における傾き，位置，距離，湾曲度などの各知覚属性の変化は，それぞれの属性に特有な変化である場合も多く，必ずしもユークリッド空間におけるそれらの変化のような仕方で相互に関連し合うものでないことを指摘している。したがって，この考えに従えば，種々の錯視図における傾き，大きさ，湾曲度などの変化を，図形の各構成点の変位に還元することは困難なことになる。

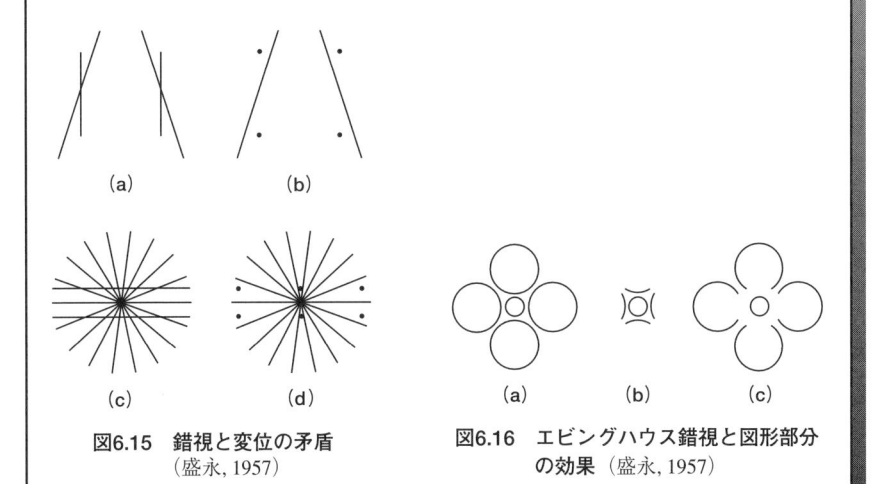

図6.15　錯視と変位の矛盾（盛永, 1957）

図6.16　エビングハウス錯視と図形部分の効果（盛永, 1957）

たのは，むしろ小円から遠くにある外円部分が主として構成している図形特性だったといえる。

6.6 遠近法と錯視

6.6.1 錯視の遠近法説

　ミュラー・リヤー錯視図やポンゾ錯視図が線遠近法（**7.6**参照）の斜線構造に類似する点から，これらの錯視を遠近感と関係づける試みはすでに1896年にシエリー（Thiéry, A.）によってなされている（Boring, 1942）。

　その後，ホルストラ（Holst, 1957）が，たとえば**図 6.17（a）**のポンゾ錯視と（b）の道の景色の類似性で示されるように，いくつかの錯視図中には，線遠近法に従ったような直線の収束が含まれていることを指摘し，大きさの恒常性（**7.9**参照）と錯視との関係を主張している。日常生活で遭遇する多くの3次元的場面では，同じ大きさのものでも遠方にあれば網膜像が小さくなるとともに，平行線は網膜像では1点に収束する斜線となる。したがって，もしも，網膜像において斜線が収束する方向（遠方に対応）に位置する対象は拡大して知覚され，斜線が拡散する方向（近距離）に位置する対象は縮小して知覚される傾向が存在するならば，それは後述の大きさの恒常性を保つ過程として日常生活において役立つという意味で適応的である。もし，この同じ知覚傾向が，本来平面図形である**図 6.17（a）**のような図形の知覚に際してはたらくと，網膜像の大きさが等しい2直線のうち収束方向にある直線を拡散方向におかれた直線より過大視する錯視が生じることになる。これがポンゾ錯視であるとされた。この錯視自体は生活にとって有益なものとは言いがたいが，多くの日常場面では遠近法に関連して適応的なはたらきをする一般的な知覚傾向の一つのいわば場違いの現れと考えることができるというのである。

6.6.2 グレゴリーの説

　またグレゴリー（Gregory, 1963, 1966, 1967, 1968）も同様の見地にたち，ポンゾ錯視図は，**図 6.17（b）**のように正面方向に伸びた道路・鉄道線路・廊

6.6 遠近法と錯視

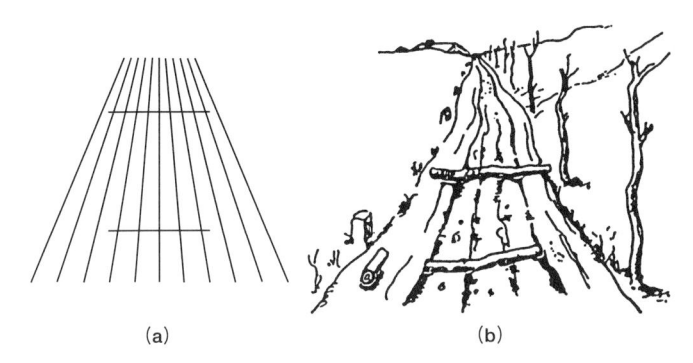

(a) (b)

図6.17 ポンゾ錯視と大きさの恒常性 (Holst, 1957)

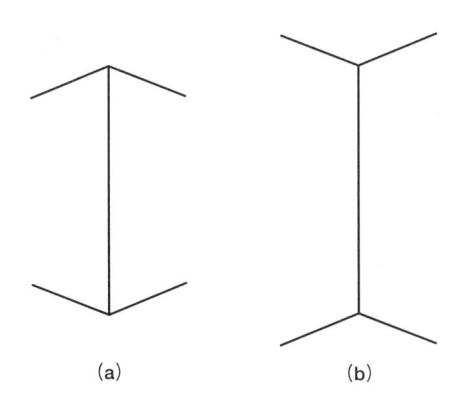

(a) (b)

図6.18 ミュラー・リヤー錯視とビルの角 (a) と部屋の隅 (b) (Gregory, 1966)

下などの遠近2カ所に網膜像が等大になるような2本の平行線をおいた場合に相当すると仮定し，またミュラー・リヤー錯視図の外向図形，内向図形は，**図6.18**に示されるように，それぞれ部屋の遠くの隅を内側から見た場合と，ビルの手前の角を外側から見た場合に相当すると考えた。いずれの場合も，遠くにあるものに相当する部分は，網膜像の大きさから予想されるよりも大きく，近くのものに相当する部分はそれより小さく知覚されるという一般的傾向から錯視が説明された。

　これは，ホルストらと同様に，これらの錯視現象を大きさの恒常性と関連づけて論じる立場であるが，グレゴリーの説は大きさの恒常性の基礎となる知覚の過程を，1次的過程と2次的過程に分ける点が特徴的である（Gregory, 1963, 1966, 1967）。彼は1次過程のことを，奥行手がかりスケーリングともよび，いわゆる奥行知覚の手がかりが直接に大きさの知覚を規定する過程であり，たとえば，奥行手がかりの一つである輻輳角（**7.2**参照）の変化により見かけの大きさが変化するのと同様に，線遠近法により見かけの大きさが規定されるとした。しかしその際，見かけの奥行自体はそれらの手がかりに影響されないこともある。紙の上に描かれたポンゾ錯視やミュラー・リヤー錯視がその例である。それらの錯視図形の背景をなす紙の平たさが種々の奥行知覚の手がかりにより知覚されるため，線遠近法による奥行感は抑圧され，明確な奥行感は生じがたい。しかし，線遠近法によって生じた見かけの大きさの差のほうは残されているのがこれらの錯視であるというのである。

　その際，奥行自体も単に他の手がかりによって抑制されているにすぎず，それが生じる可能性は残されていることを示す事実としてグレゴリー（Gregory, 1966, 1967）は次の実験をあげている。ミュラー・リヤー錯視を暗黒背景上の光る線として提示し，単眼で観察させるとともに，半鏡を用いた装置によって見かけ上同一方向に提示される光点を両眼観察させて，両者の奥行距離を比較させた。そして，その光点を前後に動かして錯視図の各部分の見かけの奥行を測定したところ，ミュラー・リヤー錯視図の主線と斜線の先端の間に見かけの奥行の明瞭な差異が見出された。そして，種々の斜線角度をもつミュラー・リヤー錯視図形において，そのようにして測定された奥行の差異が大きいほど錯

視量も大きいという，両者の間の高い相関が示された。

　グレゴリーは，2次過程のことを仮説スケーリングともよび，後述の残像におけるエンマートの法則（**7.9.1**）で示されるような見かけの大きさと見かけの距離の関係の基礎であるとともに，奥行の手がかりが十分に与えられない条件下，たとえば，遠近反転図形のような場合に，見かけの奥行あるいは奥行に関して観察者がもつ構えや仮説によって見かけの大きさが規定される過程であるとした。暗室中で，光線でつくったネッカーの立方体を提示すると，遠近が明確に反転し，そのたびごとに，近くに見える面は小さく，遠くに見える面は大きく見える。すなわち，遠近の反転と同時に大きさの反転が生じる。この実験は，その時点での見えの奥行が見えの大きさを規定する2次過程を示す例とされた。

　グレゴリーによると，大きさの知覚に関するこの2種の過程は，それぞれ多くの適切な条件下ではたらくとき，われわれの知覚環境を安定させて，知覚の恒常性の基礎としての機能を果たすが，ときには不適切な条件下ではたらき，環境の誤った把握に導くことがあるという。彼は，1次過程の不適切な適用の例が，ミュラー・リヤー錯視やポンゾ錯視であると考える。そして，日頃，平行線や垂直な角度の部分から成り立っている環境下で生活する人々において，これらの錯視が生じやすく，円形の住居で暮らす原始民族では錯視が生じがたいという。

6.6.3　グレゴリー説に対する批判

　グレゴリーらの説は，当然のことながら，多くの人々の注目をひくとともに，種々の実験的検討がなされ，支持と批判の両方を受けている。彼の説は，一般に奥行知覚の手がかりとよばれている刺激要因が奥行感を媒介しないで大きさの知覚を直接的に規定し得ると考える点（**7.11**）など注目すべき点もあるが，他方，恣意的な面もあり，十分に人を納得させるものとはいえない。また，錯視を大きさの恒常性と関係づけても，大きさの恒常性自体が錯視と同様にまだ解明されていない現象であるから，知覚の諸問題の体系化に役立っても，錯視の問題の解決にはならないであろう。ただし，錯視を，日常生活一般に役立っ

ている適応的な知覚傾向の一つの現れであると考える点は注目に値する。錯視自体は，不適応的でも，その背後にある知覚過程は，生活に役立つ適応的過程と考えることは適切な見解であろう。

6.7 眼球運動説

　幾何学的錯視を説明する学説ないし理論モデルとして，すでに場理論，特徴（方向）検出機構説，遠近法説について紹介し，それらの長所・短所を論じた。錯視の学説には，その他多数ある。その一つが古い歴史をもつ**眼球運動説**である。すでに19世紀末に，心理学を独立の学問として確立した学者として知られるヴント（**1.3**参照）が，眼球運動によって錯視を説明する学説を述べている（Boring, 1942）。たとえば，**図6.1**に示したオッペル・クント錯視では，多くの縦線で分割された部分は，視線が移動するのに時間がかかり，途中に妨害物のない部分にくらべて，眼球運動時間が長くなり，長さが過大視されると説明される。また，ミュラー・リヤー錯視では，外向図形（付加線が外側についている図形）は，視線は主線の端を越えて移動するが，内向図形では，視線は内向きの付加線のため主線の端で止まるため，外向図形では眼球運動が長くなると説明された。

　この眼球運動の反証として，しばしばあげられるのが，眼球運動が生じ得ないような短時間の錯視図形の提示によっても，錯視が生じるという実験的事実である。通常，刺激が与えられてから眼球運動が生じるまでの潜時は0.2～0.3秒といわれている（古賀ら，1994）。したがって，それ以下の瞬間的提示で錯視が生じれば，この説の反証となる（**BOX 6.6**）。

　しかし，フェスティンガーら（Festinger et al., 1968）がその後に提唱した眼球運動レディネス説では，眼球運動そのものではなく，眼球運動を生じさせようとする準備状態（レディネス）ないしプログラムが，長さの知覚を規定しているという。この説は眼球運動が生じる以前に提示が終わる瞬間提示によっても錯視が生じるという，古典的眼球運動説の難点をうまくかわしている。ところで，この説では，錯視図形を多数回反復提示すると錯視量がしだいに減少

BOX6.6　瞬間提示における錯視測定

　筆者ら（Oyama & Morikawa，1984）はコンピュータ画面を用いて，ミュラー・リヤー，ツェルナー，ポンゾ，デルブーフの4種の錯視図形で，眼球運動が十分生じ得る1秒提示と，眼球運動が生じえない0.025秒提示の両条件で錯視量を測定して比較した。その結果では，提示時間がわずか0.025秒という短時間提示でも，1秒提示と変わらない錯視が生じることが判明した。その際の錯視量は，1秒条件と0.025秒条件のいずれにおいても，ミュラー・リヤー錯視で，主線の長さの30％，ツェルナー錯視で約3°，ポンゾ錯視で約7％と大きなものだったが，デルブーフ錯視では約1％とやや小さかった。そこで提示時間を5秒に増加したところ，約2％になった。したがってデルブーフ（同心円）錯視では，提示時間の増加による眼球運動の増加が，錯視増加に若干貢献しているのかもしれない。しかし，他の3つの錯視では，眼球運動が生じ得ない0.025秒条件で，すでに通常報告されている程度の錯視量が見出されたのである。ヴントらの古典的眼球運動説には不利な結果である。

していくという古くから知られた事実を次のように説明している。すなわち，たとえばミュラー・リヤー錯視の外向図形では，視線が主線の端を行き過ぎてしまった後に正しい位置に戻るという経験の反復によって，眼球運動のプログラムが修正されるために錯視の漸減が生じるのだと説明する。それに対して，田中（Tanaka，1975）は，そのような修正の機会のない錯視図の瞬間提示の反復経験でも，錯視の減少が生じることを実験的に証明して，フェスティンガーらの説を批判している。

6.8　低空間周波数抽出説

　形の知覚には，種々の空間周波数（**BOX1.9**参照）が参加しているが，大きさや長さの知覚を規定しているのは，そのうちの比較的低周波の成分であるというギンスバーグ（Ginsberg，1986）の説である。たとえば，ミュラー・リヤー錯視の低周波成分を抽出すると，**図6.19（b）**のように，斜線と主線が一体と

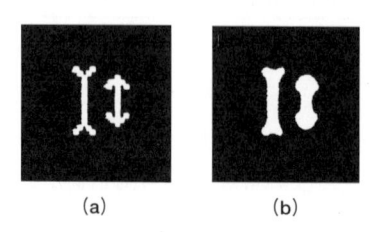

図6.19 ミュラー・リヤー錯視図(a)とその低空間周波数映像(b)
(Ginsberg, 1986)

なったパターンとなり，外向図形は大きく，内向図形は短くなる。このようなフィルタリングを受けた後のパターンにもとづいて長さの知覚が成立するとすれば，外向図形が内向図形より長いと知覚されることとなる。

　ここで注意すべきことは，低空間周波数を抽出することは，ちょうどピントをぼかした映像にほぼ対応するが，ピンボケの錯視図を用いた錯視測定実験は，必ずしもこの説の検討にはならないことである（田中ら，1999）。**図6.19**のようなピンボケ映像は，脳内の長さ（または大きさ）処理機構のシミュレーションであり，ピントの鮮明な図形を目に与えた際にも，脳内の長さ処理機構では高周波成分はカットされてピンボケのパターンだけが長さや大きさ知覚に効果をもつという説である。そこでもともとピンボケの図形を目に与えたならば，カットすべき高周波部分がないから目に与えられたパターンがほとんどそのまま脳内の長さ処理機構に伝えられることになる。したがって低周波成分にもとづく長さ知覚は，鮮明な図形が与えられたときと変わらず，錯視量は変わらないのが当然と言える。実験結果もほぼそのようである。ピンボケ錯視図でも，ピントの合った錯視図と同じような錯視が生じることは，むしろこの説を支持している。

6.9　幾何学的錯視と空間知覚

　以上に述べてきたように，幾何学的錯視はすでに1世紀以上の間，多くの研

6.9 幾何学的錯視と空間知覚

究者たちの注目を浴び，地道な研究が続けられてきた。幾何学的錯視は，人々の間に共通して生じる知覚現象であり，けっして見誤りではない。さまざまの錯視図形が知られているが，大まかに分類すると，方向に関する錯視と，大きさ・長さに関する錯視に分けられる。ここでは前者のグループの代表としてツェルナー錯視，後者のグループの代表としてデルブーフ（同心円）錯視を取り上げて，実験的研究を紹介した。

　その結果では，方向の錯視では，一般に鋭角の交差角を過大視するように錯視が生じ，交差角が15～25°のときに錯視が最大となった。また，垂直・水平方向におけるよりも，斜め方向で錯視が生じやすい傾向（異方性）が，規則的に認められた。他方，大きさの錯視では，大きさの比率関係が重要で，同心円錯視の場合，内外円が2：3の際に，錯視が最大となった。内外円の輪郭線間の間隔よりも，比率関係が錯視の最適条件を決定していることは注目すべきである。

　錯視実験の魅力は，結果がきわめて規則的であることで，一見，知覚一般の法則がすぐにでも見出せそうに思える。しかし，実際には錯視の統一理論はなかなか見出せない。今日までに，さまざまな錯視の学説が提出されてきた。錯視を錯視図の構成部分の吸引や反発で説明しようとする「場の理論」がその一つである。しかし，この説は，構成部分を点におきかえた場合の点の見えの変位と，錯視図本来の錯視の生じ方とが矛盾する事実や，前述の錯視図構成部分の間隔距離よりも比率関係が重要であるという実験事実に適合しない。眼球運動の距離や負荷が長さの過大視を生じるという古典的な眼球運動説は，錯視図を眼球運動が生じ得ないような瞬間だけ提示をした際にも，錯視が明確に生じるという実験事実にもとづいて批判される。

　遠近法にもとづく奥行感による大きさ恒常性と錯視を関係づける「錯視の遠近法説」も長年にわたり唱えられてきた。これは，大きさの恒常性と錯視という2つの視覚現象を総合したもので，最終的解決とはいえない。しかし，錯視を日常生活にとって有効な適応的傾向の一つの現れとしてとらえた点では卓見と言える。方向の錯視を大脳視覚機構における方向検出器の相互作用としてとらえる説は，方向の錯視の実験事実とよく適合する点で，有力な学説である。

また，低空間周波数成分が大きさ知覚を決定しているため，図形の高空間周波数成分も含んでいる刺激図形の幾何学的特性と知覚像の間に差異を生じるのが錯視であるという説もさらに検討の価値がある。

　錯視の統一理論が構築できない大きな原因は，錯視の原因は単一でなく，錯視は，さまざまな錯視過程の複合現象であることによるのであろう。錯視は，けっして異常な現象でなく，日常生活に役立っている適応的視覚過程が，たまたま副次的に生じさせた結果と見るべきであろう。その見地に立つならば，錯視の理論は同時に，視覚過程全般の理論でなければならない。方向の錯視の理論は，方向の知覚，方向の弁別過程の理論でなければならない。また，大きさの錯視の理論は同時に大きさの知覚，大きさの弁別過程の理論でなければならないであろう。錯視研究は，空間知覚研究の一環として，今後も続けられることを期待したい。

[参 考 図 書]
　幾何学的錯視については下記が参考となる。
椎名　健　1990　錯視の心理学　講談社現代新書　講談社
今井省吾　1984　錯視図形——見え方の心理学　サイエンス社
田中平八　1994　幾何学的錯視と図形残効　大山　正・今井省吾・和気典二（編）
　新編　感覚・知覚心理学ハンドブック　誠信書房　pp.681－736.
後藤倬男・田中平八（編）　2005　錯視の科学ハンドブック　東京大学出版会

3次元空間の知覚 7

　われわれが生活している世界は，上下左右に広がっているだけでなく，前後にも広がった3次元の世界である。また，われわれが目で見ている世界も3次元の世界である。しかし，われわれの目の網膜は2次元的曲面に過ぎない。このような2次元的網膜で3次元の世界をどうして知覚できるのであろうか。このような疑問を最初に提出したのは，18世紀初期の哲学者バークリー（Berkeley, G.）である。

　それ以来，多くの奥行の手がかりが見出され，それらの3次元知覚における役割について実験的研究が行われてきた。これらの奥行の手がかりのおかげで，距離の知覚だけでなく，大きさの知覚が成立し，大きさの恒常性が保たれることが判明した。

第 7 章 3次元空間の知覚

7.1 バークリーの指摘

バークリーは，その著『視覚新論』(*An Essay towards a New Theory of Vision*) (1709 年) の巻頭の第 2 節において次のように述べている。

> 「距離が，それ自体としては，そしてまた直接的には，見ることができないものであるということについては，誰もが同意するであろう。距離は，端点を目にまっすぐに向けた直線であるから，その眼底に，ただ一点をしか投影しない。その一点は距離が長かろうと短かろうと，全く不変である」(下條信輔訳，1990)

そこで，バークリーは，網膜上の像の位置以外に，奥行知覚の手がかりを求めた。ただし，この奥行の手がかりという語はバークリーはまだ用いていないが，彼の記述の中には，後に調節，輻輳，絵画的手がかりなどとよばれるようになったものがすでに含まれている。現在，奥行の手がかりとしてあげられているものは，バークリーの時代よりさらに充実しているが，その基礎は彼によって築かれたといえよう。

7.2 奥行の手がかり

7.2.1 調節と輻輳

現在の心理学のテキストの多くで，**奥行の手がかり** (depth cues) のリスト (東山，1994 ; 大山，1979) の第 1 にあげられているのは**調節** (accommodation) である。これはカメラのピントに相当する。カメラでは，近くの被写体にピントを合わせるときは，レンズを前に出し，遠くのものにピントを合わせる場合はレンズを下げる。しかし人間の目の場合は，図 7.1 に示すようにレンズに相当する水晶体のふくらみを目の中の毛様体筋という筋肉で調節して，ピントを合わせている。これが，距離感に影響すると推定され，調節の名でよばれている手がかりである。しかしこの手がかりの距離判断に対する効果は，きわめて限定されていると考えられている（飯田，1994）。

7.2　奥行の手がかり

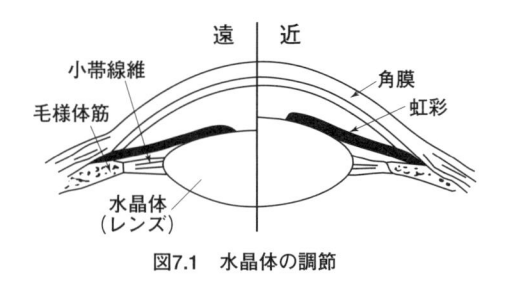

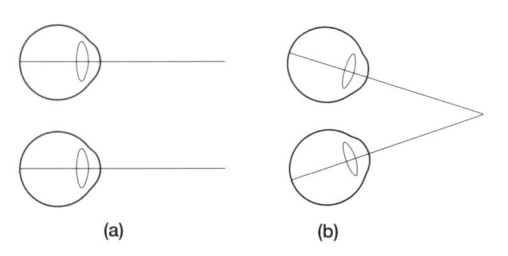

図7.1　水晶体の調節

図7.2　両眼の視線のなす角度（輻輳角）

通常，奥行の手がかりの第2にあげられているのが**輻輳**（convergence）である。われわれの両眼は，6センチメートルほど隔たっている。ただし，個人により，この間隔は若干異なっている。われわれが遠くの星を見るときは，**図7.2（a）**のように両眼の視線は平行しているが，近くのものを見るときは，**(b)**のように両眼の視線が交わり，その交差角は近くの物を見る場合ほど大となる。両眼が寄ってくるのである。すなわち，注目する対象の遠近によって，両眼の視線がなす角度（輻輳角）が変わってくる。この際の目を動かす筋肉の緊張が，奥行の手がかりになると想像される（**BOX7.1**）。

7.2.2 輻輳角の効果

筆者（Oyama, 1974）は3D映画で用いられるのと類似の**図7.4（a）**（p.153）に示すような実験装置を用いて，輻輳角が距離に及ぼす効果を実験によって求めた。左右の目の前に偏光軸が互いに$90°$異なった偏光フィルターをはめた観察窓があり，それを通して前方のスクリーンを観察する。スクリーンには2台のプロジェクターによって同じ映像が異なった位置に投影される。プロジェクターのレンズの前にも2枚の偏光フィルターが設置され，その偏光軸は左右のプロジェクターで異なり，それぞれ観察窓の偏光フィルターのそれに対応している。

この装置を用いると，右のプロジェクターで投影した映像は右目だけに見え，左のプロジェクターで投影した映像は左目だけに見える。スクリーン上には2つの映像が投影されているのであるが，それぞれの片目にはそのうちの一方しか見えない。スクリーン上の2つの映像の間隔を変えることによって，輻輳角（α）を変えることができる。この装置を用いれば，左右の映像が，**図7.4（b）**のR_1，L_1のように左右離れた位置に投影されたときには，両目の視線はスクリーンの後方で交差して，輻輳角はα_1のように小さくなる。また，R_2，L_2のように左右逆転していれば，スクリーンより前方で，両視線が交差し，輻輳角はα_2のように大きくなる。

この実験装置を用いて，筆者と市川慶子は輻輳角が見えの距離に及ぼす効果を調べた。その際，スクリーン上に投影される映像は，5段階の大きさの白い

7.2 奥行の手がかり

BOX7.1　距離と輻輳角

輻輳角（α）を数量的に表すと近似的に次のようになる。

$$\alpha \fallingdotseq 57.3\frac{a}{D}\text{（度）}$$

ここで a は両眼間間隔，D は目から対象までの距離を示している。この式は輻輳角（α）は，両眼間間隔（a）に比例し，距離（D）に反比例することを示している。反比例とすることは，距離（D）が増大するに伴って，輻輳角（α）は，図7.3のようにはじめは急速に減少するが，次第に変化は緩やかになり，遠距離では D の変化は α にそれほど影響を与えないことになる。たとえば，この式に従えば両眼間間隔が6センチメートルの場合，12センチ前方の対象に対する輻輳角は約 $28.7°$（上述の近似式でなく三角関数を用いて正確に計算すると $28.07°$）であるが，その2倍の距離の24センチメートルで，輻輳角は約半分の約 $14.3°$，さらにその2倍の距離の48センチメートルで，輻輳角は約 $7.2°$。そのまた2倍の距離の96センチメートルでは，輻輳角は約 $3.6°$。そのまた2倍の1.92センチメートルで，輻輳角は，$1.8°$。3.84メートルで，輻輳角は $0.9°$（$54'$）というふうに，次第に変化率をゆるめ，無限遠で輻輳角は0となる。この点から奥行の手がかりとしての輻輳角の効果は，距離の増大とともに次第に減少することは予想される。しかし，輻輳角の効果そのものは否定できない。

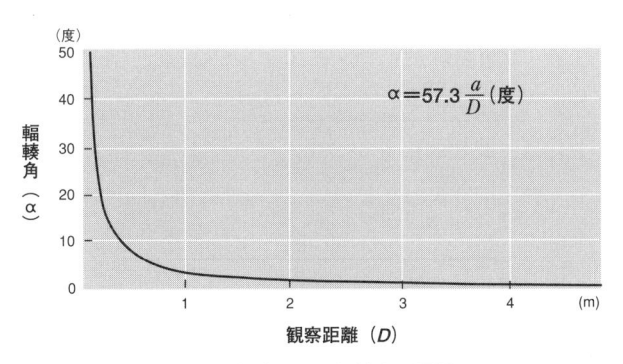

図7.3　観察距離と輻輳角の関係

矩形であり，その大きさを視角で表すと，$1°30'$から$3°3'$であった。また輻輳角は$3'$から$3°33'$まで6段階に変化された。スクリーンの位置は目から230センチメートルで一定であるから，目の調節はつねに一定に保たれた。投影される映像は暗黒の背景上の1個の白色の矩形であり，輻輳以外の奥行の手がかりはまったく変化しない。観察者は，あらかじめ校舎の屋上で種々の距離におかれた垂直棒を用いて距離の目測の練習をしておく。練習中は，観察者は棒の距離の目測を答えるごとに，実験者が正しい距離を教えるという方法を用いて訓練した。

　このようにして，見えの距離を数量的に答えられるように訓練された6名の大学生に，前述の実験装置で，5段階の視角，6段階の輻輳角を組み合わせた合計30条件の白色対象をランダム順に提示された。観察者は各対象の見えの距離と見えの大きさを答えた。見えの大きさの結果は後で述べるが（7.10.2），見えの距離の結果の平均を示すと**図 7.5**のようになる。図の左半分は，横軸が白い矩形の視角を示し，6本の線が6段階の輻輳角を示す。縦軸が回答した見えの距離の平均値である。図の右半分は，同じデータを，横軸を輻輳角，5本の線を5段階の視角として表したものである。この図で分かるように，視角が増大しても，また輻輳角が増大しても，見えの距離は減少する。輻輳角の効果は，少なくとも$33'$以上では有効である。しかし，報告された見えの距離は最大3メートル程度に過ぎなかった。輻輳角が$33'$になるための距離を前出の式で計算してみると，両眼間隔が6センチメートルならば，6.25メートルの距離となるはずであるが，実験結果ではその半分程度に過小評価している。さらに，輻輳角が$3'$の条件は，客観的距離68.76メートルに相当するが，見えの距離はやはり，最大3メートルで変わらない。この実験結果から輻輳角の奥行距離の手がかりの有効性は，数メートル程度に限られると言えよう。

7.3　両眼視差

7.3.1　両眼視差とは

　われわれが左右2つの目をもっていることは，これまで述べてきた輻輳の手

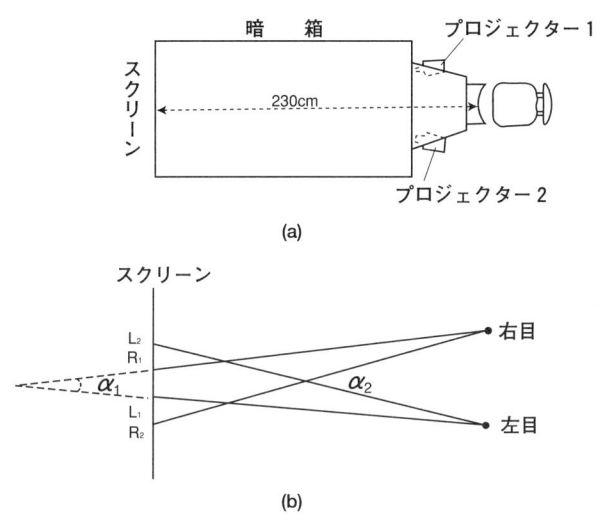

図7.4 両眼立体視実験装置

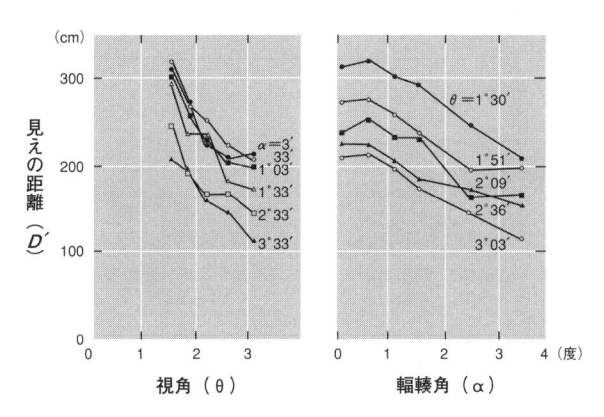

図7.5 見えの距離に及ぼす視角と輻輳角の効果 (Oyama, 1974)

がかりとは別に，もう一つの重要な奥行の手がかりをつくり出している。それは**両眼視差**（binocular parallax）である。これは，左右の目にうつる映像がやや異なっていることにもとづいている。試みに，片目をつぶって周囲を見てみよう。右目をつぶったときと，左目をつぶったときで，目に見える像が微妙に異なっている。右目だけで見たときには，前方の物に隠れて見えなかった後方のものが，左目で見たときには現れてきたり，右目で見たときは離れていた2つの対象が，左目で見ると重なっていたりする。これは，左右の目の位置が6センチメートルほど離れているために生じる視差である。そのため両眼視差とよばれる。

　片目であっても，視点を移動させれば，目にうつる映像は変わってくる。頭や体を移動させて視点を大きく移動させれば，それだけ視差は拡大する。このように視点が変われば，視差が生じる。左右眼の間隔は6センチメートルほどに過ぎないが，左右の目にうつる映像は確実に違っている。

　図7.6は，小形のピラミッド型の対象を左右の目で見た場合の左右の映像を示している（Gibson, 1950）。ピラミッドの中央の稜が，右目の映像では左へ傾き，左目の映像では右へ傾いている。右目には，ピラミッドの右の面が大きく見え，左目にはピラミッドの左の面が広く見える。このような，左右の目に映る像のズレが両眼視差である。立体的な対象，奥行をもった景色を両眼で見るときには，必ず両眼視差が生じている。

7.3.2　両眼視差の効果の測定

　BOX 7.2 に示すように両眼視差の効果が距離の増加にともない急速に減少するが，両眼視差は，立体感や前後の弁別のための重要な手がかりとなっている。たとえば，針の穴に糸を通すような仕事に重要なはたらきをしている。試みに片目で針の穴に糸を通してみるとそれがよく分かる。両眼視差によってどれほど正確に奥行の弁別ができるかは，深径覚計とよばれる装置で調べることができる。ちなみに深径覚とは奥行感のことを示す眼科学用語である。

　垂直に並んで立った3本の針を窓を通して観察し，中央の針をハンドル操作により前後に動かし，左右の固定の2本と等距離に調整する精度によって，奥

7.3 両眼視差

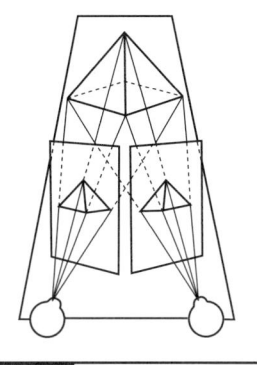

図7.6 両眼視差
(Gibson, 1950)

BOX7.2 両眼視差の幾何学

図7.7は，この両眼視差が生じる幾何学的基礎を示している（Graham, 1965）。F_1，F_2は2つの対象（たとえば，2本の旗竿）で，下部の2つの円弧が左右の目の網膜を示す。それらの少し上の交点が，左右の目の水晶体の中心を示す。aは左右の目の間隔で，個人により違っていて，6センチメートル以下の人から，7センチメートル近い人までいる。遠い対象F_1までの距離がD，それと手前の対象F_2との距離の差がΔDである。図のような配置の場合，左の目にはF_1，F_2の対象の隔たりが広く，右の目には狭く映る。視角で表すと，左目にはθ_1，右の目にはθ_2の間隔となる。このθ_1とθ_2の差$\Delta \theta$が，両眼視差$\Delta \theta$である。これを数式で示すと，

$$\Delta \theta = \theta_1 - \theta_2 = \alpha_2 - \alpha_1$$
$$\fallingdotseq \frac{a}{D - \Delta D} - \frac{a}{D} \fallingdotseq \frac{a \Delta D}{D^2} \quad (\text{ラジアン})$$
$$= 206{,}265 \frac{a \Delta D}{D^2} \quad (\text{秒})$$

ここで，この式について説明を加えると，θ_1とθ_2の差が，α_2とα_1の差と等しくなるのは，2つの三角形で内角の和がともに2直角で，かつ対頂角が等しいため，α_1とθ_1の和とα_2とθ_2の和が等しいことによる。また，α_1とα_2は，それぞれ対象F_1とF_2を注目した場合の輻輳角に等しくなるので，前出の輻輳角の式を代入すると，その次の近似式となり，さらにΔDが小さい場合は，近似的に距離の2乗D^2に反比例する式が得られる。距離の2乗に反比例するということは，**BOX 7.1**に示した距離自体に反比例する輻輳角よりも，さらに急速に距離の増大に伴い両眼視差のはたらきが鈍くなることを意味している。

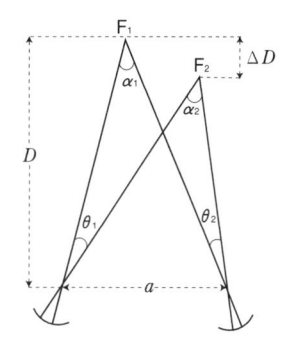

図7.7 両眼視差の幾何学的表示
(Graham, 1965)

行の弁別力を測定するもので,結果は,弁別閾（弁別できる最小の両眼視差）で表される。針の太さや左右の間隔でも異なるが,数秒（角度）という小さい値が報告されている。視力検査の正常視力1.0は,単眼の空間弁別閾1′（視角）に相当するから,数秒という値はその10分の1程度である。しかも視力は同一眼の網膜上の映像のギャップの検出であるのに対して,両眼視差は,両眼の網膜像の比較にもとづいているのであるから,驚くべき精度と言える。

　この両眼視差の値で表された奥行弁別閾を,実際の距離の差で表したら,どのくらいの値となるであろうか。**BOX 7.2** の式で,$\Delta\theta$ に5秒を入れてみると（両眼間隔 a は6センチメートルとする）,距離の差を示す ΔD は,標準距離 D が1メートルなら0.4ミリメートル,D が10メートルなら4センチメートル,D が100メートルなら4メートル,D が1,000メートルなら400メートルと,急速に増大する。D が10倍になると,ΔD は100倍になる。弁別閾と標準刺激との比が一定となるという,感覚一般に通じるウェーバーの法則（**BOX 1.3** 参照）は,奥行距離については成り立たない。

　実際に,標準距離を遠方まで変化させて,奥行の弁別閾を測定したらどういう結果となるであろう。実際に,広い空間を用いて,100メートルから600メートルまでに標準距離を変化して奥行の弁別閾を測定した研究がある。今から60年以上前になされた西（1933）の研究である。西は当時の飛行場を用い,2本のポールの尖端に小電球をつけ,その明るさと高さを等しく見えるようにしておいて,種々の標準距離で,弁別閾を極限法を用いて測定した。その結果は**表7.1** の左2列に示されている。これによれば弁別閾は標準距離の増大とともに加速度的に増大し,600メートルで限界に達することとなる。

　この西のデータにもとづいて,ウェーバー比（弁別閾を標準距離で除した値）と弁別閾に対応した両眼視差を算出してみると,右の2列のようになった。ウェーバー比のほうは,標準刺激の増大とともに増大し,一定とはならなかったが,両眼視差は比較的一定の値（約10秒）を保っている。なお,この際の弁別閾の算出には,ΔD が大きいので近似式の $a\Delta D/D^2$ でなく $a\Delta D/D(D+\Delta D)$ の式を用いた。

表 7.1　奥行の弁別閾 (西, 1933)

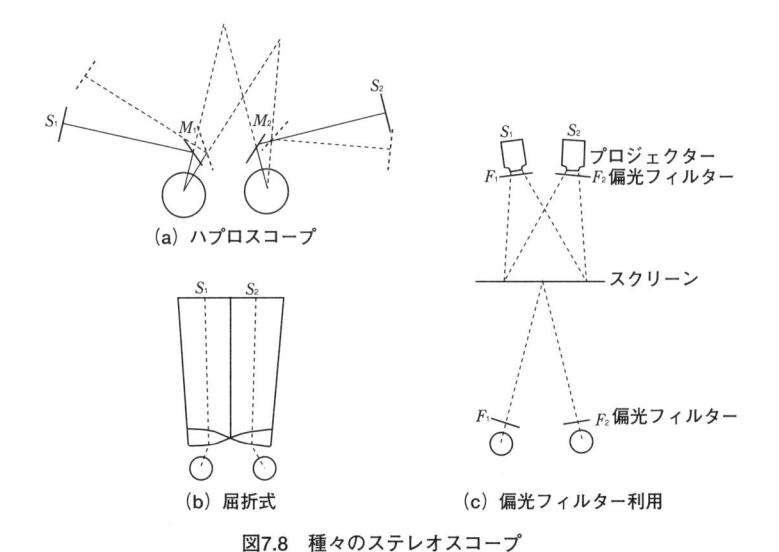

標準距離 D (m)	弁別閾 ΔDt (m)	ウェーバー比 $\Delta Dt/D$	両眼視差 $\Delta\theta t$ (秒)
100	17	0.17	18
200	33	0.17	9
300	54	0.18	6
400	103	0.26	6
450	176	0.39	8
500	366	0.73	10
550	809	1.47	13
600	―	―	

(a) ハプロスコープ

(b) 屈折式

(c) 偏光フィルター利用

図7.8　種々のステレオスコープ

7.4 ステレオスコープ

7.4.1 ステレオスコープによる立体視

3次元に広がった対象や景色を両眼で見ると，右目と左目に違った映像を与える。これが前述の両眼視差である。逆に，両眼視差に相当するズレをもつ2つの映像を左右眼に与えれば，たとえそれらが2つの図形や写真によって生じたものであっても，立体感が生じる。左右眼で立体的対象を見た際と，同じ状態が再現するからである。このために考案されたものが，**ステレオスコープ** (stereoscope) である。これは実体鏡ともよばれる。

歴史的にみると，左右眼に約45°傾いた鏡をおいた反射式のステレオスコープが，ホィートストーンにより1838年に考案され，その後，改良されて図 7.8 (a) のようなハプロスコープとよばれる装置に発展した。これは輻輳角と両眼視差を独立に変化させることができる利点がある。また，1843年にはブリュースターによってプリズム型レンズを用いた (b) のような屈折型ステレオスコープが作られ，広く普及した（Boring, 1942）。

その他，赤と青のフィルターや (c) のように偏光軸が直交する2枚の偏光フィルターを通して2個のプロジェクター（または映写機）によって同じスクリーン上に投影される2種の映像を，左右眼に赤・青フィルターあるいは偏光フィルターをつけた眼鏡をかけて観察する方式がある。3D映画や，図 7.4 に示した筆者らの実験はその方式を用いたものである。

7.4.2 ステレオグラム

それらのステレオスコープに挿入される視差をもつ図形または写真を**ステレオグラム** (stereogram) という（**BOX 7.3**）。図 7.10 はステレオグラムの例である。(a) をステレオスコープに挿入して見るとき，頂上が平坦なピラミッドを真上から見るような立体感が生じるであろう。(b) は (a) の左右部分を入れ替えたものであるが，長いトンネルを内側から見たような立体感を生じる。

また左右に異なった位置から写した写真を並べてステレオグラムをつくることができる。その際に2つの写真の撮影位置の差を人の両眼間隔よりも広くす

7.4 ステレオスコープ

BOX7.3　ランダム・ドット・ステレオグラム

ユレッシュ（Julesz, 1971）は**図7.9**（a）に示すような興味深いステレオグラムを考案した。一見すると，左右とも同じような，白黒の点が不規則に並んだ模様であり，単眼で見たのでは，左右の違いがわからない。ところが，これをステレオスコープに入れて観察すると，中央の正方形の部分が浮き上がって見える。左右のランダム・ドットの並び方を詳細に調べてみると，(b) に示すように周囲の枠部分は，左右のパターンでまったく変わりがないが，中心の正方形部分は数コマ分横にずらしてある。これが両眼視差を形成して，立体感が生じるのである。単眼で左右のパターンを比較してもなかなかそのずれは発見できないが，両眼に別々に左右のパターンを与えて大脳中枢において，両者を比較すると，このような視差をもった対応関係を発見し，立体視が成立するのである。両眼融合と立体視の過程の複雑さを示す興味ある現象である。

(a) ランダム・ドット・ステレオグラム（Julesz, 1971）

(b) 作成法

□ 周辺領域（パターンは左右で同一）
▨ 中心領域（パターンは左右で同一だが，周辺領域との位置関係が異なる）
▨ 一眼のみに提示される領域

図7.9　ランダム・ドットによるステレオグラム（実体鏡図）

(a)

(b)

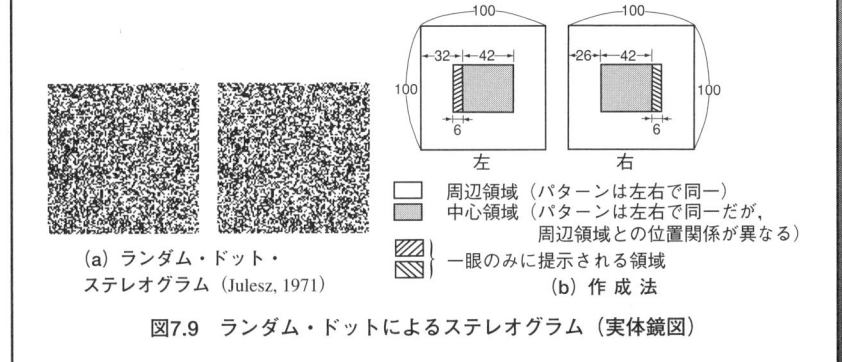

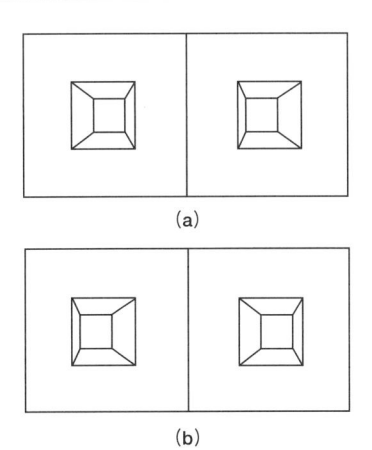

図7.10　ステレオグラムの例

ると，誇張した立体感を生じさせることができる。航空写真測量はこの原理にもとづいて地形を立体的に測量する。

7.5 運動視差

電車の窓から沿線の景色を見ていると，遠くの山はいつまでも動かず，近くの畑や電柱はどんどん過ぎ去っていく。このような運動をともなった景色は，停車中の景色にくらべて遠近感が明確となる。映画の画面でも，高速運動する航空機などからうつした場面は，圧倒的な立体感がある。**運動視差**（motion parallax）はアニメーションなどでも奥行感を生じさせるために大いに利用されている。静止した観察者の左右眼の間の視点の差と同様の視差が，単眼のカメラに対しても，継時的に次々に与えられる。観察者やカメラの運動が高速となるほど，運動視差の役割が大きくなる。

これを数式で表すと，次のようになる（Graham, 1965）。

$$W = \frac{d\Delta\theta}{dt} \fallingdotseq \frac{\Delta D}{D} \cdot \frac{d\theta}{dt} \fallingdotseq \frac{v\Delta D}{D^2} \quad (\text{ラジアン})$$

これは，**図7.11** のように v の速度で左右に移動している観察者から D の距離と $D+\Delta D$ の距離にある2対象を生じさせる運動視差を示したものである。ここで $\frac{d\theta}{dt}$ は視角的速度を示し，$\frac{v}{D}$ に等しい。この式が示しているように，運動視差は，2対象間の距離差 ΔD と運動速度 v に比例し，距離 D の2乗に反比例する。運動視差は運動速度に正比例して増大する奥行の手がかりであるから，観察者の運動速度が速くなるほど，この手がかりの重みが増大する。高速で移動する自動車のドライバーや飛行機のパイロットにとって重要な奥行の手がかりである。**BOX 7.2** の両眼視差の式と比較すると，運動視差における運動速度 v が両眼視差における両眼間間隔 a に相当することがわかる。

図7.11 では，説明を容易にするため，進行方向と直角方向の対象の運動視差について述べたが，ドライバーやパイロットが経験するのは運動方向の正面の対象の運動視差である。それは**図7.12**のように，正面の1点から放射線状に拡大していく運動であり，その速度は図中の矢印の長さで示されるように，観察

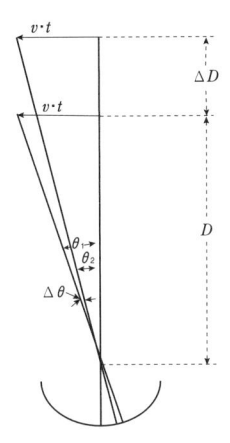

図7.11　単眼運動視差（**A**）（Graham, 1965）

図7.12　単眼運動視差（**B**）（Gibson, 1950）

者に近づくほど高速に拡大し，視野の外へ消えていく（Gibson, 1950）。

7.6 遠近法

　以上に述べた手がかりは，生理的対応が比較的分かりやすいものである。しかし，その他に，目にうつる映像それ自体の性質によって奥行感が生じる場合がある。前述のバークリーの言葉にあるように，眼底の網膜に投影される1点の位置だけでは奥行の手がかりとはならない。しかし，それは暗黒中の一光点のようなきわめて単純化された特別な場合だけである。日常，われわれの目に映じているのは，建物であったり，道路であったり，野原，畑，水面，林，室内，人物，動物，等である。それらの映像のパターンは，何らかの自然界の規則性，あるいは人工建造物としての規則性に従っている。

　これらの手がかりは，片目でものを見ている場合でも奥行感を生じさせるのに役立っているので，**単眼的手がかり**（この場合には，前出の調節も入る）とよばれたり，生後の経験を通して学習されたと考えられるので，**経験的手がかり**とよばれる。また，平面上に描かれた絵画や写真によって奥行感を生じさせるのに役立っているので，**絵画的手がかり**ともよばれる（東山，1994）。

　そのような手がかりの代表的なものは透視図法で用いられる**線遠近法**（linear perspective）である。ルネッサンス以後の西欧の写実的絵画に広く用いられている（黒田，1992）。レオナルド・ダ・ヴィンチの『最後の晩餐』はそれを用いた代表作とされる。**図7.13**のように天井や窓の線がすべて，中央のキリストの背後の1点（消点とよぶ）に収束している。

　ここで注意すべきことは，透視図法の原理は，**図7.14**のようにある特定の視点から，ある方向を見た際に，目に映る映像を，1つの平面上に投影したものである。したがって，透視図法で描いた絵画は，正面の特定の距離から見たときに，そこに描かれた実際の景色を再現し，まったく同じ網膜像を観察者に与える。この際，観察（観賞）の距離・位置と，絵の大きさの関係が重要である。遠すぎたり，近すぎたり，斜め方向から見たのでは，歪んだ映像が生じてしまう（**口絵1**参照）。絵画の場合，複製印刷されたものなら，その縮小率に応じ

7.6 遠近法　　163

図7.13 『最後の晩餐』（レオナルド・ダ・ヴィンチ）

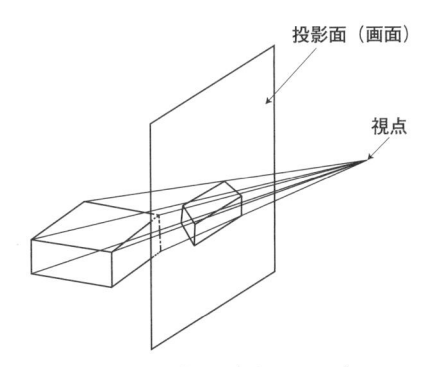

図7.14 透視図（黒田, 1992）

て観賞距離を縮める必要がある（**BOX 7.6** 参照）。

7.7 遠近法の幾何学
7.7.1 遠近法の幾何学的特性

すでに図 **7.14** で示したように写真にせよ絵画にせよ，それを適切な距離から観察すると，実際の景色を単眼で見た場合とまったく同じ網膜像を目に映じる。その中に，われわれが，奥行感を感じる手がかりが含まれていると考えられる。そこで，遠近法（正確には，後述の大気遠近法と区別して線遠近法）の幾何学的特性について考えてみよう。

まず，遠近法では，遠方の建物や人物は小さく描かれる。図 **7.24**，図 **7.25**（p.178, p.179）の建物群の写真でも，遠方の建物は小さくうつっている。これは，肉眼で実際の景色を見た場合の観察距離と視角の関係に相当する。写真の場合は撮影距離と写真上の大きさの関係に対応する。もっとも写真の場合は，引伸し率等が関係するが，相対的（比率的）関係は変わらない。

視角については，すでに第1章 **BOX 1.2** で述べたように，長さ l のものを D の距離から見た場合の視角 θ は，近似的に

$$\theta \fallingdotseq \frac{l}{D} \text{（ラジアン）} \fallingdotseq 57.3\frac{l}{D} \text{（度）}$$

となる。これは前出の輻輳角の式と同型の式である。すなわち，視角は，観察距離が増加すると，それにほぼ反比例して減少する。網膜像は視角に比例するから，同じ反比例関係が成立する。絵画や写真では曲面でなく平面に投影されるから，視角や網膜像の場合よりさらに正確にこの反比例関係が成立する。図 **7.24**，図 **7.25** の建物の高さについては，この反比例関係が正確に成立している。

ところが，建物の厚さや建物の間隔については，事情が異なっている。図 **7.15** に示すように，建物の厚さや間隔は，距離 D が ΔD だけ増加した際の視角 θ の減少量 $\Delta\theta$ に対応する。数式で表せば，

$$\Delta\theta = \theta_2 - \theta_1 \fallingdotseq \frac{l}{D} - \frac{l}{D+\Delta D} \fallingdotseq \frac{l\Delta D}{D^2} \text{（ラジアン）}$$

7.7 遠近法の幾何学

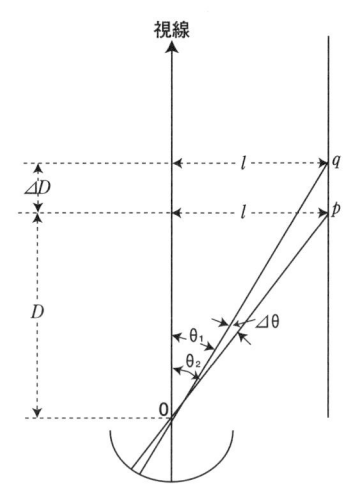

図7.15 視線に平行な距離が与える視角
（大山，1969b）

となる．これは，前出の両眼視差と同型の式で，ΔD に比例し，D の2乗に反比例する．ΔD に相当する建物の厚さや間隔が一定でも，遠方にいくほど急速に減少する．

同じ高さ，同じ厚さの建物でも，観察距離が増大すると，高さの映像は距離に単純に反比例するが，厚さの映像は距離の2乗に反比例する．この違いにしたがって，建物の側面を表す台形の形は，相似形ではなく，遠方のものほど薄くなる．図7.24，図7.25 に示した望遠レンズでうつした建物の映像が偏平になるのはそのためである．図7.24，図7.25 の広角レンズや標準レンズによる写真を見ても，同じ幅のはずの建物の側面の台形が，遠方の建物ほど，しだいに偏平になっていくのが，よく分かる．

正しい線遠近法に従った絵画は，これらの写真と同じように描かれていなければならない．建物の窓や，並んだ円柱，並木などの幅や間隔が，それらの高さの減少よりも急速に減少して描かれているはずである．しかし，芸術作品である絵画は必ずしもこの線遠近法に忠実ではない．近代の西洋絵画であっても，

たとえば，ユトリロの作品などがその例である。しかし街路や建造物を肉眼で見る際に，網膜にうつる映像は，つねに線遠近法に忠実であり，それが奥行の手がかりとなっている。

7.7.2　きめの勾配

また平行線や等間隔の直線からなる人工的な空間でなくても，線遠近法と類似な規則性が成り立っている。図7.16のように大小さまざまの岩の並んだ平原でも，それらの岩の平均的大きさと左右の平均的間隔は距離に反比例して減少していくがそれらの前後の平均的間隔は，距離の2乗に反比例してより急速に減少していく。より幾何学的に表したのが図7.17であり，J.J. ギブソン（Gibson, 1950）によって**きめの勾配**（texture gradient）と名づけられた。これは自然の風景を肉眼で見る際の有力な奥行の手がかりとなっている。

7.8　その他の絵画的手がかり

7.8.1　大気遠近法

この他にも絵画的手がかりに含まれている奥行の手がかりがある。それらは，絵画の中だけでなく，日常の知覚の中で，奥行を感じるのに大いに役立っている。

近くの景色の明暗は明確であり，遠くのものは明暗が淡くかすんでいる。霧の中ではその差がとくに大きいが，晴れたときでも，遠くのものの輪郭は淡く見える。これは，大気中の粒子によって光が散乱，吸収されて，遠くのものほど明暗の差が少なくなる自然現象にもとづいている。これは**大気遠近法**（aerial perspective）とよばれ，線遠近法を用いない東洋画でも大気遠近法に従い，遠景は淡く，近景は明確に表現している。この手がかりは自然界では，地域や天候によっても大いに影響される。非常に空気が澄んでいると，この効果がなくなり，遠方の対象も明瞭に見えて距離を過小評価する。

筆者も，かつて，グランドキャニオンを訪れたとき，それを経験したことがある。極端な場合，大気のない月面では，この手がかりはまったく無効である。

7.8 その他の絵画的手がかり

図7.16 きめの勾配（A）（Gibson, 1950）

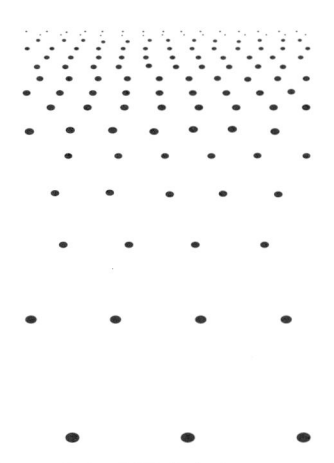

図7.17 きめの勾配（B）（Gibson, 1950）

かつてアポロ宇宙船による月面着陸の際に送られてきた映像では，月面の岩肌は遠くまで澄みきっていたのが印象的であった．

7.8.2 重なり合いの手がかり

また，多くの形が重なり合って見えるときには，輪郭線が中断されずに続いて見えるものを前に，他の面で覆い隠されているものを後方にあると感じる．遠方の山脈を見る際にも，山腹の線が重なり合い，前の山が後の山を覆い隠している．このような関係も奥行判断の手がかりとなる．**重なり合い**（interposition）の手がかりなどとよばれる（**BOX 7.4** 参照）．

ところで，この重なり合いの手がかりは，幼児においても奥行知覚に役立っているのであろうか．園原と竹本（1956）は，2歳から6歳までの幼児を被験者として，2羽の白鳥の絵を用いて遠近弁別の実験を行った．まず，2羽を離しておいて，近いほうを選ぶとご褒美を与える訓練をする．それから，2羽を等距離に重ねて示してどちらを選ぶかテストしてみる．すると，6歳児になると全員，覆われていないほうを選んだのであるが，5歳以下では，それができなかった．すなわち，6歳にならないと，重なり合いを奥行知覚の手がかりとして利用できないことを示している．この実験例からみれば，重なり合いを経験的手がかりと称することは妥当と言える．

7.8.3 陰　　影

図 7.19 では，同じ月のクレーターの写真を，上下逆転したものが左右に並べられている．右側はたしかにクレーターらしくへこんで見えるが，左側は逆に台地のように盛り上がって見える．まったく同じ写真が，陰影の方向が逆転すると，奥行も逆転する．われわれは，日頃から，上方からの照明になれている．顔の写真を撮影するときには，斜め上方から照明をあてると，彫りの深い顔にうつるが，真正面や下方からの照明では偏平な顔になったり，異様な顔に見える．**陰影**（light and shade）は奥行の重要な手がかりである．しかし，これは，あくまで，照明が上方からくる地上生活のことで，宇宙空間では，太陽の位置に応じ，さまざまの陰影が生じる．宇宙船から見た場合は，**図 7.19** の右の場合

7.8 その他の絵画的手がかり

BOX7.4　トランプの錯覚

　重なり合いの手がかりは，時に奥行の錯覚を生じさせる。図7.18 (a) の3枚のトランプは，前からスペード，クラブ，ハートの順に並んでいるように見える（Ittelson, 1949）。しかし，実は (b) のように，左下の隅が欠けた小さいハートが一番前で，次の左隅の欠けた中くらいの大きさのクラブ，そして一番後方に完全な形の大きいスペードがおかれているのである。ところが，これを，ある決まった位置から片目で見ると，(a)のように見え，実際と逆の遠近関係に判断してしまうのである。重なり合いの手がかりと大きさの手がかりによって生じる奥行知覚の錯覚である。

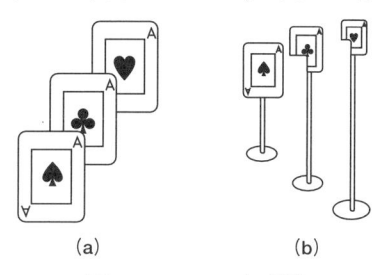

図7.18　トランプの錯覚

図7.19　陰影：月面の凹凸　（大山, 1979）
台地かクレーターか。同じ写真を上下逆に並べてある。

も左の場合も同様な率で生じよう。この点から考えても，陰影は，照明が上方からくる地上の環境中で経験的に学習した奥行の手がかりと言えよう。

7.9 大きさの恒常性

7.9.1 大きさの恒常性とエンマートの法則

すでに述べてきたように，遠近法に厳密に従っている絵画や写真では，客観的に同じ大きさのものの映像は，距離に反比例して小さくなる。同じ身長の人でも，5メートルの距離にいるときにくらべ，10メートルの距離に離れれば，その映像は半分になるはずである。20メートルの距離にいれば，さらにその半分，すなわち5メートルの場合にくらべれば，4分の1に相当することになる。しかし，われわれの日常の体験では，同じ人の背の高さは，近くにいるときも，遠くにいるときも，ほとんど変わらない。そのような感じ方にもとづいて，少し離れた位置の人をカメラでうつした写真をでき上がってから見ると，予想したのにくらべて小さくうつっていて，がっかりした経験をもつ読者も少なくないであろう。

網膜にうつる人の像は，前に述べたように，距離に反比例して減少するのであるが，道行く人が，遠ざかっていくのを眺めているときその人の姿が，しだいに縮んでいくとは見ない。同じ身長の人が遠ざかっていくと知覚する。このように，距離が変化し，網膜像の大きさが変わっても，知覚する大きさはほぼ一定に保たれる傾向を，**大きさの恒常性**（size constancy）とよんでいる。

この大きさの恒常性に関連した現象に，残像に関する**エンマートの法則**（Emmert's law）がある（Boring, 1942）。残像とは，明るい光を見た後で，光の形が明暗逆転して目に残る像がその例である。この残像を近くの面を背景にして見ると小さく見えるが，それと同じ残像を遠くの壁に投影すると，非常に大きく見える。一般に，残像の見えの大きさは，それを投影する面の距離が遠くなるほど，それに比例して大きくなる。これをエンマートの法則という。

これは，残像の網膜上の大きさは一定であるのに，その見えの大きさは，網膜像の大きさだけでなく，残像を投射する面の奥行知覚とも関連することを示

7.9 大きさの恒常性

唆している。もし，残像の見かけの大きさだけでなく，実際の物の見えの大きさにも，エンマートの法則が成り立つならば，大きさの恒常性は完全なことになる。なぜかと言えば，もし視角，したがって網膜像が一定の対象の見えの大きさが観察距離に比例して大きくなるのであれば，客観的大きさが一定であり，網膜像の大きさが距離に反比例して縮小する通常の対象の見えの大きさは，一定となることになると推定されるからである。

7.9.2 実験的検証

この予想を実験的に確かめたのが，ホールウェイとボーリング（Holway & Boring, 1941）の実験である。彼らは，**図7.20（a）**に示すような建物の廊下を利用して実験を行った。彼らは，暗夜，直角にまがった廊下の角に，被験者を椅子にすわらせて，一方の廊下の10〜120フィート（約3〜40メートル）の距離に，標準刺激として光の円盤を提示し，もう一方の廊下の10フィートの距離に比較刺激の光の円盤を提示した。標準刺激の大きさは，つねに視角が1°に

(a)実験状況図

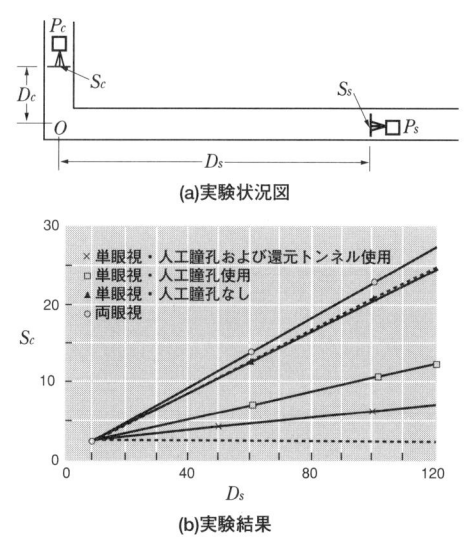

(b)実験結果

図7.20 ホールウェイとボーリングによる大きさの恒常性の実験
（Holway & Boring, 1941）

なるように，提示距離に比例して大きくして，比較刺激の大きさはいろいろの大きさに変化できるようにした。被験者は，標準刺激の見えの大きさと，比較刺激の見えの大きさが等しく感じられるように比較刺激の大きさを調整した。

観察条件は4種あって，① 両眼視，② 単眼視，③ 単眼視で人工瞳孔使用，④ 単眼視，人工瞳孔使用でかつトンネルを通しての4条件で，標準刺激を観察した。人工瞳孔とは，目の直前の小さな穴を通して対象を見る条件で，奥行の手がかりとしての調節の効果を取り除く条件である。トンネルは，かすかに見える壁や天井による遠近法的手がかりを排除する。したがって，①の条件で完全にそろっていた奥行の手がかりが，②，③，④としだいに，少なくなっていった。

図7.20（b）に実験結果を示す。横軸が標準刺激の提示距離（単位フィート）で，縦軸が標準刺激と見えの大きさが等しくなるように調整された比較刺激の直径（インチ）である。この実験のように，標準刺激の視角が一定に保たれた条件では，もし大きさの恒常性がまったくなければ，実験結果は水平線となり，またもし恒常性が完全ならば，見かけ上等大と調整された比較刺激の直径は観察距離に比例して増大して，図中に破線で示された右上りの直線となることが予想される。得られた結果は，①の両眼視条件では，破線よりもさらに上に位置するデータが得られた。恒常完全の場合よりさらに上にくる超恒常の結果であり，②の単眼視で，ほぼ恒常性が完全であった。しかし，③，④となると，結果を示す直線の勾配はゆるやかとなり，恒常性皆無の状況を示す水平線の方向に近づいたが，④条件でも水平には達せずある程度の恒常性は残存した。この結果は，大きさの恒常性は，奥行の手がかりの豊富さと密接に関連し，奥行の手がかりが豊富なほど大きさの恒常性が大であり，奥行の手がかりが減少するほど恒常性も減少することを示している。

このホールウェイ・ボーリングと類似した条件で，幼児と成人における大きさの恒常性を比較したリーボヴィッツら（Zeigler & Leibowitz, 1957；Leibowitz et al., 1967）の研究では，両眼視条件においても，幼児のほうが，成人より恒常性が低い傾向が見出された。さらに単眼視条件ではその差が拡大した。幼児は遠近法などの経験的奥行手がかりを，まだ有効に大きさ知覚に利用できない

BOX7.5　月の錯視・天体の錯視

　「月の錯視」として広く知られた視空間の異方性の問題がある。地平の日や月は大きく見え，天頂の月は小さく見えることは古くから人々に知られ，さまざまな説明がなされてきた。古代ギリシアのアリストテレス，プトレマイオスがすでにこれについて論じ，東洋では中国隋書天文志にすでに地平と天頂の日における大きさの差が述べられ，その説明が試みられているという（苧阪，1985，1994，1995）。

　現代の研究では，夜空の満月と人工月（光円）に加えて星座の大きさを対象として，地平から天頂までのさまざまの方向において，それらの見えの大きさを，心理学的測定法に従い，地上に置かれた比較対象との比較によって測定されている。その際の，観察者の姿勢（正立，仰臥），単眼視-両眼視，視線方向，周囲の介在物の有無などを系統的に変化させ，諸説の妥当性が検討されている。その結果，従来有力であった視線説，地上介在物説，重力方向説，天空扁平説などはそれぞれ反証されるか，あるいは一部の要因のみに偏った説として批判されている。このうち視線説とは，頭を上げずに，目のみを上にむけて両眼で天頂の月を見たときに，とくに月が小さく見えることにもとづくものである。視線を上に向けた際の輻輳の特殊効果と見られている。地面に仰向けに寝て両眼で天頂の月を見たり，通常の姿勢でも単眼で見ると，月の錯視は激減する（Suzuki, 1998）。しかし，この視線の効果だけでは月の錯視は完全には説明できない。人間の視空間の異方性全般のなかで，月の錯視も総合的に考える必要があろう。

　月の錯視のように上方向だけでなく，下方向の視空間についても異方性が見出されている。下方向の大きさの過大視が見出され，航空機パイロットの視覚的誤認防止の問題との関連が指摘されている。

ことを示唆している。

7.10 ステレオスコープ内の大きさの恒常性

7.10.1 奥行の手がかりと大きさの恒常性

　個々の奥行の手がかりと，大きさの恒常性の関係を調べるためには，前述のステレオスコープを利用すると有効である。60年以上も前に，小笠原（1935）は**図7.21**のようなステレオグラムを用いて興味深い実験を行っている。図は，机上の近くと遠くの位置におかれた2個のゴムボールを，左右にやや異なった位置から撮影した写真である。左右の写真を比較してみると，2つのボールの間隔が異なっている。これは両眼視差に相当する。このステレオ写真をステレオスコープに入れて観察してみると，明瞭な立体感が生じ，右のボールが左のボールより後方に見えるとともに，明らかに大きく見えた（実際に右のボールは左の約2倍の直径であった）。ステレオスコープ内で，大きさの恒常性が成立したのである。さらに，彼は左右のボールの配置，背景などを変化させたさまざまなステレオ写真をつくり，ステレオスコープで被験者たちに観察させた。その結果，奥行の手がかりが豊富になるほど大きさの恒常性が増すことを見出した。

　しかし，残念なことに，小笠原の研究では，見かけの大きさを量的の測定していない。その後，鹿取ら（Katori & Suzukawa, 1963）は小笠原と類似のステレオ写真で，2つのボールの見かけの大きさ関係を「移調法」を用いて測定した。移調法とは，筆者（大山，1969；Oyama, 1959）が考案した測定法であ

図7.21　ステレオスコープ内の大きさの恒常性
（小笠原，1935）

り，さまざまな比率の2円を左右に並べて描いた多くのカードを用意しておいて，その中から，ステレオスコープ中に見える2つのボールの間の見えの大きさの比率と等しい比率に感じられるものを選ぶ方法である。標準刺激（ステレオ写真）の見かけの関係を比較刺激（カード）へ移調（音楽の転調にもとづくゲシュタルト心理学の用語；**4.4.1**参照）するので，移調法と名づけられた。

小笠原や鹿取らのようにステレオスコープを用いると，いろいろの奥行手がかりを少しずつ加えていくこともできるし，ときには，複数の手がかりを互いに矛盾するようにはたらかせることもできる。たとえば，両眼視差では左のボールが遠くなるようにし，遠近法的手がかりでは右のボールが遠くなるようにする条件をつくり出せる。**図7.21**のようなステレオグラムで，左右の写真を入れ替えた場合である。それらの結果では，同方向に作用する奥行の手がかりが増加するほど，大きさの恒常性が高まるが，逆方向に作用する手がかりがあると，互いに効果を相殺し合う結果となった。

7.10.2　輻輳角と見えの大きさ

筆者（Oyama, 1974）は，前述の**図7.4**のステレオ型実験装置を用いて輻輳角が見えの距離に及ぼす効果を調べた実験において，見えの距離だけでなく見えの大きさも同時に被験者に答えてもらった。その結果は，**図7.22**に示される。

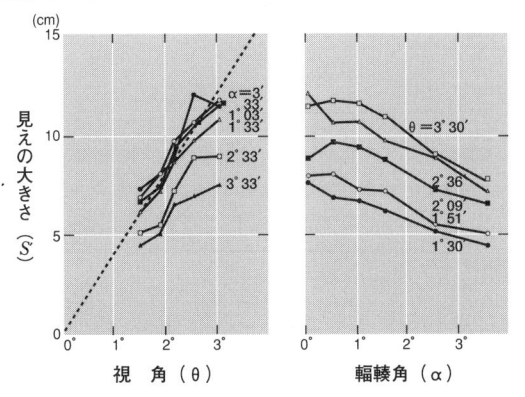

図7.22　見えの大きさに及ぼす視角と輻輳角の効果
（Oyama, 1974）

左半分は，暗黒の背景中に提示された白い矩形の視角（θ）を横軸とし，右半分は輻輳角（α）を横軸として，縦軸には回答した見えの大きさ（S′）を示している。この図から分かるように，見えの大きさは，視角とともに増大し，輻輳角増大とともに減少した。視角とともに増大することは当然であるが，視角に正比例するわけでなく，正比例を示す斜めの破線より，勾配がややゆるやかである。これは，視角が大きくなると近くに見る前述の傾向（**図 7.5** 参照）と関係するように考えられる。

7.11 見えの大きさと見えの距離

そこで，見えの距離と見えの大きさの比率 $\left(\dfrac{S'}{D'}\right)$ を算出して図示すると，**図 7.23** のようになる。図の左半分が示すように，この比率は，視角とともに正比例以上の勾配で増大する。しかし視角が一定なかぎり，輻輳角が変わってもほぼ一定に保たれている。右半分の線が，水平線となるのは，その傾向を示している。これは，大きさの恒常性に関連して，**大きさ-距離不変仮説**（size-distance invariance hypothesis）（Epstein et al., 1961）として知られているものを支持する結果である。

これはキルパトリックとイッテルソン（Kilpatrick & Ittelson, 1953）らによって唱えられた仮説で，物理的世界で，視角が一定ならば，距離と大きさの比 $\left(\dfrac{S}{D}\right)$ が一定となるという幾何学的原理が見えの世界でも成り立ち，見えの距離と見えの大きさの比率 $\left(\dfrac{S'}{D'}\right)$ が一定となるだろうという仮説である。

それではなぜ，見えの距離（D′）と見えの大きさ（S′）の間に比例関係が成り立っているのであろう。その説明として考えられやすいのは，ある大きさの網膜像が与えられ，見えの距離が奥行の手がかりにより決まると（ちょうど，視角と物理的距離が与えられると物理的大きさが計算で算出できるように），見えの大きさも無意識的に算出・推定されるとする説明である。また，人の姿や見なれた品物のように既知の大きさの対象であると，見えの大きさが先に決まり，それから，見えの距離が無意識的に算出・推定されるという可能性も考えられる。

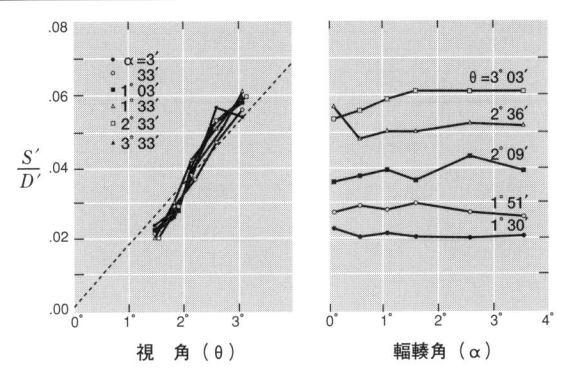

図7.23 見えの距離と見えの大きさの比率に及ぼす視角と輻輳角の効果 (Oyama, 1974)

　このような無意識的過程があるかないかを直接的に確かめることは非常に困難に思われる。しかし，**BOX 7.7** に述べる偏相関を用いた因果推定とよばれる統計的方法を適用することによって，この説明の有効性を確かめることができる。その結果では，通常の条件下では，見えの距離と見えの大きさの間には直接的な関係がなく，ともに共通の刺激変数（奥行手がかり）に規定されているために結果的に，両者の間に相関が生じていることを示している（Oyama, 1977）。

BOX7.6　望遠写真の奥行感

　写真の場合は，レンズの焦点距離，プリントの拡大率，観察距離によって，見え方が変わってくる。大事なことは，描画または撮影現場で，ある対象（たとえば建物）が目に与える視角と絵画や写真を観察する際の視角が一致することである。たとえば，望遠レンズで撮影した写真は，遠近感がとぼしく広角レンズで撮影した写真は遠近感が過大なのは，同じ拡大率で同じ距離から観察するためである。たとえば図7.24 (a)，(b)，(c)，は，それぞれ同じ景色を同じ位置から，望遠，標準，広角のレンズで撮影したものである。望遠で撮影した (a) では，並んだ建物が薄っぺらで，間隔もせまく，全体的に奥行感が少ない。それに対して，広角レンズでうつした (c) では，建物も厚く，間隔も大きく，全体として，奥行感が豊富で，広々とした印象を与える。標準レンズで撮影した (b) は，ちょうど，両者の中間の印象を与える。

　ところが，これらの写真を，撮影に用いたレンズの焦点距離に反比例した大きさに引き伸ばしてみると，図7.25 (a)，(b)，(c) のようになる。焦点距離の長い望遠レンズでとった写真は小さく，焦点距離の短い広角レンズでうつした写真は逆に大きく，標準レンズはその中間の大きさに引き伸ばされている。場面の中央の同じ建物を比較してみると，3枚の写真でまったく同じ大きさと形にうつっていることがわかる。図7.25 (a)（望遠レンズ使用）は図7.25 (c)（広角レンズ使用）の中央の部分を切りとったものと変わりない。細部の鮮明さでは違いがあるが，大きさや形や，空間的位置関係ではまったく変わりがない。望遠レンズは，遠くのものを詳細に，鮮明に，撮影するのに用いられるので，画像の空間的関係は，標準レンズで撮影したものの中央部分を引き伸ばしたものと変わりがない。他方，広角レンズは，撮影される範囲を広げたもので，その中央部分は標準レンズでうつしたものと変わりない。

(a)　望遠（200mm）

(b)　標準（75mm）

(c)　広角（50mm）

図7.24　写真の遠近法（A）
（カッコ内は焦点距離）

7.11 見えの大きさと見えの距離

(a) 望　遠

(b) 標　準

(c) 広　角

図7.25　写真の遠近法（B）

BOX7.7　見えの大きさと見えの距離の関係

　見えの大きさと見えの距離を，同じ実験事態，同じ被験者，同じ試行で，同時にデータとして記録してある場合，両者の間に因果関係があれば，相互に相関がきわめて高くなければならない。それは，単に同じ実験条件下で得られたデータというだけでなく，因果関係があれば，一方（たとえば見えの距離）が偶然的要因で変動した場合にも，その変動が他方（たとえば見えの大きさ）へ伝わるはずである。偏相関による分析は，このような因果関係の有無に有力な示唆を与えてくれる（**BOX 4.4** 参照）。

　前述の筆者（Oyama, 1974）の実験では，実験変数は，視角 θ と輻輳角 α で，測定値は，見えの大きさ S' と見えの距離 D' であった。この4変数間の相関と偏相関を求めたところ，S' と D' の間には低い負の相関値 -0.159 があったが，θ と α の影響を取り除いた2次の偏相関値は -0.086 ときわめて小さく，S' と D' 間の関連は否定された。他方，刺激変数 $\theta \cdot \alpha$ と，測定変数 $S' \cdot D'$ との相互間には高い相関，偏相関が認められた。この分析結果として，**図7.26** のような因果関係が推定された。すなわち見えの大きさ S' も見えの距離 D' も，それぞれ独立に，視角 θ と輻輳角 α の両変数によって規定されていて，その結果として，α が変化しても S' と D' の比率がほぼ一定に保たれたのであって，S' と D' の間には直接の因果関係はない。つまり，大きさ-距離不変関係は，見えの大きさと見えの距離が，共通の実験変数によってそれぞれ独立に規定された結果と言える。見えの距離が見えの大きさを直接に規定したり，あるいはその逆の関係はない。したがって，見えの大きさと見えの距離の間に，一方から他方を無意識的に算出・推定するという仮説は支持できない結果であった。

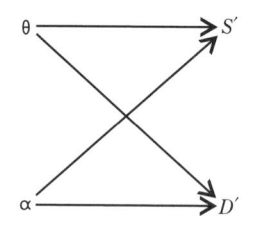

図7.26　視角（θ），輻輳角（α），見えの大きさ（S'），見えの距離（D'）間の因果関係

[参 考 図 書]

　空間知覚研究の歴史的原点を知るには

バークリ, G.　下條信輔他（訳）　1990　視覚新論　勁草書房

　空間知覚研究の現状については

大山　正　1979　空間知覚　田崎京二・大山　正・樋渡涓二（編）視覚情報処理——生理学・心理学・生体工学　朝倉書店　pp.256-295.

乾　敏郎（編）　1995　知覚と運動（認知心理学1）　東京大学出版会

東山篤規　1994　空間知覚　大山　正・今井省吾・和気典二（編）新編　感覚・知覚心理学ハンドブック　誠信書房　pp.768-801.

　ギブソンの空間知覚論については

ギブソン, J.J.　古崎　敬他（訳）　1985　生態学的視覚論　サイエンス社

ロンバート, T.J.　古崎　敬他（訳）　2000　ギブソンの生態学的心理学　勁草書房

　遠近法については

黒田正巳　1992　空間を描く遠近法　彰国社

　月の錯視について

苧阪良二　1985　地平の月はなぜ大きいか——心理学的空間論　講談社ブルーバックス　講談社

が，それぞれ参考になる．

　また豊富な図と写真でわかりやすく空間知覚全般を解説しているものとして下記がある．

大山　正・鷲見成正　2014　見てわかる視覚心理学　新曜社

運動の知覚 8

　多くの動物は，身体をいろいろに動かして形を変え，また身体全体を移動させる。運動は無生物と生物の重要な違いといえる。動物は，自分の仲間や敵や獲物である動物の動きに対して素早く反応する。そのために，運動の知覚は，動物の生活にとってきわめて重要である。動物の一員であるわれわれ人間も例外ではない。われわれは動きのある対象をすぐに見つけ，それに注意を引かれる。雑踏の中で，待合せの相手を気づかせるには，手を振るのはその例であろう。運動の知覚は，静止した対象の知覚と異なった独特な性質をもっている。

　運動の知覚は実際の運動で生じるだけでなく，映画やアニメーションのように，静止画像の連続提示でも生じる。これは仮現運動といわれる知覚現象であり，心理学にとって重要な研究対象となっている。

　また運動の知覚は生き生きとした人や生物の印象を与える。

8.1 時計の分針の動き

われわれは時計の針の動きに気づいているであろうか。秒針の動きは明瞭に知覚されるが，分を示す分針や時間を示す短針の動きには気づかない。時計が動いているかぎり，着実に分針も短針も動いているはずなのに，その動きはすぐには知覚できない。しばらく時間をあけて，時計を見ると確かに分針は位置を変えている。夜空の月の動きについても，同様なことがいえる。月は時間の経過とともに位置を変えているが，その動きを直接見ることはできない。

物理的には動いていても，その動きがあまりに遅いと，運動は知覚できない。運動の知覚が生じるためには，ある最低の速度以上の速度で対象が運動してなければならない。その最低の速度を運動の速度閾という。この値は，運動対象，視野の構造，照明条件，観察時間などさまざまな要因によって影響されていて，一般的には答えられないが，十分に構造化された視野中で，観察時間が長く，照明も明るければ，毎秒視角1′以下になる。この値は，視野が構造化されていないほど，観察時間が短いほど，また観察時間が短いほど大きくなる。つまり運動を知覚しにくくなる（Leibowitz, 1955）。

また一方，速度があまりに速いときも運動が認められない。言葉通り「目にもとまらぬ速さ」である。上下線の新幹線がすれ違った際には，車窓に映る相手の新幹線の姿は単なる縞模様になってしまう。運動対象が見えるための速度の上限を運動の刺激頂といい，毎秒視角約30°の値が報告されている（Oyama, 1970）。

8.2 固視と追視

8.2.1 眼球と網膜像の動き

われわれが運動する対象を観察する場合，他の静止した対象を見つめている場合（**固視**）と運動する対象を目で追う場合（**追視**）とがある。どちらの場合でも運動の知覚が生じる。ところで，これら2つの場合について，眼球の運動と網膜像の動きを比較してみよう。図 **8.1** のように，前者（固視）の場合は眼

8.2 固視と追視

球は動かず，運動対象の網膜像だけが動く，また後者（追視）では，眼球全体が移動するが，注目した対象の網膜像は動かず，静止している周囲の対象の網膜像が一斉に逆方向に動く。眼球と網膜像の動きは，両者で大いに異なるが，どちらでも運動の知覚が生じるという事実は，眼球の動きも網膜像の動きも，いずれも運動視を生じさせることに重要な役割を果たしていることを示している。

一方，外界で何も動かず，すべての対象が静止した状態で，われわれが自発的に目を動かした場合には，視野中のすべての対象の網膜像が一斉に動くはずなのに，われわれは何も運動していると感じないで視野は安定して見える。これを**位置の恒常性**（position constancy）という。この事実は，眼球運動と網膜像の運動の両方が生じた場合でも，それらの方向と動きの大きさが適切であれば，両者の効果が打ち消しあって，運動の知覚が生じないことがあることを示している。しかし，眼球をまぶたの上から指で押して動かして見ると，視野は揺れ動き，位置の恒常性は失われる。位置の恒常性には，眼球を受動的でなく動眼筋により能動的に動かすことが，重要であることが分かる。

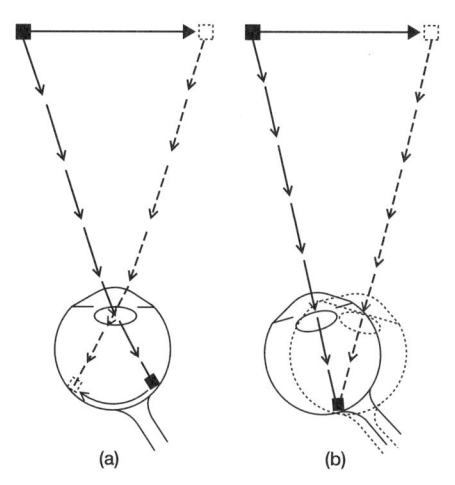

図8.1 固視（a）と追視（b）の際の眼球運動（Gregory, 1966, 1998）

8.2.2 リアフェレンス説

ホルスト（Holst, 1954）は，このような過程を説明するために，**リアフェレンス説**（re-afference theory）を提唱している。彼の説によれば，自発的な眼球運動の場合には，**図 8.2** のように，眼球運動の遠心性信号が中枢から動眼筋に伝達されるとともに，その信号のコピー（efferent copy）が下位中枢に送られる。その遠心性信号コピーと，眼球運動の結果として起こる網膜像移動の求心性信号（リアフェレント信号；re-afferent signal）が下位中枢（比較器）で互いに相殺し合い，運動知覚を生じなくしている。しかし，外界の対象の運動や，眼球を指で動かしたりする受動的眼球運動の結果として網膜像が動いた場合の求心性信号（エクスアフェレント信号；exafferent signal）は，それに対応する遠心性指令がなく，したがって遠心性のコピーがないので，そのような相殺は生じないため運動知覚が生じるという説である。

これに対して，客観的に同一の速度で動いている対象でも，他の静止対象を固視しながら，運動対象を観察する固視条件と，運動対象を追視している追視条件では，運動対象の見えの速度が異なり，固視条件のほうが追視条件より，1.6～1.9 倍速く感じられるという現象（**アウベルト・フライシュル・パラドックス**；Aubert-Fleischl paradox）がある（Dichgans & Brandt, 1978）。また運

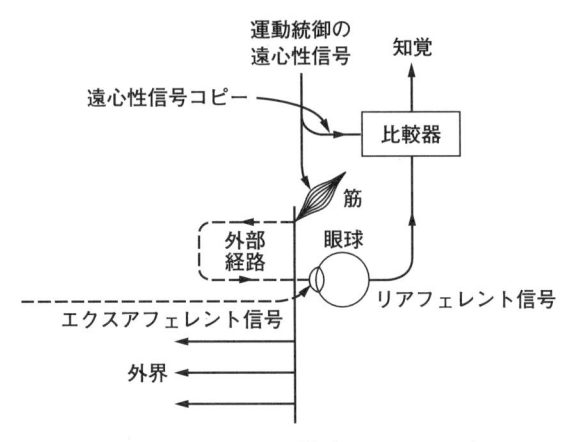

図8.2　リアフェレンス説（Schiffman, 1982）

動対象を追視中は，静止対象が逆向きに動いて見えたり，他の運動対象の速度を誤認することがある（**フィレーネ錯視**；Filehne illusion）（Mack & Herman, 1972）。これらの事実は，リアフェレンス説でいう相殺は完全ではなく，求心性信号のほうが遠心性信号コピーより強力な効果をもつことを示唆している。

いわゆる逆転眼鏡（上下左右が逆転して見える眼鏡）を着用して生活すると，はじめは視野が揺れ動きたいへん落ち着かない不快な生活であるが，しだいに慣れ視野の調整が不必要になるという。これは上記の位置の恒常性が崩れ，再構築される過程であろう（牧野，1998）。位置の恒常性は学習により獲得されるものであることを示唆する事実である。

8.3 誘導運動

8.3.1 誘導運動とは

雲の合間に月が見えているとき，月が動いて見えることがある。もちろん月は一晩の間に天空を半周するが，その速度はきわめて遅く，人の目には気づかれない。前に述べた運動の速度閾以下の動きである。しかし雲間の月は，はっきりと流れるように動いて見える。その際，まわりの木や建物などとくらべて見ると，実は雲のほうが反対方向に動いていることに気づく。雲が風に流されて動いているのに，雲がとまって見えて，雲に囲まれた月が反対方向に動いているように感じられたのである。また橋の上から川の流れをじっと見ていると，橋が上流へ遡っていくように感じることがある。また駅でとまっている電車に乗っている際に，隣の線路にとまっていた別の電車が反対方向に動き出したときに，自分の乗った電車が動き出したと錯覚することがある（**BOX8.5** 参照）。

これらの見えの運動は**誘導運動**（induced motion, induced movement）とよばれ，実験室でも生じさせることができる。暗室の中で，**図 8.3（a）**（p.189）のように，小光点を光の枠で囲み，光の枠をゆっくりと左に動かすと，とまっているはずの小光点のほうが右に動いているように見える。このような実験は，ドゥンカー（Duncker, 1929）によって始められた。その半世紀後に，ロックら（Rock et al., 1980）は，誘導運動による見えの運動距離の測定を行ってい

る。彼らは，暗室中で光る矩形（46cm×20cm）とその内側に光点を提示し，110センチメートルの距離から10名の被験者に個別に観察させた。各被験者が24試行の実験に参加し，そのうちの16試行では，光の枠のみを動かし，8試行では光点のみを動かした。どちらの場合も運動速度は1秒あたり2.5センチメートルから7.5センチメートルまでの4段階で，3秒間提示された。それらの全条件がランダムな順に提示された。被験者はつねに光点に注目して観察して，その直後に照明をつけて，観察した見えの動きを枠と点の模型を用いて再現した。その際に再現された運動距離を測定値とした。

全被験者の結果をまとめると，合計160試行の枠運動条件中の110試行（69%）で光点が運動したと判断された。そのうち光点のみが動いたと判断された場合の見えの運動距離は，実際に光点を動かした試行の際の見えの運動距離と変わらなかった。また35試行では，光点と光の枠が互いに反対方向に動いたと報告された。その場合の両者の見えの運動距離の合計は，光点のみの運動の際の光点の見えの運動距離とほぼ等しかった。これらの結果は，光点と光の枠の間に物理的に生じている相対的運動を，見えの運動では，両者いずれかの運動に配分して知覚するため相対運動は知覚上も保存されるといえる結果であった。

なお，この実験では，運動速度が遅いときに誘導運動が起こりやすく，運動速度が速くなると，誘導運動が生じにくい結果であった。また，光点のみを動かした80試行では，1試行においてのみ，光の枠が動いた（誘導運動）と判断され，他の79試行では光点が動いたと報告された。囲んだ対象は，静止した基準となり静止して見え，囲まれた対象に誘導運動が生じやすいというドゥンカー以来の知見が確認された。

8.3.2　回転運動の誘導運動

またデイ（Day, 1981）は，図8.3（b）のような同心円状の2枚の回転円盤を用いて誘導運動の実験を行っている。たとえば，外側の円盤を時計まわりに回転させると，内側の円盤に反時計まわりの見えの運動が認められる。回転運動の誘導運動である。ただしこの場合は，直線運動の誘導運動と違い，内側だけが動くという見え方は生じない。両方が同時に反対方向に動いて見え，内側

8.3 誘導運動

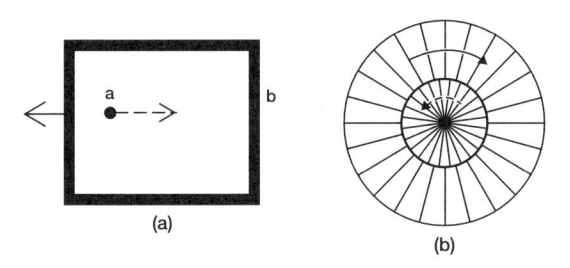

図8.3 誘導運動（Duncker, 1929；Day, 1981）

BOX8.1　星が動く——自動運動

　18世紀末にドイツの地理学者フンボルト（A. von Humbolt）から指摘されて「星のさまよい」（独；Sternschwanken）などと呼ばれたこともあるが，その後，自動運動（autokinetic phenomenon）の名で広く知られている（Robinson, 1972, 1998；Wade & Swanston, 1991）。暗黒の実験室内で暗い光点を1つつけて，それを見つめていると，光点がふらふらと動き出して見える。これが自動運動である。眼球運動によると思われやすい。静止した光点を注目しているのであるから，大きな眼球運動が起こりにくいはずなのに，自動運動による光点の移動はかなり大きい。小さい明るい光の輪を一瞬点灯して，その残像を光点に重ねるように保つことで，眼球運動が起こらないようにしておいても，残像自体が自動運動を起こす（Brosgole, 1968）。また自動運動中の眼球運動を測定しても両者の顕著な関連を見出せない。自動運動は，多くの対象が見えているときには起こらないから，周囲に枠組みとなる対象がないことが主な原因と考えられる。

　しかし，眼球運動とまったく無関係でもない。グレゴリー（Gregory, 1966, 1998）は興味深い実験を報告している。暗闇の中で，上下左右のどちらかの方向に30秒間目を向け続けていた後に，正面におかれた小光点を見つめると，前に目を向け続けていた方向と反対の方向に対する自動運動が起こりやすくなることが認められた。動眼筋の不均衡な疲労によって遠心性信号コピーと求心性信号の相殺が十分に機能せず，前述の位置の恒常性が不完全になったことによることが示唆される。

　なお自動運動は，期待や暗示の影響を受けやすいことが知られており，社会心理学的研究にも用いられている（Leibowitz et al., 1983；Sherif, 1935）。

の運動は，外側の3分の1か4分の1の速さに感じられた。また内側だけを回転させた場合には，外側の円盤に誘導運動はわずかしか生じなかった。囲んだものが基準になり，囲まれたものに誘導運動が生じやすい傾向は，この回転運動の場合にも確認された。

8.4 全体運動と部分運動

図8.4 (a) のように暗黒の道路の上を車輪が転がっていくとき，車輪に光点Bをつけておけば，光点は図8.4 (b) のようにサイクロイドとよばれる曲線を描くことが分かる。しかし，車輪の中心にも光点Aをつけるか，あるいは周囲が明るければ，(c) のように，進んでいく車輪のまわりに光点が回転していると見える。つまり車輪全体の前進運動と車輪の回転運動とに分けて知覚される。

複数の運動対象があれば，しばしばそれら**全体の運動**と，対象間の**部分運動**が分離して知覚される。たとえば移動する自動車に乗って手を振っている人の運動の軌跡は複雑な曲線を描いているであろうが，われわれがそれを見るときには，自動車とそれに乗っている人の全体の前進運動と手を振る動きとは，分離されて知覚される。その際，前進運動は全体運動で，手の動きは部分運動である。自動車と乗っている人の体が枠組みとなって，その枠組み内の手の運動が知覚される。また多数の人が整然とした隊列を組んで行進する中で，1人が隊列から離れたならば，隊列全体の前進運動と，隊列から離れた1人の部分運動が分離して知覚される。

これらの例は，枠組みとなるものが大きく，そのごく一部が枠組みと違った動きをするので，その差が部分運動として知覚される場合である。しかし何が枠組みか明確でない場合もある。男女がカップルとなってダンスをしたり，フィギュアスケートをしたりしている場面では，カップルのどちらが枠組みになっているとは言えないが，カップル全体の移動運動と，回転運動，カップル間の部分運動が，分離して知覚される。

ヨハンソン（Johansson, 1950, 1978）は，図8.5 (a) のように暗黒内に2個の光点を提示し，一方は垂直，他方は水平に同時に往復運動させた。すると

8.4 全体運動と部分運動

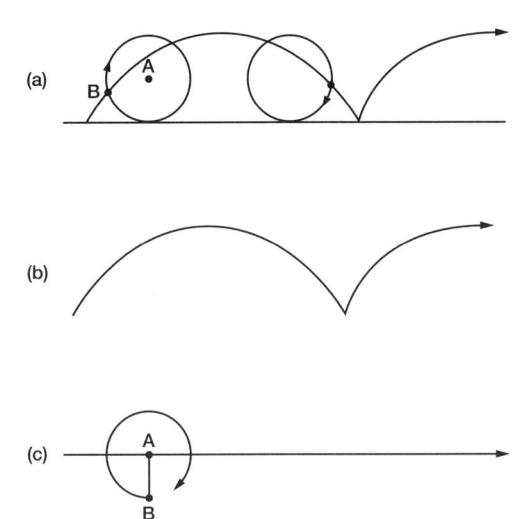

図8.4 車輪と光点の運動

図8.5 全体運動と部分運動 (Johansson, 1978)

(b)のように2光点がまとまって全体として斜めに上下運動するとともに，2光点が互いに近寄ったり遠去かったりして見えた。全体運動と部分運動の分離である。ただしこの場合は，全体運動を代表する明確な枠組みはない。2光点の中心が全体運動を代表しているとも言える。ヨハンソンは，**図8.5 (c)** のように2光点の運動が，ベクトル解析され，2光点共通のベクトル成分と2光点相互間のベクトル成分に分かれて知覚されるという理論で説明している（Johansson, 1975）。共通成分が全体運動に相当し，独自成分が部分運動に相当する。一般に，全体運動は目立ちにくく，部分運動は目立ちやすい傾向がある（**BOX8.6** 参照）。

8.5 見えの速さ

雲ひとつない大空を飛んでいくジェット機は意外にそれほど速くは感じられないが，狭い道路の踏切を横切る電車は素早く感じられる。

かつてゲシュタルト心理学者のブラウン（Brown, 1931）が，大きな窓枠と小さな窓枠の中を，それぞれ窓枠の大きさに比例した大きな円と小さな円が移動する際の見えの速さを比較する実験を行った。その結果では，窓枠と円の大きさに比例した物理的速度で，たとえば2倍の窓枠と2倍の円の大きさなら2倍の速度で動かしたときに，両者の見えの速さがほぼ同じように感じられた。彼はこの現象を速さの移調とよんだ（Koffka, 1935）。

筆者（Oyama, 1970）はその際の窓枠の大きさと運動対象の大きさの効果を分析するために，**図8.6** のように，窓枠を1:2:4の大きさをもつABC 3段階とし，その中を運動する縞模様も1:2:4の大きさに変化するXYZの3段階として，それらの3段階の窓枠と3段階の運動縞のすべての組合せ，計9条件を検査刺激として設定した。各条件において，それらと並べて提示された標準刺激（検査刺激BYと同条件）とを見くらべて，見えの速さが同じになるように，検査刺激の物理的な速度を被験者に調整させた。その際標準刺激の物理的速度を毎秒視角 $0.5°$ と $5°$ の2段階に変えて実験がなされた。

その結果では，窓枠の大きさと運動縞の大きさの両方ともが見えの速さを規

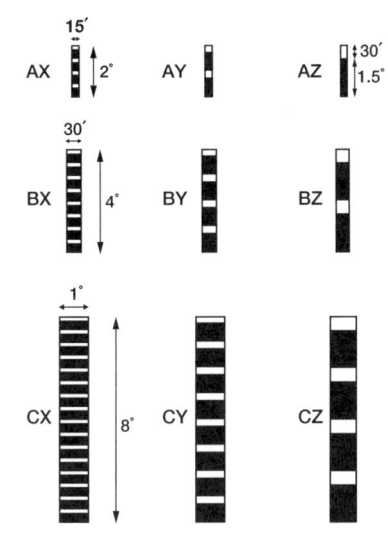

図8.6 見えの速さの実験（Oyama, 1970）

定する重要な要因であることが分かった。窓枠か運動縞の一方を2倍にしたときは，物理的速度を1.1～1.4倍にすると同じ速さに見え，ブラウンのように窓枠と運動対象を同時に2倍にしたときには，物理的速度を1.4～1.55倍にしないと同じ速さと感じられなかった。速さの移調が完全ならば，物理的速度を2倍にしなければならないはずであるが，それよりはかなり下まわる値であった。速さの移調は完全ではないことと，これは窓枠の効果と運動対象の大きさの効果の両方が関与している現象であることが示された。

　ここで用いたような縞模様を運動させるときには，窓枠内のある1点を見つめていれば，明暗が周期的に変化して，その時間周波数は運動速度と縞模様の空間周波数（細かさ）（**BOX 1.9**）をかけ合わせたものに比例することになる。もし，見えの速さがもっぱら明暗変化の時間周波数に比例するのであれば，窓枠の大きさに関係なく，運動縞の大きさにだけ規定されて，速さの移調が完全に成り立つはずであるが，この結果は，その予想に反する。明暗変化の時間周波数は，見えの速さに影響するとしても，その一要因であるに過ぎない。

8.6 運動残効

　イギリスの化学者アダムス（Adams, R.）は，スコットランドのホイアーズの滝を訪れた際に，興味深い現象を発見した。落下していく滝の水をしばらく見つめていたあとで，周囲の岩に目を移すと，今度はとまっているはずの岩が上に昇っていくように感じられる。同じような現象は，航行中の船端から水面を見つめた後や電車の窓から外の景色を見つめていた後に，船内や車内を見つめたときに見出される。この現象は**滝の錯視**（watarfall illusion）とか**運動残効**（movement after-effects）とかよばれている（Boring, 1942；Wade & Swanston, 1991）。**図 8.7** のような装置で実験された（W. ジェームズが用いたこの装置は現在もハーヴァード大学の古典的科学機器収集室に現存する）。

　このような運動残効は眼球運動が原因と考えられたときもあったが，**図 8.8** のように上下運動 (a) だけでなく，回転運動 (b) や拡大・縮小運動 (c) でも，運動残効が生じるので，眼球運動説は成立しがたい。今日では，運動知覚の神経機構が運動方向別に存在し，それらが運動の持続的観察によって選択的に順応するために生じる現象と考えられている（Levinson & Sekuler, 1976）。

8.7 仮現運動

8.7.1 仮現運動とは

　静止した映像を適当な間隔で次々と提示すると，映像が動いて見える（**BOX 8.2**）。これを見かけの運動という意味で，**仮現運動**（apparent motion, apparent movement）とよんでいる。雑誌のページの隅を利用するいわゆるパラパラ漫画から，映画，テレビ，アニメーションなどの原理となっている。実写映画，ビデオ，動画のいずれにせよ，1 コマ 1 コマは，静止した画像に過ぎない。それらが適当な間隔で継時的に提示されると，見えの運動が生ずるのである。それが仮現運動である。

　この仮現運動を，心理学の研究の対象として，取り上げたのは，ゲシュタルト心理学の創始者のウェルトハイマー（Max Wertheimer, 1880-1943）である。

8.7 仮現運動

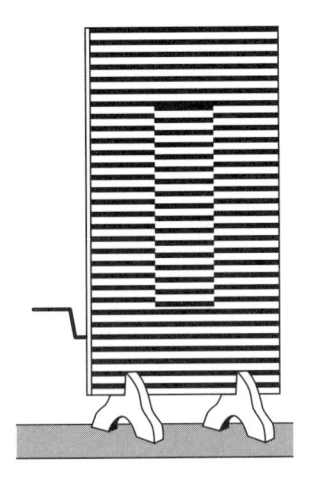

図8.7 滝の錯視の実験装置 (Boring, 1942)

先行運動

運動残効

(a) (b) (c)

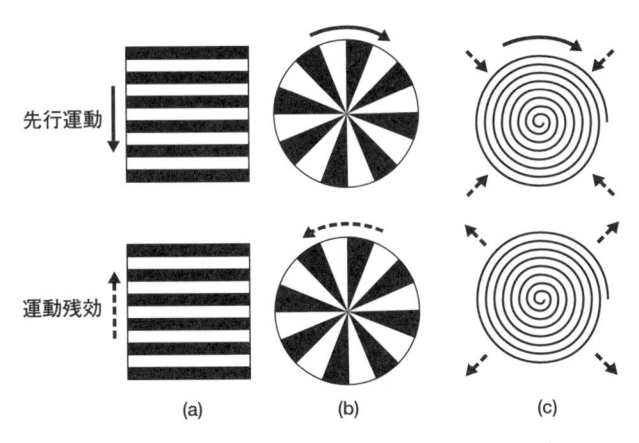

図8.8 種々の運動残効 (Wade & Swanston, 1991)

彼は1910年に旅行中に実験の着想を得て，乗っていた汽車をフランクフルトで途中下車をして，おもちゃ屋で，**BOX 8.3**に示されるようなストロボスコープの一つを買い入れ，ホテルで観察を始めたという（Newman, 1944）。それから厳密な実験を行うために，フランクフルト大学のシューマン（Schumann, F.）の研究室を訪れ，より厳密に時間のコントロールができるタキストスコープ（瞬間露出器）を借りて，有名な仮現運動の実験を始めた（Sarris & Wertheimer, 1987；大山，1992，図1.5参照）。この成果が2年後に発表され，ゲシュタルト心理学の出発の契機となった（Wertheimer, 1912；Kolers, 1972；Sekuler, 1996）。そのときに被験者となったのが，その後ウェルトハイマーとともにゲシュタルト心理学の推進者となるケーラー（Köhler, W.），コフカ（Koffka, K.）とコフカ夫人であったという。

ウェルトハイマーはタキストスコープを用いて，**図8.9**のような2線分をきわめて短時間ずつ継時的に提示した。その際，継時提示の時間間隔に応じていろいろな見え方が生じる。時間間隔があまりに短い（約30ミリ秒以下）とabが同時に見える（**同時時相**）。また時間間隔が長い（約200ミリ秒以上）とaが消えてからbが出現するように見える（**継時時相**）。その中間の時間間隔（60-80ミリ秒程度）で，aがbのところまでスムーズに動くように見える（**最適時相**）。このような見え方が生じる時間間隔は固定的なものでなく，刺激図形，間隔距離，間隔時間，被験者によって異なっている。また時間条件によっては，ab両方かいずれか一方が少し動いて感じる2極部分運動，1極部分運動も生じるし，動く対象が見えず運動のみが感じられる**純粋ファイ**とよばれる場合もある。この最適時相で感じられる見えの運動が典型的な仮現運動であるが，仮現運動には，この他いろいろあるので，これを**ベータ運動**（β-movement）とよんで他と区別する（**BOX 8.2**参照）。また**ファイ現象**（ϕ-phenomenon）とよばれることもある。

本書のp.191〜211の右下欄外をパラパラとめくると，黒縦線が左から右へ比較的スムーズに動いて見える仮現運動が体験できる。白紙の5ページが間隔時間に相当する。ページをめくる速度をいろいろ変えて試みていただきたい。

なお仮現運動（ベータ運動）を，眼球運動などで説明しようとする考えが古

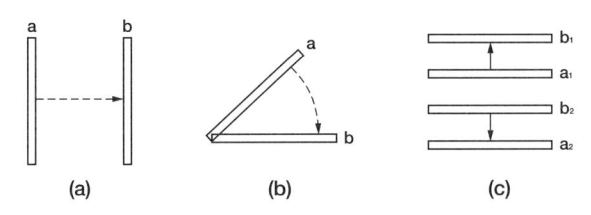

図8.9 仮現運動の刺激図形（Wertheimer, 1912）

BOX8.2　さまざまな仮現運動

　古くから知られた仮現運動としてはベータ運動のほかに次のようなものがある（小笠原・久保, 1951；鷲見, 1981）。

① **アルファ運動**（α-movement）：たとえばミュラー・リヤー錯視（第6章参照）の外向図形と内向図形を同じ位置に交代に提示した場合，共通の主線部分は常に同じであり，斜線部分だけが交代しているだけのはずなのに主線部分も伸縮して見える運動。

② **ガンマ運動**（γ-movement）：単一の図形が出現・消失の際に拡大・縮小して見る運動。

③ **デルタ運動**（δ-movement）：第1対象より第2対象のほうが強度が強いと，提示順序と逆に，第2対象から第1対象への運動が見える。

④ **イプシロン運動**（ϵ-movement）：黒地に白の第1対象と白地に黒の第2対象を継時的に提示するときに，ベータ運動とともに白から黒への質的変化も伴う運動。

　またテルヌス（Ternus, 1926）は図8.10中に黒丸で示した数個の光点を第1刺激として提示し，白丸で示した同数個の光点を第2刺激として提示した。第1・第2刺激に共通に示された光点（2重丸）はそれだけで提示されれば単なる点滅に過ぎず，動かないはずなのに，他の点と同時に提示されると，全体の形態を保つように，左右に動いて知覚されることが見出された。ゲシュタルト心理学の立場から，現象の同一性の問題として論じられた（Koffka, 1935；Kolers, 1972）。現在もテルヌス運動（Ternus motion）として注目されている（Watanabe, 1998）。

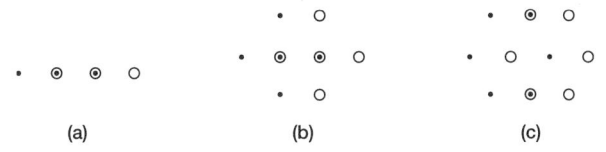

図8.10　テルヌスの実験（Ternus, 1926）

くからあったが，ウェルトハイマーは，**図 8.9（c）**のように，2つの対象を同時に反対方向に動いて見えるように仮現運動を起こさせることも可能である事実を示し，眼球運動説を批判している（Wertheimer, 1912；Sekuler, 1996）。

8.7.2 コルテの法則

最適運動が出現するための空間・時間・刺激輝度条件については，その後組織的に研究され，**コルテの法則**（Korte's law）として，まとめられている（Kolers, 1972）。

これを要約すると，

① 時間間隔が一定ならば，刺激輝度の上昇とともに最適空間距離が増加する。

② 空間間隔が一定ならば，刺激輝度の上昇とともに最適時間間隔が短縮する。

③ 刺激輝度が一定ならば，空間距離の増加とともに最適時間間隔は増加する。

ただしこれらの関係は定性的な関係である。また最適運動が生じる時間間隔には，かなりの幅があることも知られている。一般に，提示時間が長くなると最適運動が生じる刺激間時間間隔（inter-stimulus-interval, ISI）が短くなる傾向が認められ，時間条件を表す指標としては，第1刺激の提示時間と ISI を加えた SOA（stimulus-onset-asynchrony）がもっとも適当であるとされている（Kahneman, 1967；Kolers, 1972）。SOA とは，第1刺激の開始から第2刺激の開始までの時間間隔である。上述のコルテの法則の時間間隔は，この SOA を意味すると解すべきであろう。

なお，コルテの法則における空間間隔距離については，視角でなく見えの距離が重要であることが，小笠原（1936）により早くから指摘されていたが，後にアトニーヴら（Attneave & Block, 1973）によっても主張されている。

8.8 運動と視野の安定性

以上述べてきた実際運動，誘導運動，仮現運動を通して気づかれることは，われわれの知覚は，運動または変化が最小になるように生じていることである（ただし自動運動は例外である）。われわれは絶えず眼球を動かし，頭を動かし，

8.8 運動と視野の安定性

BOX8.3　動く映像

　現在，映画館やテレビを通して多くの人々に親しまれている映画の発明は，1894年のエジソン（Edison, T.）によるキネトスコープ（kinetoscope）に由来するが，動く映像を作り出そうという試みは，それ以前から多くの人によってなされてきた。**図8.8 (c)** の渦巻き型の円盤の考案者でもあるベルギーの科学者プラトー（Plateau）は，**図8.11 (a)** のように円盤を放射線状に区切り，少しずつ姿勢を変えたダンサーの姿を描いたものを鏡に向けてうつし，円盤にあけられたスリット（図中の放射線に沿った黒い部分）を通して，円盤の背後から観察すると，ダンサーのスムーズな動きが見える器具を考案した。プラトーはこの器具を，フェナキストスコープ（phenakistoscope，目を騙す器械の意味）と名づけた。またほぼ同時期（1833）にオーストリアのシュタンファー（Stampfer）は，これとほとんど同じ器具を開発して，ストロボスコープ（stroboscope）と名づけた。さらに，同じ原理にもとづき，**図8.11 (b)** のように回転円筒形に改造し，円筒の内側にテープ状に少しずつ違った絵を水平に並べ，円筒に等間隔にあけられたスリットを通して，向かい側の絵を観察する器械を発明して，ギリシア神話のダエダロスになぞらえてディーダリウム（daedalium）と名づけた。ゾートロープ（zoetrope）とも呼ばれる（Boring, 1942；サデゥール，1992）。これらの器械を総称してストロボスコープと呼ぶことも多い。

　原理はすべて共通していて，これらの器械の円盤または円筒を回転させながら，目を適当な位置に固定してスリットを通して絵を観察すると，ちょうど目の前にスリットがきたときには，正面の図（あるいは鏡に映った図）が見え，スリットとスリットの合間は暗黒で，次のスリットが目の前にきたときは，次の図が正面の同じ場所に見える。このように暗黒の間隔時間をはさんで，少しずつ違った絵が次々に出現することになる。回転速度が速すぎもせず，遅すぎもせず適当であると，スムーズな運動となって，絵が動いて見える。わずかずつ違った静止画像の連続から，運動が見えるのである。これらの初期の器械では，単純な繰返しの運動しか見せられない。しかしその範囲であってもいろいろと工夫された面白い絵が描かれて器具とともに販売され，当時の人々の目を楽しませた。

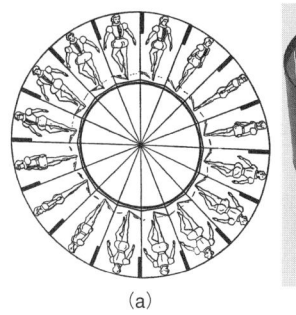

図8.11　種々の形式のストロボスコープ
(a) フェナキストスコープ（Boring, 1942）
(b) ゾートロープ；1880年ごろ（東京都写真美術館蔵）

身体を動かしているから，その結果，網膜像は大きく運動しているはずなのに，前述の位置の恒常性がはたらき，視野は動かず安定して見える。視野中の大部分のものは静止して見え，追視しているものだけが動いて見える。追視した対象の網膜像だけは静止し，他のすべての対象の網膜像が動いているのに，知覚的には，逆に網膜像が静止している対象だけが動き，その他の対象がすべて静止して見えるのである。その際に，このような知覚において，対象間の相対運動関係はつねに保存されるが，見えの運動の合計は最少となる。

誘導運動の場合も，囲んでいる対象の網膜像が動き，囲まれている対象の網膜像は動いていないにもかかわらず，囲まれた対象が動き，囲んだ対象は静止して見える。この場合にも，そのような知覚が生じた結果により，知覚される運動は最小になり，対象間の相対運動は，知覚の中に保存されている。自己身体と周囲との誘導運動についても，自己身体が運動していると知覚されることによって，周囲が静止して見えるか，あるいは周囲の運動を過小に知覚していると解することができる（**BOX8.5** 参照）。

さらに全体運動と部分運動の分化の場合も，個々の対象がバラバラに運動していると見ると，多くの運動の集まりとなるのに対して，共通部分を抽出して全体運動として見て，その全体運動と個別対象の運動の差異だけを部分運動として見れば，知覚される動きの合計は少なくなるであろう。もちろんこの場合も相対運動は保存されている（**BOX8.6** 参照）。

仮現運動（ベータ運動）も例外ではない。筆者はこれも知覚の安定性に寄与していると思う（Oyama, 1997）。一般に運動は静止の反対で，不安定性を示すように思える。しかし刺激条件そのものが多くの変化を含んだもので，それの変化を全部忠実に知覚に再現するよりは，運動として知覚したほうが，知覚的変化が少なくてすむ場合もある。仮現運動の生起するのは，まさにそのような状況である。仮現運動の生起する状況を物理的に記述すれば，刺激 a がある位置に短時間出現して消失した後，ある間隔時間をおいて，刺激 b が別な場所に短時間出現し消失する。継時時相では，まさに忠実にそのように見えている。2つの無関係な対象が継時的に出現・消失を繰り返す。また同時時相では，2つの対象 ab が別々な場所にほぼ同時に出現・消失して見える。それに対して最

BOX8.4　運動視研究の動向

　ウェルトハイマー以来の伝統的な仮現運動に対して，近年は新しい多くの研究動向が生まれてきた。その一つの契機は，コンピュータ・ディスプレイによってさまざまな刺激図形が自由に提示されるようになったことであろう。それまでのタキストスコープではとても出来ないような複雑な図形を時間制御が可能になった。また，視覚生理学の進歩と計算理論を始めとする視覚過程のモデル研究が盛んになったことも大きな影響を与えている（Watanabe, 1998；大谷，2000）。

　まずブラディック（Braddick, 1974）によって**近傍運動**（short-range motion）と**遠隔運動**（long-range motion）の区別が提案された。彼はランダム・ドット・ステレオグラム（第7章，**図7.9**参照）の左右眼用に相当する2図形を同一位置に継時的に提示すると，視差のある中央の部分が動いて感じられることを見出した。継時的に出される2つのランダム図形は，個別に見ればまったくランダムな図形のように見えるが，中央の部をわずかに左右にずらすとまったく同じパターンとなっている。そのずれがステレオグラムでは視差となるが，継時提示では運動として見えるのである。ただし彼によるとこのようなランダム・ドット・パターンによる仮現運動は，運動距離に限界があり視角15′程度であろうと推定し，伝統的な仮現運動と区別して，近傍運動と呼び，従来型を遠隔運動と呼んだ。さらに近傍運動は，時間間隔の上限も短く，両眼間刺激提示（第1刺激と第2刺激を左右別の目に提示）では生じないことなどにおいて，遠隔運動とは異質な過程と考え，別個の視覚機構にもとづいていると主張した。

　しかしその後このブラディックの分類に対しては異論が提起され，条件によっては，ランダム・ドットを用いても，より大きい空間・時間間隔でも生じることが実験的に証明され，別々の視覚機構によるとは結論できないと批判されるようになった。

　それに代わって実際運動を含めた運動視全体を視野に入れて，**1次的運動**（first-order motion）と**2次的運動**（second-order motion）の分類が，カヴァナら（Cavanagh & Mather, 1989）によって提唱された。運動する領域が周囲との輝度差によって検出されるか，その他の特性（テクスチャー，微小運動の方向，両眼視差など）によって検出されるかによって分類された。

　さらにほぼ同様な分類をスパーリングら（Chubb & Sperling, 1989）らは**フーリエ運動**（Fourie motion）と**非フーリエ運動**（non-Fourie motion）の名で分類している。それは，刺激の輝度の空間周期的変化と時間周期的変化を統合した時空間的周期的変化を検出する時空間的フィルターを想定したときに検出できるか否かを基準に分類するものである（佐藤，1991；西田，1995）。

適時相では，1つの対象がある場所に出現して，別の場所にまで移動して消失すると見える。こう見ることによって，対象が1つだけで出現と消失も1回ずつですむ。運動印象が加わるが，その他の点では同時時相や継時時相より知覚内容が単純化されるといえる。そのような意味で仮現運動は視野中で起こる変化を減少させ，視野の安定に寄与しているといえる（**BOX8.7**，**BOX8.8** 参照）。

　以上のような運動知覚の傾向がいかなる視覚機構によって実現しているのか，現在の運動視研究の動向（**BOX 8.4** 参照）といかに融合するかは今後の課題である。

8.9　運動が与える印象

8.9.1　運動映像の感情効果

　色・形態などが与える感情効果と象徴性については，**BOX 2.9** と **4.5** で述べたようにすでに筆者らがセマンティック・ディファレンシャル法（SD法）を用いて研究してきた。

　最近筆者ら（大山他，1999）は，点運動の映像が与える感情効果についても，同様な手法で測定・分析した。運動刺激としては小教室内のTVモニターで提示した（**図8.12**）。青い小円が3種の波形〔正弦波（S），三角波（Z），連続アーチ型（半円の連続）（C）〕，3段階の振幅〔一定（C），漸次拡大（I），漸次縮小（D）〕，2段階の速度〔高速（H）（2.8秒で画面通過），低速（L）（5.5秒）〕の組合せ計18刺激をランダム順に2秒おきに2回提示した。

　その後，3波形（振幅一定）の静止軌跡図を5秒ずつ，2秒間隔で2回提示した。

　各刺激提示後，価値・活動性・軽明性・鋭さ26尺度のSD法で女子大生21名に評価してもらった。

　因子分析の結果，次に示す3因子が見出された。各因子の代表的尺度について，刺激変数との関係をみると

　　第1因子：鋭い——速度，波形，振幅変化
　　第2因子：愉快な——速度と波形

8.9 運動が与える印象

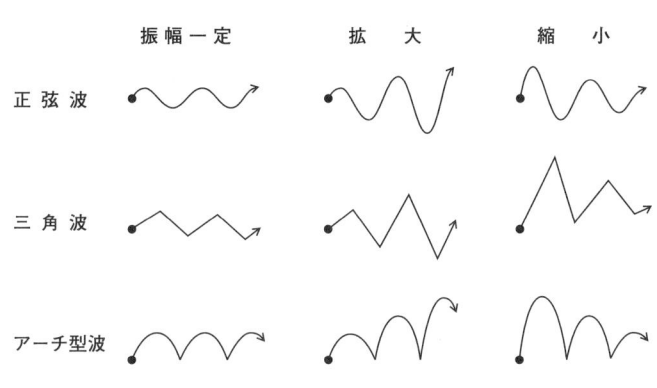

	振幅一定	拡　大	縮　小
正弦波			
三角波			
アーチ型波			

図8.12　運動映像の感情効果（大山・野村・吉田, 1999）

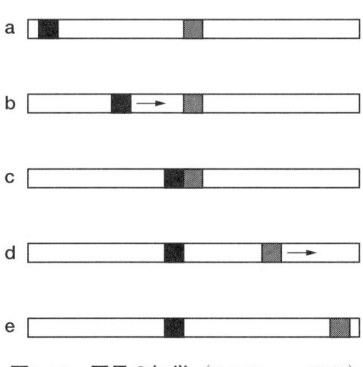

図8.13　因果の知覚（Schiffman, 1982）

第3因子：追っている——振幅変化（有意に達せず）

静止した軌跡図形とくらべると，類似した部分も多いが，一般に運動刺激のほうが，生きている印象が大であった。とくに高速の場合と振幅拡大の場合にその傾向が著しかった（吉田他, 2001）。

1点の対象でも，運動すると生きているという印象が大になるが，2つ以上の対象の運動であれば，さらに因果の印象や，自発的運動の印象を生じさせる。ミショット（Michotte, 1946）は，**図8.13**のように，水平のスリットの背後で黒の小さい四角が動き，静止していた赤（図中では灰）の小さい四角に接触し，赤が動き出すという刺激を被験者に提示してその印象を調べた。黒と赤の運動速度の比率と両者の接触時間によって，印象が異なったが，「黒が赤を押し動かす」「黒が刺激となって赤が自発的に動き出す」などの因果関係の印象が生じた。黒の速度より赤が遅ければ，押し出した印象が起こりやすく，赤のほうが黒より速ければ，自発的な運動の印象が生じやすかった。また接触時間が長いほど自発的運動の印象となりやすかった。このような印象は，4～6歳の幼児でも生じることが知られている（中村, 1982）。また最近プリマックら（Premack & Premack, 1995）は，白と黒のボールの運動のアニメーションを用い，両者の動きに応じ，幼児にも「協力」や「妨害」の意図の印象が生じることを見出している。

8.9.2　生物学的運動知覚

ヨハンソン（Johansson, 1973）は，**図8.14**のように身体の肩，腰，膝，足首などの関節部分に光点をつけた人が，暗闇で運動する画像を撮影し，人々に見せた。画像がとまったままであると，図の **(b)** のように，無意味な光の集まりにしか見えないが，動き出すとたちまちに人の姿と気づき，歩いているか走っているか，男か，女かも分かる（鷲見, 1997）。このような運動知覚を**生物学的運動知覚**（biological motion perception）とよぶ。鷲見（Sumi, 1984）は，ヨハンソンが用いたのと同じフィルムを上下逆転して巻戻し方向に映写し，多くの被験者に見せて，印象を答えさせたが，人が逆立ちして後退しているとは見ず，人が手を上にあげながら，奇妙な動きをしながら前進しているととらえ

8.9 運動が与える印象

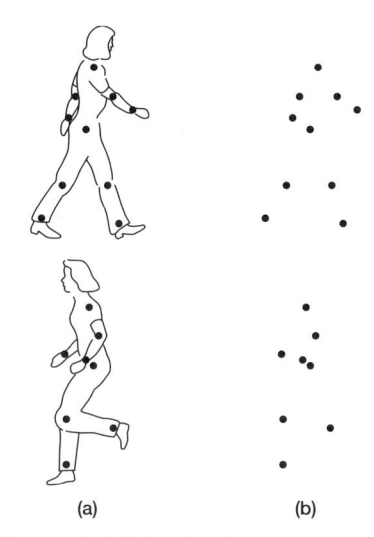

図8.14 生物学的運動知覚（Johansson, 1973）

ることが多かった。撮影された人物の足の動きを手の動き，手の動きを足の動きとして知覚しているのである。人間の動きとして見る率は，正常な正立前進の映写の場合にくらべてほとんど減少しなかった。この結果はヨハンソンの生物学的運動知覚は，映像を逆転後退させても保たれる運動成分に依存していることを示している。

このように，運動知覚は一般に静止した図形の知覚と違って，生き生きした生物的な印象を与える。運動は光の点ですら生き物に見せてしまう不思議な力をもつ。アニメーションなどの運動映像が人々を魅了する一因はここにあるのではあるまいか。

BOX8.5　自分が動く

　前述の隣り合った電車の例のように，観察者自体と対象の間でも，しばしば誘導運動が生じる。遊園地にあるビックリハウス（図8.15）のように，人を囲んだ部屋全体が回転すると，中にいる人は，自分がぐるぐる回転しているように感じてしまう（狩野，1991）。この現象を実験室内で実験するため，ウォンら（Wong & Frost, 1978）は，白黒の縦縞を内側に描いた円筒内の回転椅子に被験者を座らせて，円筒を一定速度回転させたところ，最初の 30 秒間は，周囲の円筒が動いて感じられるが，次第にそれは減速し，それにともなって自分の身体が反対方向へ回転し，それが次第に加速するように感じられた。その間，両者の見えの速度の和は常にほぼ一定していた。このような身体と対象の間の誘導運動の場合にも，前に述べた，相対運動の分配の原理が成立するようである。

　このような身体の誘導運動は，周囲全体を動かさなくても生じる。ヨハンソン（Johansson, 1977）は，図8.16 のように，明るい実験室内に座った被験者の左右両側にテレビ画面をおき左右の画面内（視野の周辺 45～90°を覆う）にランダム・ドット・パターンを同時に上昇または下降させた。テレビの画像にはさまれた被験者は，テレビ画面以外の実験室内の多くの静止対象が見えているにもかかわらず，あたかもエレベータで下降したり上昇しているように感じた。**自己身体の誘導運動**である。その際，運動画面の幅を変化させると，わずか1°の幅（高さは常に約45°）の領域の運動でも，この誘導運動を生じることがわかった。なお，正面の実験室の壁を被験者自身の両手で覆うと，誘導運動はさらに生じやすくなった。一般にこのような自己身体に対する誘導運動は，視野の中心の運動刺激では生じにくく，視野周辺部の運動刺激が非常に重要であることが知られている（Dichgans & Brandt, 1978）。ヨハンソンの研究でも，同じテレビ画面を被験者の正面において，被験者に観察させた場合には，このような自己身体の上下運動は報告されなかった。なお，周辺視野の運動刺激によるこのような自己身体の誘導運動は上下方向だけでなく，前後方向でも同様に起こることが確かめられている。

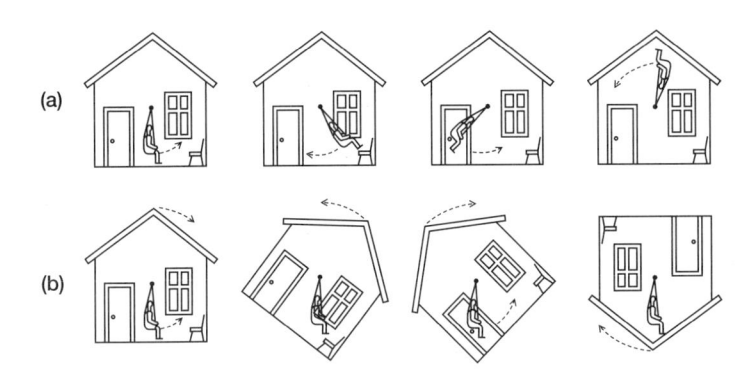

図8.15 自体と周囲の間の誘導運動：ビックリハウス
(Metzger, 1953)
実際には(b)のようにハウスが回転しているだけなのだが，中にいる人は，(a)のように自分が回転しているように錯覚する。

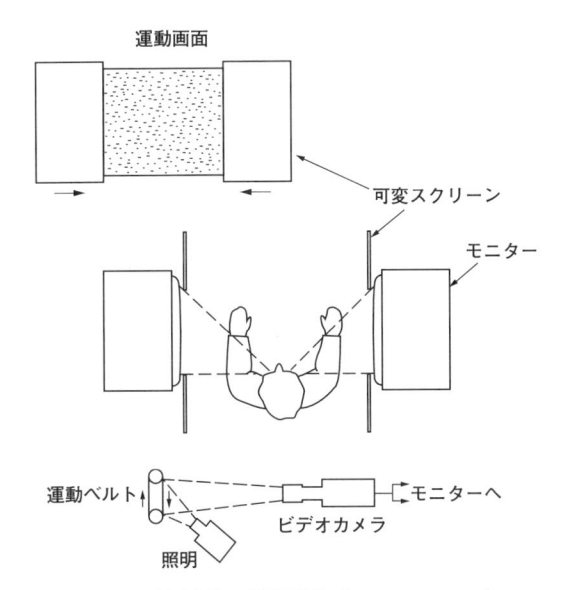

図8.16 自己身体の誘導運動（Johansson, 1977）

BOX8.6 見えの運動軌道

狩野と林（Kano & Hayashi, 1984）は全体・部分運動に関連して大変興味深い実験を報告している。彼らは暗黒の中で水平に並んだ3個の光点を同時に円運動させた。全部同じ半径の円運動で，運動速度も互いに等しいが，その運動方向と位相は異なっている。図8.17の上部にその例を示す。ここに示す3例ではすべて中央の光点は時計方向に回転するが，左右の2光点は反時計方向に回転する。しかし中央の光点と左右の光点の回転運動の位相差は，3条件で異なっている。左端に示す条件では位相差がない。3光点とも同時に円形軌跡の上端に上がったり，同時に下端に下がったりする。中央に示す条件では，90°の位相差があり，左右の光点が，円形軌跡の上端にあるときに，中央光点は中くらいの位置にある。右端に示す条件では位相差は180°であり，左右の光点が円軌跡の上端にあるときは中央光点は下端にあり，左右が下降する場合は，中央は反対に上昇する。3光点の回転速度は，一緒に4段階に変えられた。1分間あたり5回，10回，20回，40回の4段階の回転速度である。被験者は，3位相条件，4速度条件の組合せの計12条件下で観察して，3光点の見えの運動軌跡を図に描いて報告した。図8.17の下部にその例が示されている。

この結果によれば，位相差条件，運動速度条件で，見えの運動軌跡は大いに異なっていた。位相差がなく，運動速度が遅いときは，図8.17の左下端に示されているように，3光点は水平運動をしているように見える。また位相差が180°で運動速度が遅い場合は，右下の図のように垂直運動に見える。位相差が90°のときは，斜めの方向の運動に見える。どの場合も中央の光点の運動が大きく，左右の光点の運動が小さい。運動速度が速くなるほど，運動軌跡は丸みを帯びるが，位相差の影響は残り，水平，斜め，垂直の軸の長い楕円（長円）に見える。なお3光点全体の上下運動はほとんど気付かれなかったという。

この結果は，3光点の物理的運動の共通成分と，3光点間の相対運動成分に分けて，考えるとわかりよい。狩野らが指摘するように，一般に運動速度が遅いほど，見えの運動が相対運動成分によって規定される傾向が大になり，運動速度が速くなると，見えの運動が物理的運動によって規定される傾向が強くなる。また中央の光点の運動が，左右の光点より大きく感じられるのは，左右の光点が運動の枠組みとなっているからだと考えられる。しかし完全に運動の枠組みになっているわけでもない。なぜなら，もしそうであるなら，左右の光点はとまって感じられ，中央の光点のみが動いて感じられるはずであるからである。

筆者ら（Oyama & Tsuzaki, 1989）は，この実験に数学的モデルを適用してみた。そのモデルでは，3光点の重心位置を算出し，その重心が運動の枠組みとなっていると仮定した。重心とは，3光点の位置をｘｙ座標で表した場合のｘ，ｙの値のそれぞれの平均値をｘｙ座標としたものである。その架空の重心の運動が3光点の運動の共通成分を表していると考え，その重心と3光点の相対運動成分を抽出すれば，図8.18（a）のようになる。さらに，見えの運動は，物理的運動とこの重心に対する相対運動の両方によって規定され，運動速度が速いときは物理的運動の重みが大きいが，運動が遅くなるほど相対運動の重み

8.9 運動が与える印象

が増すと仮定すると，図8.18（b）のような理論的な運動軌跡が描ける。ただしここでは，相対運動の重みを任意に 0.6, 0.7, 0.8, 0.9 とした場合を示したが，図8.17 の実験結果とよく対応していることがわかる。

図8.17 暗黒中で回転する3光点の見えの運動軌跡の一例
（Kano & Hayashi, 1984）

図8.18 見えの運動軌跡モデル（Oyama & Tsuzaki, 1989）
(a) 数学的モデル
(b) 適用例

BOX8.7　仮現運動と類似性

　仮現運動（ベータ運動）は異なった色や形の対象間でも生じることは，早くから知られていた。その際，形は運動中に徐々に変形するような印象を与えるが，色は仮現運動の中間で突然変化するように感じられる（Kolers, 1976）。また，第2対象が，第1対象と対称的な形である場合には，時間間隔が短いと回転を伴わない変形の印象が多いが，時間間隔が長くなると同一形を保ちながら，運動中に3次元的に回転していくとの報告が多くなるという（Kolers & Pemerantz, 1971）。第4章で述べた心的回転に通じる現象である。

　筆者ら（Oyama, Simizu, & Tozawa, 1999）は，仮現運動に及ぼす2対象間の大きさ，色，明るさ，形の類似性の影響を調べるため次のような実験を行った。被験者から57センチメートル前方におかれたコンピュータ画面に，まず図8.19の上図に示すように，注視点（＋印）を中心に左上と右下に大きさ，色，明るさ（輝度），または形が異なったS1，S2の2個の対象を150ミリ秒提示する。つぎに150ミリ秒の暗黒の間隔（ISI）をおいて，今度は下図のように右上と左下にS1，S2を150ミリ秒提示する。上下の間隔は視角2°（2センチメートル）に一定しているが，左右の間隔は，被験者の反応によって変化する。被験者はこのような画面の交代を10往復，＋印に注目しながら観察し続ける。

　このような画面では，2通りの仮現運動が可能である。すなわち，S1同士，S2同士の水平運動と，S1，S2間の垂直運動である。10往復ごとに，どちらの運動が優勢であったかによって，被験者はコンピュータに連動したジョイスティックを縦に倒したり横に倒したりする。被験者の反応に応じて，次の提示の際の対象間の水平間隔が自動的に変えられる。縦反応のときは水平間隔を視角15′（2.5ミリメートル）収縮し，横反応のときは同じだけ伸張する。つまり両対象間の類同性が近接性より強くはたらき水平運動が優勢なときは，水平間隔を広げて，同一対象間の水平運動を起こりにくくする。それに対し，近接性の要因が強くはたらき異種対象間の垂直運動が優勢なときは，水平間隔を収縮して同一対象間の水平運動を生じやすくした。このようにすれば，縦反応，横反応はそれぞれ続いて起こりにくくなるので，収縮と伸張が2.3試行ごとに交互に起こり，縦反応，横反応が出現する率はバランスするはずである。このようなバランスが生じ，両反応が50％ずつになる水平間隔を2重上下法といわれる方法で測定した。ただし仮現運動には，一度ある方向に起こり始めると，間隔距離を変えても，なかなか運動方向を変えない履歴効果ないしは客観的構えの要因（第5章参照）の効果が認められている（Wertheimer, 1912；Metzger, 1953；鷲見，1969）。そこで，10往復の仮現運動の観察がすむごとに，並んだ2個の赤い小円を水平・垂直方向に3回ずつ往復運動させる試行を挿入させた。この運動は多義的でなく，誰にでも水平・垂直に見えるので，運動の履歴効果を減少させるのに役に立つのである。

　S1，S2の刺激対象としては，第5章の群化の実験で述べたのと同じ組合せが用いられた（実験も群化実験と同じ被験者に同時期になされた）。赤い中輝度の中くらいの大きさの円が基準の刺激とされ，色は赤，緑，青の3種，輝度は高（0.8cd/m²），中（0.3），低（0.07）の3段階，大きさは大（直径視角1°24′），中（42′）小（21′）の3段階，形は等面積の円，

正方形，正三角形の3種であった。実験の第1部では，色，輝度，大きさ，形のうちの1つの属性だけが変えられた。その結果では，刺激対象間の輝度や大きさの差が大きいほど，水平運動と垂直運動の生起率がバランスするための水平間隔が大となった。たとえば大きさ変化シリーズでは，大中，中小の組合せよりも大小の組合せで，バランス点（水平間隔）が大となった。つまり大きさ，明るさなど類似性が低くなるほど，それにバランスする近接度も低く（間隔距離が大に）なった。類似性が低い刺激対象間ほど仮現運動が生じにくいことを示している。また色変化シリーズでは，赤—青間より青—緑間や赤—緑間のほうが類似性が高く，形変化シリーズでは円—正方形，正方形—正三角形の組合せのほうが，円—正三角形の組合せより類似性が高いことが示された。これらは第4章で述べた群化の結果とよく対応する結果であり，群化と仮現運動実験間で対応する組合せの測定値（バランス点）の相関係数は0.71～0.94の大きい値を示した。

　実験の第2部では，色，輝度，大きさ，形の差を組み合わせた刺激を用いた。色だけ，輝度だけというふうに1つの属性だけ違う刺激対象の組合せよりも，色も輝度も違うという2つの属性で違う刺激対象の組合せ，さらには，色・輝度・大きさなどの3属性で違う刺激対象の組合せ，色・輝度・大きさ・形の4つの属性で異なっている刺激対象の組合せとなるほど，順々にバランスする水平間隔が大となった。すなわち差異のある属性の数が多くなるほど，バランス点が大となった。この点も群化実験の結果と対応した。色・明るさ・大きさ・形の4属性にわたる差異が加算的にはたらき，類似性を下げて，差異のある対象間の（垂直方向の）仮現運動の生起を妨害することを示している。

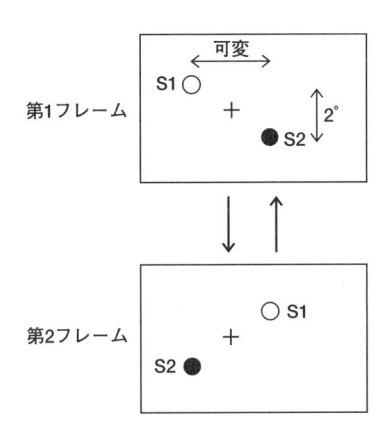

図8.19　仮現運動と類似性
（Oyama et al., 1999）

BOX8.8　運動は変化の一例

筆者ら（Oyama et al., 1994）は図8.20のように，色（C），形（SH），大きさ（S）などが異なる2つの対象（AB）をコンピュータ画面中の左右の位置に同時に150ミリ秒間提示し，150ミリ秒間の間隔をおいて，ABの位置を交換してふたたび150ミリ秒間出現するという提示を繰り返して，その間にどのような見え方が，どれだけの時間出現するかを，被験者のキー押し反応によって測定した。その際，AB対象として，色（赤・緑），形（円・正方形），大きさ（大小）のいずれかが異なるC, S, SH条件だけでなく，それらの差異の組合せ条件C+SH（赤円と緑正方形），C+S（赤円と赤大円），S+SH（赤円と赤大正方形），C+SH+S（赤円と緑大正方形）の計7条件について実験した。

その際生じうる見え方としては，①出現—消失（2カ所で，ABまたはBA対象が交代で出現と消失を続ける，継時時相に相当する），②横運動（AとBの2対象が交差的に仮現運動をする），③奥行運動（左右の2対象が拡大縮小しながら交互に前後運動する），④属性変化（左右の2カ所で，2対象が別々にAからBへ，BからAへと変色，変形，拡大縮小などする，位置の移動はない），さらに提示時間と間隔時間が短い場合は，この他に⑤重畳（左右2カ所にAB2対象が重なった映像が見える）の見え方も生じる。被験者は，上記の7条件をランダム順に2回ずつ20秒間，AB対象の中央を注視しながら観察して，上記のそれぞれの見え方が続く間，パソコンのキーボード中の該当のキーを指で押しつづける。それぞれのキーを押した合計時間の比率を求め，測定値とした。

この結果，横運動（交差仮現運動）以外の見え方もしばしば生じる。C, SH条件では，出現—消失や属性変化の見え方がかなり生じ，S条件では，奥行運動が生じやすい。横運動は，それらの条件でも若干生じるが，C+S, SH+S, C+SH+Sの複合差異条件で優勢となる。複合差異条件では，属性変化の見え方が減少する。位置を変えずに左右の位置でそれぞれの対象が，色や形や大きさのうちの2から3属性を同時に変化したと見ることは，知覚的負荷が大きい。AB2対象が色・形・大きさなどの知覚属性を変えずに，運動して位置を交換したと見たほうが，変化が少ない。他の見え方より変化が少なく知覚的負荷が少なくなるときに，横運動が現れやすいことを，この実験結果は示唆している。横運動（交差的仮現運動）は，当該刺激変化条件下で，生じる見え方の一つに過ぎず，他の見え方より，横運動のほ

うが知覚的変化が相対的に少なくてすむときに生じると考えられる。この意味では，知覚安定性の一つの現れといえる。

　このような考え方は，**図 8.20** のような，交差仮現運動に限らず，一般の仮現運動にも敷衍して考えることが可能であろう。刺激条件に忠実に，2 つの対象の出現―消失運動として見るよりも，1 つの対象の移動運動として見たほうが，視野が安定して見える場合に仮現運動が生じるといえる。また**図 8.19** のように，水平，垂直の仮現運動が生じる可能性がある多義的な事態では，垂直・水平それぞれの運動が生じた場合の位置の変化量（運動距離）の大小（非近接性）と運動に伴う色・形・明るさ・大きさの変化量の大小（非類似性）の合計がより少ない方向に運動が生じると理解することが出来よう。**図 8.19** では，水平運動が生じれば，運動距離は長いが，色などの属性変化はなくてよい。他方，垂直運動が生じると，運動距離は短いが属性変化が必要になる。運動を位置という属性の変化ととらえるならば，位置をふくめた属性変化の合計の小さい方向に運動が生じると解することができよう。

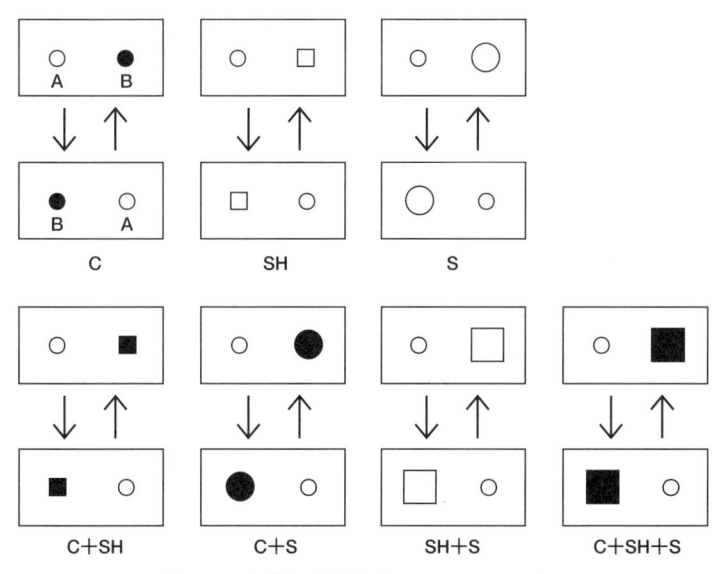

図8.20　交差仮現運動（Oyama et al., 1994）
図中の白は実験刺激では赤，黒は緑を示す。

[参考図書]

　運動の知覚の参考図書としては下記があげられる。

鷲見成正　1979　運動の知覚　田崎京二・大山　正・樋口涓二（編）視覚情報処理——
　　生理学・心理学・生体工学　朝倉書店　pp.256-343.

中島義昭・平田　忠・森　晃徳　1994　運動知覚　大山　正・今井省吾・和気典二（編）
　　新編　感覚・知覚心理学ハンドブック　誠信書房　pp.802-844.

大山　正・鷲見成正　2014　見てわかる視覚心理学（運動映像のDVD付き）　新曜社

知覚と認知

　第1章で述べたように，感覚を知覚より基本的段階として知覚と区別して考える場合が多いのと同様に，認知（cognition）を逆に知覚（perception）より一段高次の段階を指す用語として用いることがしばしばある。しかし，感覚（sensation）と知覚の境を明らかにすることが困難なように，知覚と認知の境を明確に定義することも難しい。

　認知という語はさまざまに用いられる。上述のように，知覚より一段高次の過程を指す場合も少なくないが，感覚・知覚を含めた広い概念としても用いられることもある。さらに，記憶・思考・言語を含めた広大な領域を意味する場合もある。

9.1 認知とは

われわれが何かの物を知覚する場合には，それがどういう色で，どのような形をしているということだけでなく，それが何という名で何に役立つか，さらにはその物に関する思い出や，その物の価値なども，心にうかぶであろう。たとえば，ある文字を見た場合にも，それが自分の名であったり，なつかしい地名であったりすれば，ただの文字を見る場合と同じではない。まして，漢字をまったく知らない外国人が漢字を見るときと，われわれが漢字を見る場合とでは，おおいに異なっている。また水を見ても，通常の場合と，運動した後で喉がかわいているときではまったく違う。このように，**知覚**に，意味や，要求や，言葉が関連している場合を**認知**とよぶことが多い。

また，知覚を，外界から情報を受けとって処理する過程とみなす立場もある。近年盛んな**認知心理学**(cognitive psychology)は，このような**情報処理**(information processing)の見方をする，この立場は，知覚を認知の過程とみなす傾向が強い（御領他，1993；Rumelhart, 1977）。

以下では，主としてこの認知心理学の立場から，認知に関連の深い，知覚の問題点を概観することにしよう。

9.2 感覚情報の総合

第7章で述べた大きさの恒常性とよばれる現象がある。同じ人が，近くにいるときと，遠方に立っているときとでは，われわれの目の網膜にうつる像の大きさは大いに異なる。一般に，対象の大きさ S が一定であれば，網膜像の大きさは，対象までの距離 D に反比例して小さくなる。それにもかかわらず，われわれが実際に感じる大きさは，網膜像の大きさに対応するほどは小さくならない。たしかに，人物が遠くに行けば，近くにいる人よりやや小さく見えるが小人のようには見えない。近くの人と余り違いない大きさに見える。このように，知覚における大きさの恒常性は完全には成り立たなくても，かなり強い傾向である。この傾向は，われわれの生活上はたいへん都合がよい。同じ人が，近く

にいれば巨人だが，遠くに行けば小人になってしまっては，同じ人かどうか分からなくなる。ほぼ同じ大きさの人が，近くにいると見えたり，遠くにいると見えるほうが，日常生活に都合がよいことは明らかであろう。

なぜこういう知覚が成り立つのであろう。もし，大きさの知覚は，網膜像の大きさだけによって規定されているとしたらこのようなことは成り立たない。網膜像の大きさ以外の要因，とくに距離の知覚（奥行）の手がかり（第7章参照）となっている要因も，大きさの知覚に役立っているものと推定される（**BOX 7.7**参照）。見る人が，網膜像の大きさと距離感の両方を勘案して，無意識のうちに，頭の中で計算して，実際の大きさを推定しているという説明もできよう。このような無意識の推理による説明は，ヘルムホルツ（**1.5.1参照**）以来試みられている。しかし，このような推理が行えると考えにくい動物や幼児でも大きさの恒常性が成り立つことが，実験的に確かめられているから，無意識の推理説は受け入れがたい。

それに代わる説としてブルンスウィック（Brunswick, 1952）の**レンズ・モデル**（lens model）がある（Postman & Tolman, 1959）（**BOX 9.1**）。

このような情報の総合過程は，子どもや動物でも生じていると仮定できるか，疑問に思う読者も少なくないだろう。しかし，これは推理のような知的過程ではなく，情報の総合は無生物のコンピュータでも十分できるものである。また複数のインプットによって制御される神経機構もすでに多く見出されている。それらの点から，子どもはもちろん動物にも仮定することも可能であろう。大きさの恒常性にかぎらず，知覚は**図9.1**に示されるような感覚情報の総合により支えられている場合がしばしばあると考えられる。

9.3 知覚者側のはたらき

9.3.1 知覚に及ぼす期待と要求の効果

ブルーナー（Bruner, 1951）らは，いまから50年ほど前に，知覚に及ぼす期待や要求の効果に関する研究を盛んに行っている。

まず理論，宗教，社会，審美，経済，政治の6領域の単語を，タキストスコー

プで瞬間的に提示して，それらの文字が知覚できるための最小の提示時間（認知閾）を測定した。その結果は，被験者ごとに異なり，たとえば宗教に興味をもつ被験者は，宗教に関連する単語の認知閾が低く，経済に興味をもつ被験者は，それに関する単語の認知閾が低いというふうに，一般に各自が興味をもつ問題と関連した単語は短い提示時間でも知覚しやすいという傾向が認められた。

また，児童を被験者として，貨幣の大きさを判断させたところ，貨幣は単純な円よりも大きく知覚する傾向があり，その傾向は経済的に恵まれない家庭の子どもの場合に顕著であることも明らかにされた（Bruner & Goodman, 1947）。当時はこのような要求，期待，情動などが知覚に及ぼす効果の研究が盛んになされ，**社会的知覚**（social perception）とかニュールック心理学とかよばれていた。主として円や三角形などの幾何学的図形を用いて研究してきた伝統的な知覚研究に対する警鐘でもあった（大山・東，1984）。

9.3.2 「仮説」の理論

これらの研究に理論的基礎を与えたのが，ブルーナーの**仮説**（hypothesis）**の理論**である。ここでいう仮説とは，科学上の仮説とは異なる。科学者でない一般の人々が日常，心に抱くもので，科学性，論理性は必要ない。しかし，事実により確かめられたり，修正されたりする点や，人の行動を方向づけるという役割は科学における仮説のそれと似ている。

ブルーナーによると，知覚過程は，基本的に次の3つのステップの循環よりなっているという。

① まず，知覚者は，期待ないし仮説をもっている。つまり，何か特定のものを見たり聞いたりするように，ある程度準備している。
② 次に環境から情報が入力（input）される。
③ 環境からの入力情報によって知覚者があらかじめもっていた仮説が確認されるかあるいは仮説との不一致が生じる。不一致の場合には，仮説が修正される。その修正の方向は，内部的，人格的，経験的要因によっても規定される。

以上のようなステップが，その後も繰り返されるという。

BOX9.1　レンズ・モデル

これは**図9.1**に示すように，外界にある1つの対象（これを遠刺激とよぶ）は，われわれの感覚器にさまざまの刺激（近刺激とよぶ）を与えている。われわれが，自分からある距離にある木を見るとき，その木がわれわれの目に与える網膜像は，その意味での近刺激の一つである。しかし，木の与える近刺激はそれだけに限らない。木を見つめたときの輻輳角，木とその手前の対象との間の両眼視差も，木の横の道路が与える遠近法的手がかりも，皆同時に与えられる近刺激である。

ブルンスウィックによると，これらの近刺激の与える情報が総合されてわれわれの知覚が成立し，その知覚像は，個々の近刺激よりもむしろ遠刺激の性格によく対応しているという。この過程は，1つの光源から発した光がレンズによりふたたび集光されて，光源の像が成立する過程に似ているという。なお，その際，近刺激のもたらす情報の総合の過程では，各近刺激の情報は均等な重みをもつわけではなく，過去経験において，行動に役立ったものほど，正しい知覚反応をもたらしたもの（彼は生態学的妥当性が高いという）ほど，大きな重みをもつという。

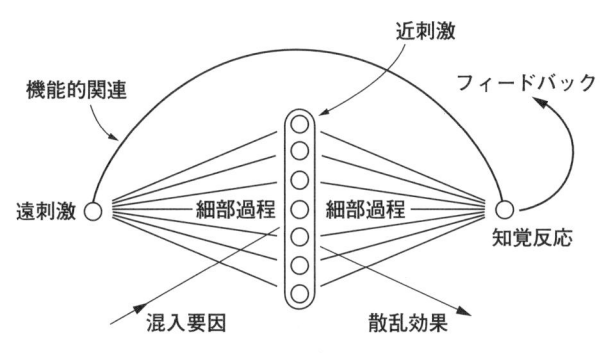

図9.1　レンズ・モデル（Brunswick, 1952）

たとえば，**図9.2（b）**の例では，Aの次にBが出現し，12の次には13が出現することは，視覚刺激が入力される前から，知覚者が期待している。これが「仮説」である。**図9.2（b）**のように，刺激がこの「仮説」を修正させるほど仮説と違っていなければ，「仮説」は支持され，そのままBまたは13と知覚される。過去経験が多く，またその「仮説」を支持しようとする要求が強ければ，その「仮説」は強力となり，わずかな入力情報でそれに適合した知覚が成立することになる。被験者が興味のある領域の単語の認知閾は低いという前述の実験事実もこの傾向の現れといえる。

一方，ある「仮説」の強度が強いほど，それを修正または破棄させるための入力情報が強力でなければならない。実験室内で場違いのわいせつな単語を提示すると認知閾が高くなるという実験事実はこれを支持している。また，日常，自分の信じていたこと，予想していたことにまったく反した情報に接したとき，思わずわが耳を疑う思いをするのも，この例であろう。自分が書いた文章の校正刷りを読む場合，誤植を見落しやすいのも，予想によって，誤植の文字を正しい文字に見誤ってしまうからであろう。

ナイサー（Neisser, 1976）は，このような考え方を発展させて，**知覚サークル**（perceptual circle）とよんでいる。予期的スキーマ→探索→対象からの情報の抽出→スキーマの修正→探索……という循環である。ブルーナーのいう「仮説」をもっと包括的なスキーマ（図式）という概念でおきかえ，情報の入力を単に待つだけでなく，情報の探索という積極的な面が加えられているのが特色である。

9.4　注意と知覚

9.4.1　カクテル・パーティ効果

最近は，わが国でも立食パーティが盛んになってきた。多数の人々が思い思いに同時に会話を交わしている。もし，パーティ中の会話をテープレコーダーに録音したら，多数の会話の声が重なっていて，雑音としか聞こえないかもしれない。しかし，パーティの現場にいる人たちは，結構会話を楽しんでいる。

BOX9.2　文脈効果

　図 9.2（a）を見てみよう。THE CAT と読める。しかし，それぞれの中央の H と A は，実は同形でどちらも，H でも A でもない中間の形をしている。この中途半端な文字が，T と E の間にはさまれると H と知覚され，C と T の間におかれると，A と読まれる。この効果を**文脈効果**（context effect）と呼んでいる。客観的にまったく同じ形が，文脈に応じて異なって読まれるからである。

　図 9.2（b）は，文脈効果のもう一つの例を示している。上列は ABC，下の列は 12, 13, 14 と読めるが，中央の字は B でも 13 でもない。上下ともまったく同じ形をしているが，文脈により B と見えたり，13 と知覚されたりする。

　このような傾向は，見る人が，英語や数字を知らなければ生じるはずがない。したがって，知覚者の知識にもとづく知覚と言える。一般に，知覚は，知覚する人の知識や，期待や要求に支配されている。この文脈効果もその例である。

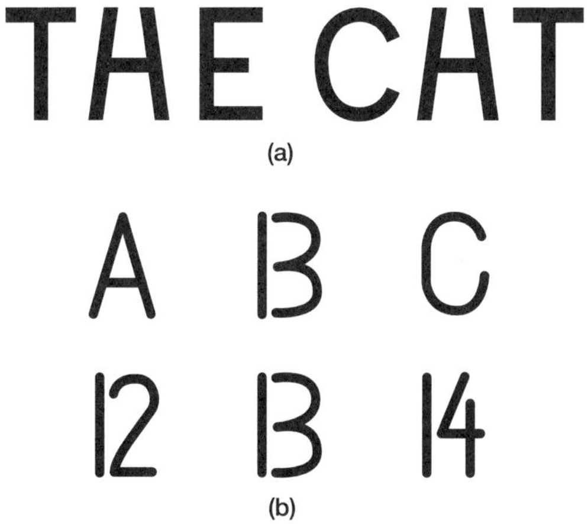

THE CAT

(a)

A ß C

12 ß 14

(b)

図9.2　文脈中の文字の知覚（Bruner & Minturn, 1955）

重なって聞こえてくる多数の音の中から，自分の話し相手の声だけを選んで聞くことができるのである。これは**カクテル・パーティ効果**（cocktail-party effect）とよばれる現象である。その際，他の人々の声は，音波として耳に達していても，知覚されていないと言える。しかし，その際，自分のことが話題に上ると，他の人々の会話でも聞えることもある。したがって，まったく知覚されていないとも言えない。目で見る場合も同様なことが言える。新聞をめくっていると，さまざまの文字が目にとび込んでくるが，そのうちで自分が関心がある部分だけが知覚される。しかし，自分と同姓の人の記事などは，自然に目にとまる。

このように，われわれは，感覚器でとらえる膨大な情報のうち，ごく一部のみを選択して知覚しているのである。これは普通**注意**（attention）とよばれている機能である。この注意の問題は，19世紀の心理学では大きく取り扱われた問題であったが，その後しばらく，心理学者の関心から遠ざけられていた（**BOX 9.3**）。注意という言葉は，主観的色彩が強く，客観的科学への道を邁進していた当時の心理学者の研究態度になじまなかったからであろう。この注意の問題は近年に至り，ふたたび実験心理学者の研究テーマとして脚光を浴びるようになった。一見，主観的に見える注意の過程を，客観的に研究する方法が発達してきたことと，人間の情報処理過程における注意のはたらきの重要性が認識されてきたことによる。

9.4.2 選択的聴取

このように「注意」の研究をふたたび盛んにするきっかけとなったのが，チェリー（Cherry, 1953）の**選択的聴取**（selective listening）の実験である。彼は，ヘッドホンを用いて，被験者の左右の耳に同時に別のメッセージを聞かせながら，その一方の追唱を求めた。**追唱**（shadowing）とは，聞こえた言葉をすぐ後から追いかけて復唱することである。その結果では，同一人の声によるメッセージを左右の耳に同時に与えても，その一方のみを追唱することができることが分かった。その際に追唱しなかったほうのメッセージは，何か声がしていたという以外，まったく報告できなかった。途中で英語からドイツ語に変わっ

BOX9.3　19世紀の注意研究

　　われわれが，ひと目で把握できる対象の数には一定の限界がある。単に何個か何人かという知覚であれば，対象が人であろうが，文字であろうが，ドット（黒点）であろうがその限界にはあまり違いがない。さてそれでは，あなたはひと目で何個の対象が把握できるだろうか。p.227の図にドットがちらばっているから，そのページを一瞬あけてからすぐ閉じて，何個あったかメモしていただきたい。それからゆっくり同じページをもう一度あけて，あなたの答が正しかったか否か調べてみよう。これは，ちょっとむずかしく，正しく答えられなかった人も多かっただろう。

　　さて，このような問題にはじめて学問的興味をしめした19世紀のスコットランドの哲学者ハミルトン卿（Sir William Hamilton）は，「もしあなたが1つかみのおはじきを床にばらまいてみれば，6個，あるいは，7個をこえた場合には，混乱なく一度に見てとることはむずかしい，ということがわかるだろう」と，この問題を実験的に研究してみることを提案している。

　　この提案を忠実に実行したのが，英国の経済学者であり論理学者であるジェヴァンズ（Jevons, W.S.）である。彼が1871年にネイチャー誌に発表した研究が，この問題に関する世界で最初の実験的研究とされている。彼は，黒い大きな盆の上に白い小さな箱をおき，黒い豆を手でつかんでほおり投げ，そのうちの何個かは白い小箱に入るようにした。彼は自分自身で，それらの豆が箱に入った瞬間に何個あるか判断し，その判断と実際の個数とを記録してみた。彼が，1,027回試みた結果では，豆の数が3個や4個ではまったく誤りがなかったが，5個以上になると誤りが生じはじめた。すなわち5個の場合は107試行中5回あやまり，豆の個数が多くなるほど正答率は低下した。7個で正答率は約70％，10個では半分以上間違え，15個では正答率が20％以下となった（大山，1978）。

　　このような実験的研究はその後多くの人々によって繰り返された。多くの場合，正答率曲線が50％を横切る点を直線内挿法で求めて「注意の範囲」（span of attention）などとよんでいる。この値は，50％以上の確率で正答が得られる対象数の限界を示している。通常7〜8個の値が得られている。

た場合でも，そのことにまったく気づかなかった。このように，まったく同じ強さで与えられている2つの情報の一方のみを知覚し，他をまったく無視するということが可能なことが分かった。これは**選択的注意**（selective attention）の過程を確認した巧妙な実験である。

　それ以後，多くの人々によりこの追唱法が用いられ，いろいろな事実が明らかにされている。一方を男性の声，他方を女性の声のように，声の質を両側で変えると選択がさらに容易になる。また，2つのメッセージを左右の耳に分けて与えず，両方のメッセージをともに両方の耳に同時に与えても選択的聴取は可能である。その際一方が小説，他方が科学論文というように内容を変えると，両方とも小説の場合よりやや容易となるという結果も報告されている。

　このような事実は，情報の選択が人間の情報処理のどの段階で行われているかを考える際に重要な役割を果たしている。いずれの耳に入った音か，高い声か低い声かといった物理的特徴で選択されているのであったら，その弁別ができる段階まで，両方の情報が処理されさえすれば，選択ができる。しかし，小説か科学論文かの差が選択の手がかりになっているのであれば，その差が分かるまで両方の情報が処理された段階で一方のみ選択されたことになる。したがって選択されなかった情報も，その段階までは処理され，それ以降の情報処理が省略されたことになる。もともと選択的注意のはたらきが，人間の限られた情報処理能力を能率よく活用する手段であるとすれば，できるだけ早い段階で，不要な情報の処理は中止しておいたほうが得策であろう。

　このような選択的注意の過程は，聴覚にかぎらず視覚でも，その他の感覚領域でも，また複数の感覚領域間でも盛んにはたらいていることが，多くの研究から明らかにされている。今日のような情報過多の生活では，きわめて重要な問題である。

9.5　知覚と記憶

9.5.1　部分報告法

　ここで，読者のみなさんが自分自身でちょっとした実験をやって頂きたい。

BOX9.4　わが国における注意の古典的実験

　わが国においては，1888 年（明治 21 年）東京大学ではじめて心理学の専門講義を担当した元良勇次郎が，1889 年に早くも注意の実験的研究について『哲学会雑誌』第 38 号に報告している。彼は**図 9.3** に示すような実験装置を用いて注意の研究を行っている。回転円筒に記された文字 AE などをその前面にあるスクリーンの窓を通して何字読み取れるかの実験である。彼はこれを注意試験法と名づけ，「例ヘバ一秒時間ニ六七個ノ文字ヲ顕ハスニ二三字ヨリ読ム能ハズ」と報告している。ジェヴァンズの研究から 18 年後である。日本の注意研究の出発が意外に早いことがわかる。

　元良（1909）はさらに同様な機械を用い，文字の代わりにさまざまな色片の列が小窓に次々に現れるようにして，学業遅滞児の注意力増進の訓練を試みている。児童たちはこのような装置の前に座り，特定な色（たとえば赤）が出現するたびにそれを指すことが命じられる。このような練習を毎日 10 分ずつ 2 回行ったところ数カ月後には学業成績も向上したという（苧阪，1998）。

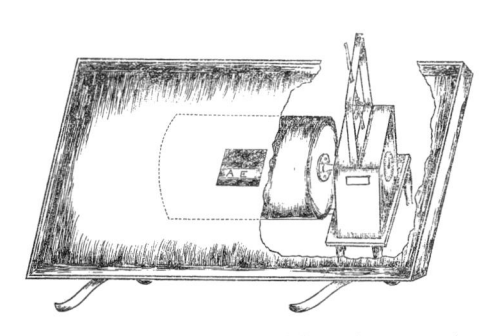

図 9.3　注意の古典的実験装置　（元良，1889）

p.231 に 12 個のローマ字が 3 行 4 列に配置されている。まず，紙と鉛筆を用意してから，p.231 を 1，2 秒開いて，すぐ閉じ，いま見た文字をできるだけたくさん紙に書いてもらいたい。それから，もう一度開いていま自分が書いた文字がどれだけ正しいか採点してみよう。おそらく，4～5 文字正答といったところであろう。しかし，読者の中で，もっと多くの文字を見たが，記入している間に忘れてしまったという印象をもった人も少なくなかったと思う。たしかに，それらの文字は，1 個 1 個別々に提示すれば，はっきり読める大きさで明瞭に印刷されたものであるが，同時に 12 個提示されると 4，5 個しか答えられない。他の文字は，知覚されなかったのであろうか，あるいは知覚されたが忘れられてしまったのであろうか。

　この疑問に答える巧妙な実験が，スパーリング（Sperling, 1960）により報告された。彼は，いま読者が試みたと同じような 3 行 4 列の文字を被験者に 20 分の 1 秒提示してから，それらの文字を答えてもらった。ただし，彼は，被験者の回答の負担を軽くするため，ちょっとした工夫をした，すなわち，彼は，それらの文字が消えた直後に，音を鳴らし，その音の高さに応じて，別々の行を答えてもらったのである。それが高い音ならば一番上の行，中位の音ならば，中段の列の文字，一番低い音ならば，最下行の文字を答えればよいと教示した。この方法は，「部分報告法」とよばれる方法である。慣れないとうまくいかないことがあるが，少し練習すればスムーズにいく。この部分報告法は，従来の全体報告法にくらべて報告する時間が短縮され，報告している間に，知覚されたものが忘れられてしまうということは少なくなる。つまり，記憶に左右されずに，知覚を比較的純粋な形で取り出すことができると考えられる。

　この部分報告法の結果では，音の提示が，文字の提示の直後であれば，平均して約 75％の文字を正しく答えることができる。実際に答えるのは，上中下の 3 行のうちのランダムに選ばれた 1 行であるから，どの行を答えるべきか被験者が予想してその行だけとくに注意することはできない。したがって，答えなかった他の 2 つの行の文字も，同じ率で答えられる状態にあったと推定される。これは，世論調査などにおける標本調査の考え方と同じである。また，上中下の位置で見えやすさ覚えやすさも違っているかもしれない。しかし，その違い

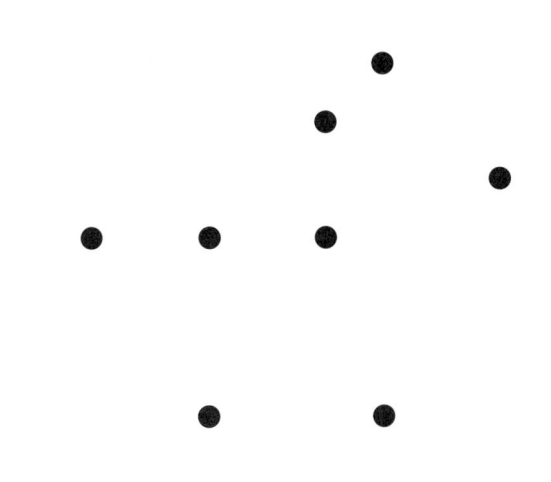

図9.4 注意の範囲の実験用刺激

は，3行を均等な率で選んで答えさせているから，平均値には影響しない。したがって，音が提示された時点では，3行4列の12文字全体についても75％，つまり12×0.75＝9文字が答えられる状態にあったと考えられる。

9.5.2 アイコニック・メモリー

上記は，音を文字が消失した直後に提示した場合であるが，文字が消失してから音が提示されるまでの時間間隔をしだいにのばしていくと，しだいに正答率が減少し，1秒以内に全体報告法の結果と変わりがなくなってしまう。これらの実験結果から，人間には，目にうつった視覚情報をごく短時間だけ保存しておく何らかの機構があると考えられる。これはスパーリングにより**視覚情報貯蔵**（visual information storage）と名づけられ，後にナイサーによって**アイコニック・メモリー**（iconic memory）とよばれた。これは，きわめて短期間しか存続しないが，一種の記憶と考えられる。視覚以外の感覚でもそれぞれ短時間だけの感覚記憶の存在が推定されている（Neisser, 1967）。

BOX9.5　注意の範囲と反応時間

　BOX 9.3で述べたように，単純な同形同大の対象を数個同時に瞬間的に提示した場合，7，8個までならその個数に関して50％の正答率を得られることが知られており，注意の範囲と呼ばれている。一方，この問題に関連して，少数の対象の数を答えるのに要する反応時間は対象数の単純な増加関数になることが知られている。たとえばクラー（Klahr, 1973）によれば，1〜5個までは1個当たり平均66ミリ秒の割合で反応時間が増加し，6個以上では，1個当たり平均268ミリ秒の割合で増加した。彼は，5個までの過程を即時の把握（subitizing），6個以上を数え上げ（counting）の過程と考えた。

　このクラーの実験は，数え終わるまで対象を続けて提示し続ける条件下でなされたが，瞬間提示の条件下ではどうであろうか。筆者（Oyama et al., 1981）は，暗室中で10×10個の赤色ダイオードのマトリックス中からランダムに選ばれた1〜15個を点灯し，3名の被験者にその数をできるだけ速く口頭で答えさせ，ボイス・キーでその反応時間を測定した。その際，刺激として選ばれたLEDを6秒間続けて提示する条件と，5ミリ秒のみ提示する条件を設定した。6秒間連続提示すれば，もっとも刺激ドット（LED）数が多い場合でも，刺激提示中に反応し終わるから，これはクラーらの条件に対応している。一方，もっとも刺激ドット数が少ない場合でも約450ミリ秒の反応時間を要するから，5ミリ秒提示の場合は，すべて刺激提示終了後の暗黒中で反応がなされることになる。

　図9.5は，この2つの条件下での刺激ドット数（N）と反応時間（RT）の関係を示している。両条件で，ほぼ同じような線形関係が得られている。

① **連続提示条件**

　　1〜4ドット：$RT = 40N + 430$　（ミリ秒）

　　5〜15ドット：$RT = 312N - 582$　（ミリ秒）

② **瞬間提示条件**

　　1〜4ドット：$RT = 42N + 423$　（ミリ秒）

　　5〜15ドット：$RT = 367N - 851$　（ミリ秒）

　それぞれ，1〜4ドットが即時の把握，5〜15ドットが数え上げの過程を示していると考えられる。5〜15ドットの場合，連続提示条件より瞬間提示条件のほうが，直線の勾配がわずかに急で，1ドット当たりの反応時間の増加率がやや大となって

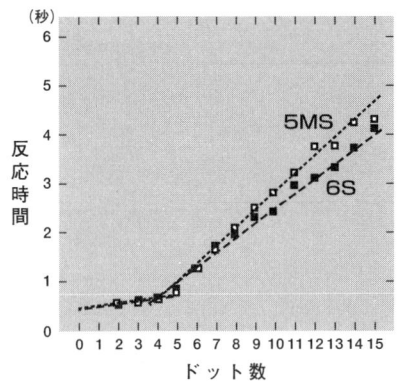

図9.5
連続提示条件（6秒）および瞬間提示条件（5ミリ秒）における刺激ドット数と反応時間
（Oyama et al., 1981のデータにもとづく）

いる。連続提示の場合は注視点を動かすことができる点で有利である。しかし，両条件とも，全体的傾向においてクラーの結果によく似ている。

　クラーの実験に対応する条件である連続提示条件の場合だけでなく，瞬間提示条件の場合でも彼と同様の結果が得られたことは注目に値する。すなわち，目前に提示されている刺激ドットだけでなく，すでに消失した刺激ドットに対しても，約3分の1秒ずつの時間をかけて計数処理（おそらく数え上げ）をしていることを示唆している。何らかの記憶機構に保存された情報を計数処理しているのであろう。ただし，まだ口頭で答えられる形になっていないのであるから，言語的記憶とは言えない。一方，刺激ドットを提示した後，多数のLEDを用いたランダム・パターンを提示して視覚マスキング（**BOX 5.3**参照）を行っても，SOA（刺激提示開始とマスク提示開始の間隔時間）が200ミリ秒以上であれば，報告ドット数，正答率，反応時間のすべてにわたり，マスクのない瞬間提示条件とほとんど変わりなかった（Oyama et al., 1981）。それらの点から，これは，視覚マスキングで攪乱されることと知られている視覚情報貯蔵（アイコニック・メモリー）とは異なるものである。これは，刺激消失後に残る視覚的イメージのようなものでも，被験者は連続提示された刺激パターンに対するのと同様に数え上げなどの処理が可能であることを示している。

　これらの点から，この実験で示された視覚的イメージのようなものとはフィリップス（Phillips, 1974）のいう視覚的短期記憶（visual short-term memory）に該当すると考えられる。

通常，われわれが何を知覚したか答えたり，知覚に応じて，何か行動したりするには，若干の時間を要するから，その間，感覚器に与えられた情報は，そのような感覚的記憶などにより，保存されていなければならない。また部分報告法では，報告すべき文字は外部刺激によって提示され，それに応じて情報が選択されたが，これも一種の注意のはたらきであろう。前述のような注意による選択的知覚の場合にも，アイコニック・メモリーや聴覚における**エコーイック・メモリー**（echoic memory）には，より多くの感覚情報がいったん貯蔵され，そのうちで注意の対象となるものだけが，次の情報処理を受けて，知覚されるのであろう。通常，知覚とよばれているものには，すでにこのような情報貯蔵と情報選択の過程が参加していると考えられる。

このように，今日の心理学では，知覚と記憶の関係は，以前の心理学で考えられたよりはるかに密接であると考えられている。

なお第5章で述べた心的回転で代表されるような心的イメージの実験的研究なども認知心理学が知覚と認知の関係を密接にさせた重要な成果であることを付言したい（市川，1982；御領地，1993；Oyama & Ichikawa, 1990）。

[参考図書]

知覚と認知の関連，認知過程としてみた知覚並びに注意に関しては，下記がある。
大山　正・東　洋（編）　1984　認知と心理学（認知心理学講座1）　東京大学出版会
御領　謙・菊地　正・江草浩幸　1993　最新認知心理学への招待——心の働きとしくみを探る　サイエンス社
スペアー，K.T.・レムクール，S.M.　苧阪直行他（訳）　1985　視覚の情報処理——見ることのソフトウエア　サイエンス社
乾　敏郎（編）　1995　知覚と運動（認知心理学1）　東京大学出版会

```
T   P   L   F
X   N   S   B
W   K   H   G
```

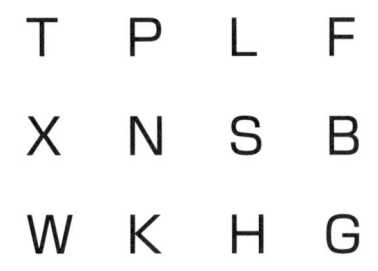

図9.6 部分報告法の実験用の文字刺激

引用文献

【第1章】

Berkeley, G. 1709 *An essay towards a new theory of vision.* 下條信輔他（訳）1990 視覚新論 勁草書房
Boring, E.G. 1950 *A history of experimental psychology.* Appleton-Century-Crofts.
Boring, E.G., Langfeld, H.S., & Weld, H.P. 1948 *Foundations of psychology.* Wiley.
Gibson, J.J. 1950 *The perception of the visual world.* Houghton Mifflin.
Gottschalt, K. 1926 Über den Einfluss der Erfahrung auf die Wahrnehmung von Figuren. I. *Psychologische Forschung*, **8**, 261–317.
Graham, C.H.(Ed.) 1965 *Vision and visual perception.* Wiley.
Heron, W. 1957 Pathology of boredom. *Scientific American*, 196(No.1), 52–56.
市川伸一（編著）1991 心理測定法への招待 サイエンス社
Ittelson, W.H. 1952 *The Ames demonstration in perception.* Princeton University Press.
Koffka, K. 1935 *Principles of Gestalt psychology.* Kegan Paul. 鈴木正弥（監訳）1988 ゲシュタルト心理学の原理 福村出版
Köhler, W. 1940 *Dynamics in psychology.* Liveright. 相良守次（訳）1951 心理学の力学説 岩波書店
Lawrence, M. 1949 *Studies in human behavior.* Princeton University Press
大山 正・今井省吾・和気典二（編）1994 新編 感覚・知覚心理学ハンドブック 誠信書房
Rubin, E. 1921 *Visuell wahrgenommene Figuren.* Gyldendals.
副島民雄（訳）1968 アリストテレス全集6 自然学小論文 岩波書店
杉本助男 1986 感覚遮断下の人の心的過程 社会心理学研究, **1**, 27–34.
田崎京二・大山 正・樋渡涓二（編）1972 視覚情報処理 朝倉書店
鳥居修晃・望月登志子 1992/1997 視知覚の形成1・2 培風館
梅本堯夫・大山 正（編著）1994 心理学史への招待 サイエンス社
Vernon, J.A. 1963 *Inside of the black room: Studies of the sensory deprivation.* Potter. 大熊輝雄（訳）1964 暗室のなかの世界——感覚遮断の研究 みすず書房
和田陽平・大山 正・今井省吾 1969 感覚・知覚心理学ハンドブック 誠信書房
Wertheimer, M. 1923 Untersuchungen zur Lehre von der Gestalt. II. *Psychologiche Forschung*, **4**, 301–350.

【第2章】

秋田宗平 1969 色覚と色覚理論 芋阪良二（編）感覚（講座心理学3）東京大学出版会 Pp. 19–82.
Bond, M.E. & Nickerson, D. 1942 Color order system, Munsell and Ostwald. *Journal of the Optical Society of America*, **48**, 709–719.
Boring, E.G. 1942 *Sensation and perception in the history of experimental psychology.* Appleton-Century-Crofts.
Graham, C.H.(Ed.) 1965 *Vision and visual perception.* Wiley.
Heinemann, E.C. 1955 Simultaneous brightness induction as a function of inducing and test field luminance. *Journal of Experimental Psychology*, **50**, 89–96.

Hurvich, L.M. & Jameson, D. 1957 An opponent-process theory of color vision. *Psychological Review*, **64**, 384-404.
Hurvich, L.M. & Jameson, D. 1981 *Color vision*. Sinauer Associate.
Katz, D. 1935 *The world of colour*. Kegan Paul.
Kinney, J.A.S. 1962 Factors affecting induced colors. *Vison Research*, Ⅱ, 503-525.
Musatti, C. 1957 Problèmes de la couleur. Service d´Edition et de Vente des Publication de l´Education Nationale, Paris.
大山　正　1994　色彩心理学入門　中公新書　中央公論社
Oyama, T. & Hsia, Y. 1966 Compensatory hue shift in simultaneous color contrast as a function of separation between inducing and test fields. *Journal of Experimental Psychology*, **71**, 405-413.
大山　正・今井省吾・和気典二（編）　1994　新編　感覚・知覚心理学ハンドブック　誠信書房
Oyama, T. & Nanri, R. 1960 The effects of hue and brightness on the size perception. *Japanese Psychological Research*, **2**, 13-20.
大山　正・田中靖政・芳賀　純　1963　日米学生における色彩感情と色彩象徴　心理学研究, **34**, 109-121.
Oyama, T. & Yamamura, T. 1960 The effects of hue and brightness on the depth perception in normal and color-blind subjects. *Psychologia*, **3**, 191-194.
田崎京二・大山　正・樋渡涓二（編）　1972　視覚情報処理　朝倉書店
Tomita, T., Kaneko, A., Murakami, M., & Paulter, E.L. 1967 Spectral response curves of single cones in the carp. *Vision Research*, **7**, 519-531.
和田陽平・大山　正・今井省吾　1969　感覚・知覚心理学ハンドブック　誠信書房

【第3章】
Avant, L.L. 1965 Vision in the Ganzfeld. *Psychological Bulletin*, **4**, 246-258.
Bahnsen, P. 1928 Ein Untersuchungen über Symmetrie und Asymmetrie bei visuellen Wahrnemungen. *Zeitschrift für Psychologie*, **108**, 129-154.
Beck, J. 1972 *Surface color perception*. Cornell University Press.
Boring, E.G. & Langfeld, H. S., & Weld, H.P. 1948 *Foundations of psychology*. Wiley.
Cohen, W. 1957 Spatial and textual characteristics of the Ganzfeld. *American Journal of Psychology*, **70**, 403-410.
Cohen, W. 1958 Color-perception in the chromatic Ganzfeld. *American Journal of Psychology*, **71**, 390-394.
Day, R.H. 1957 The physiological basis of form perception in the peripheral retina. *Psychological Review*, **64**, 38-48.
Eherenstein, W. 1930 Untersuchungen über Figure-Grund-fragen. *Zeitschrift für Psychologie*, **117**, 339-412.
Gibson, J.J. 1950 The perception of visual surfaces. *American Journal of Psychology*, **63**, 367-384.
Gibson, J.J. & Dibble, F.N. 1952 Exploratory experiments on the stimulus conditions for the perception of visual surface. *Journal of Experimental Psychology*, **43**, 414-419.
Gibson, J.J. & Waddel, D. 1952 Homogeneous retinal stimulation and visual perception. *American Journal of Psychology*, **65**, 263-270.
速水　洸　1935　照明度の漸次的増加による図形知覚の変化に就いて　心理学研究, **10**, 701-723.

Hochberg, J.E., Triebel, W., & Seaman, G. 1951 Color adaptation under conditions of homogeneous visual stimulation (Ganzfeld). *Journal of Experimental Psychology*, **41**, 153-159.

Kaiser, P.K., Herzberg, P.A., & Boynton, R.M. 1971 Chromatic border distinctiveness and its relation to saturation. *Vision Research*, **11**, 953-968. (footnote 4)

Koffka, K. 1935 *Principle of Gestalt psychology*. Kegan Paul. 鈴木正弥（監訳）1988 ゲシュタルト心理学 福村出版

Kozaki, A. & Noguchi, K. 1998 The effect of relative area of figures against a background on perceived lightness and impression of illumination. *Japanese Journal of Psychometric Science*, **17**, 20-26.

Lowry, E.P. & DePalma, J.J. 1961 Sine-wave response of visual system. I. The Mach phenomenon. *Journal of the Optical Society of America*, **52**, 740-746.

Metzger, W. 1930 Optische Untersuchungen am Ganzfeld. II. Zur phenomenologie des homogenen Ganzfelds. *Psychologische Forschung*, **13**, 6-29.

Metzger, W. 1953 *Gesetze des Sehens*, 2 Aufl. Kramer. 盛永四郎（訳）1968 視覚の法則 岩波書店

Morinaga, S. 1941 Beobachtung über Grundlagen und Wikungen anschaulich gleichmassiger Breite. *Archieve für Psychologie*, **110**, 309-348.

成瀬悟策 1951 視知覚閾に及ぼす形の影響（第1報） 心理学研究, **21**,（3-4）, 26-35.

二宮 久 1958 図―地反転に及ぼす先行経験の影響 心理学研究, **28**, 391-394.

太田信夫 1991 直接プライミング 心理学研究, **62**, 119-135.

大山 正 1952 図形残効と反転図形 千輪 浩先生還暦記念論文集 Pp. 47-55.

Oyama, T. 1960 Figure-ground dominance as a function of sector-angle, brightness, hue and orientation. *Journal of Experimental Psychology*, **60**, 299-305.

Oyama, T. 1968 Stimulus determinants of brightness constancy and the perception of illumination. *Japanese Psychological Research*, **19**, 146-155.

Rubin, E. 1921 *Visuell wahrgenommene Figuren*. Gyldendalske.

Schafer, R. & Murphy, G. 1943 The role of autism in visual figure-grund relationship. *Journal of Experimental Psychology*, **32**, 335-343.

田中甚右衛門 1939 図形知覚に於ける露出時間野影響 心理学研究, **14**, 71-98.

友田善太郎 1937 "大きさ"に基づく図形知覚の変化に就いて 心理学研究, **12**, 435-450.

上村保子 1994 明るさの恒常性 大山 正・今井省吾・和気典二（編）新編 感覚・知覚心理学ハンドブック 誠信書房 Pp. 349-358.

Wever, E. G. 1927 Figure and ground in the visual perception of form. *American Journal of Psychology*, **40**, 194-226.

【第4章】

Attneave, F. & Arnoult, M.D. 1956 the quantitative study of shape and pattern recognition. *Psychological Review*, **53**, 221-227.

Behman, B.W. & Brown, D.R. 1968 Multidimensional scaling of forms: A psychophysical analysis. *Perception and Psychophysics*, **4**, 19-25.

Brigner, H.M. & Gallagher, M.B. 1974 Subjective contour: apparent depth or simultaneous brightness contrast? *Perceptual and Motor Skills*, **38**, 1047-1053.

Cooper, L.A. & Shepard, R.N. 1984 Turning something over in the mind. *Scientific American*, **12**, 114-120.

Coren, S. 1972 Subjective contours and apparent depth. *Psychological Review*, **79**, 359

―367.

Fox, C.W. 1935 An experimental study of naming. *American Journal of Psychology*, **47**, 545–578.

Fuchs, W. 1923 Untersuchungen über das simultane Hintereinandersehen auf derselben Sehrichtung. *Zeitshrift für Psychologie*, **91**, 145–235.

印東太郎 1969 色彩の体系 和田陽平・大山 正・今井省吾（編）感覚・知覚心理学ハンドブック 誠信書房 Pp. 350–366.

Indow, T. & Kanazawa, K. 1960 Multidimensional mapping of Munsell colors varying in hue, chroma, and values. *Journal of Experimental Psychology*, **59**, 330–336.

Kanizsa, G. 1976 Subjective contours. *Scientific American*, **23**, (**4**), 48–52.

Kikuchi, T. 1971 A comparison of similarity space and semantic space of random shapes. *Japanese Psychological Research*, **13**, 183–191.

Köhler, W. 1930 *Gestalt psychology*. Liveright.

Metzger, W. 1953 *Gesetze des Sehens*, 2. Auflage, Kramer. 盛永四郎（訳）1968 視覚の法則 岩波書店

盛永四郎 1952 類同の法則と視野体制 千輪 浩先生還暦記念論文集 Pp. 9–15.

Morinaga, S., Noguchi, K., & Ohishi, A. 1962 Dominance of main direction in the apparent transparency. *Japanese Psychological Research*, **4**, 113–118.

大山 正 1992 色覚正常者と色覚異常者における色空間 日本心理学会第56回大会発表論文集 757.

大山 正 1994 色彩心理学入門 中公新書 中央公論社

Oyama, T. & Haga, J. 1963 Common factors between figural and phonetic symbolism. *Psychologia*, **6**, 131–144.

大山 正・宮埜壽夫 1999 形態知覚の属性——コンピュータ作成図形の類似性判断の多次元尺度法による解析 日本心理学会第62回大会発表論文集 270.

大山 正・中原淳一 1960 透明視に及ぼす明度，色相，面積の影響 心理学研究, **31**, 35–48.

Oyama, T. & Sato, K. 1975 Relative similarity of rotated and reversed figures as a function of childeren's age. *Journal of Comparative and Physiological Psychology*, **88**, 110–117.

大山 正・滝本 誓・岩沢秀紀 1993 セマンティック・ディファレンシャル法を用いた共感覚性の研究——因子構造と因子得点の比較 行動計量学, **20**, 55–64.

Oyama, T., Yamada, H. & Iwasawa, H. 1998 Synesthetic tendencies as the basis of sensory symbolism: A review of a series of experiments by means of semantic differential. *Psychologia*, **41**, 203–215.

Rock, I. 1974 The perception of disoriented. *Scientific American*, **230**, 78–85.

高根芳雄 1980 多次元尺度法 東京大学出版会

Torgerson, W.S. 1952 *Theory and methods of scalings*. New York: Wiley.

和田陽平・大山 正・今井省吾（編）1969 感覚・知覚心理学ハンドブック 誠信書房

Watanabe, T. & Oyama, T. 1988 Are illusory contours a cause or a consequence of apparent differences in brightness and depth in the Kanizsa square? *Perception*, **17**, 513–521.

山田 寛・大山 正 1996 形態認知の研究（1）刺激図形の定量的操作に関する検討 基礎心理学研究, **15**, 61.

【第5章】

Beck, J. 1966a Perceptual grouping produced by changes in orientation and shape. *Science*, **154**, 538–540.

Beck, J. 1966b Effects of orientation and of shape similarity on perceptual grouping. *Perception and Psychophysics*, **1**, 300-302.

Brunswick, E. & Kamiya, J. 1953 Ecological cue-validity of proximity and of other Gestalt factors. *American Journal of Psychology*, **66**, 20-32.

Eriksen, C.W. & Collins, J.F. 1967 Some temporal characteristics of visual pattern perception. *Journal of Experimental Psychology*, **74**, 476-484.

Gottschaldt, K. 1926 Über den Einfluss der Erfahrung auf die Wahrnehmung von Figuren. I. *Psychologische Forschung*, **8**, 261-317.

Gottschaldt, K. 1929 Über den Einfluss der Erfahrung auf die Wahrnehmung von Figuren. II. *Psychologische Forschung*, **12**, 1-87.

菊地 正 1994 視覚マスキング 大山 正・今井省吾・和気典二 (編) 新編 感覚・知覚心理学ハンドブック 誠信書房 Pp. 659-680.

Metzger, W. 1953 *Gesetze des Sehns*, 2 Aufl. Kramer. 盛永四郎 (訳) 1969 視覚の法則 岩波書店

大山 正・内藤佳津夫・野村康治 1991 知覚的群化に及ぼす色相と輝度の類同性の効果 日本心理学会第55回大会発表論文集, 74.

Oyama, T., Simizu, M., & Tozawa, J. 1999 Effects of similarity on apparent motion and perceptual grouping. *Perception*, **28**, 739-748.

大山 正・上村保子 1998 新版心理学史 放送大学教育振興会

Oyama, T., Watanabe, T., & Funakawa, M. 1983 Effects of test-mask similarity on forward and backward masking of patterns by patterns. *Psychological Research*, **45**, 303-313.

Oyama, T. & Yamada, W. 1978 Perceptual grouping between succesively presented stimuli and its relations to visual simultaneity and masking. *Psychological Research*, **40**, 101-112.

Treisman, A. 1986 Features and objects in visual processing. *Scientific American*, **255**, (5), 106-115. 高野陽太郎 (訳) 1987 特徴と対象の情報処理 サイエンス, **17**, (1), 86-98.

Wertheimer, M. 1923 Untersuchungen zur Lehre von der Gestalt. I. *Psychologische Forschung*, **4**, 301-350.

【第6章】

Blakemore, C., Carpenter, R.H.S., & Georgeson, M.A. 1970 Lateral inhibition between orientation detectors in the human visual system. *Nature*, **228**, 37-39.

Boring, E.G. 1942 *Sensation and perception in the history of experimental psychology*. Appleton-Century.

Festinger, L., White, C.W., & Allyne, M.R. 1968 Eye movements and decrement in the Müller-Lyer illusion. *Perception and Psychophysics*, **3**, 376-382.

Ginsberg, A.P. 1986 Spatial filtering and visual form perception. In K.R. Boff, et al. (Eds.) *Handbook of perception and performance*, Vol. 2, Wiley, pp. 34-1-34-41.

Gregory, R.L. 1963 Distortion of visual space as inappropriate constancy scaling. *Nature*, **199**, 678-680.

Gregory, R.L. 1966 *Eye and brain*. Widenfeld & Nicolson.

Gregory, R.L. 1967 Comments on the inappropriate constancy scaling theory of the illusions and its implications. *Quarterly Journal of Experimental Psychology*, **19**, 218-223.

Gregory, R.L. 1968 Visual illusions. *Scientific American*, **219**(5), 66-76.

Holst, E. von 1957 Aktive Leistungen der Menschlichen Gesichtswahrenemung. *Studium Generale*, **10**, 231-243.

Leibowitz, H. & Toffey, S. 1966 The effect of rotation and tilt on the magnitude of the Poggendorff illusion. *Vision Research*, **6**, 101-103.

古賀一男・斎田真也・本田仁視 1994 眼球運動 大山　正・今井省吾・和気典二（編） 新編感覚・知覚心理学ハンドブック 誠信書房 Pp. 845-885.

Köhler, W. 1940 *Dynamics in psychology.* Liveright. 相良守次（訳） 1951 心理学の力学説 岩波書店

Köhler, W. 1969 *The task of Gestalt psychology.* Princeton University Press. 田中良久・上村保子（訳） 1971 ゲシタルト心理学入門 東京大学出版会

Köhler, W. & Wallach, H. 1944 Figural after-effects: An investigation of visual process. *Proceedings of the American Philosophycal Society*, **88**, 269-357.

Morikawa, K. 1987 Effects of orientation-selective adaptation on the Zöllner illusion. *Perception*, **16**, 473-483.

盛永四郎 1933 ツルネル氏錯視の研究 心理学研究, **8**, 195-242.

盛永四郎 1935 大きさの同化対比の条件 増田博士謝恩心理学輪文集 岩波書店 Pp. 28-48.

盛永四郎 1957 視覚の"場の問題"について 矢田部達郎・園原太郎（監修） 現代心理学の展望 角川書店 Pp. 21-31.

盛永四郎 1959 知覚心理学 明玄書房

盛永四郎・神作　博 1961 同心円錯視に及ぼす図形明度の影響に関する研究 心理学研究, **32**, 148-159.

小保内虎夫 1930 偏倚の週期性現象の研究（序報） 心理学研究, **5**, 469-474.

小笠原慈瑛 1952 同心円の偏位効果 心理学研究, **22**, 224-234.

Orbison, W.D. 1939 Shape as a function of the vector-field. *American Journal of Psychology*, **52**, 31-45.

Oyama, T. 1960 Japanese studies on the so-called geometrical-optical illusions. *Psychologia*, **3**, 7-20.

Oyama, T. 1962 The effect of hue and brightness on the size-illusion of concentric circles. *American Journal of Psychology*, **75**, 45-66.

大山　正 1970a 視知覚の基本体制 大山　正（編） 講座心理学 4 知覚 東京大学出版会 Pp. 25-137.

大山　正 1970b 視野の異方性に関する一考察 高木貞二（編） 現代心理学の課題 東京大学出版会 Pp. 76-88.

Oyama, T. 1975 Determinants of the Zöllner illusion. *Psychological Research*, **37**, 261-280.

Oyama, T. 1977 Feature analysers, optical illusions, and figural aftereffects. *Perception*, **6**, 401-406.

Oyama, T. 1978 Figural aftereffects. In R. Held, H. W. Leibowitz, & H.-L. Teuber(Ed.) *Handbook of sensory physiology*, Ⅷ：*Perception*. Springer-Verlag. Pp.569-592.

Oyama, T. & Akatsuka, R. 1962 The effect of hue and brightness on the size-illusion of concentric circles: A further study. *Japanese Psychological Research*, **4**, 129-134.

Oyama, T. & Morikawa, K. 1984 Temporal development of optical illusions. In J. L. McGraugh(Ed.) *Contemporary psychology: Biological processes and theoretical issues.* North-Holland, Pp. 385-393.

Robinson, J.O. 1972/1998 *The psychology of visual illusion.* Hutchinson/Dover.

Rochlin, A. 1955 The effect of tilt on the visual perception of parrallelness. *American Journal of Psychology*, **69**, 635-639.
Sagara, M. & Oyama, T. 1957 Experimental studies on figural after-effects in Japan. *Psychological Bulletin*, **54**, 327-338.
Tanaka, H. 1975 An experimental examination of satiation theory and the efferent readiness theory on the decrement of the Müller-Lyer illusion. *Japanese Psychological Research*, **17**, 147-151.
田中平八 1994 幾何学的錯視と図形残効 大山 正・今井省吾・和気典二（編）新編 感覚・知覚心理学ハンドブック 誠信書房 Pp. 681-736.
田中平八・市原 茂・石原正規 1999 幾何学的錯視と輪郭のぼかし（Blur）効果 人文学報（東京都立大学）, **297**, 41-68.
和田陽平 1962 幾何学的錯視に及ぼす明度差の効果 人文研究（東京都立大学）, **27**, 9-22.
横瀬善正 1956 視覚の心理学 共立出版

【第7章】
Berkeley, G. 1709 *An essay towards a new theory of vision.* 下條信輔他（訳） 1990 視覚新論 勁草書房
Blakemore, C. 1977 *Mechanics of the mind.* Cambridge University Press.
Boring, E.G. 1942 *Sensation and perception in the history of experimental psychology.* Appleton-Century.
Epstein, W., Park, J., & Casey, A. 1961 The present status of the size-distance hypothesis. *Psychological Bulletin*, **58**, 491-514.
Gibson, J.J. 1950 *The perception of the visual world.* Houghton Mifflin.
Graham, C.H.(Ed.) 1965 *Vision and visual perception.* Wiley.
東山篤規 1994 空間知覚 大山 正・今井省吾・和気典二（編）新編 感覚・知覚心理学ハンドブック 誠信書房 Pp. 768-801.
Holway, A.H. & Boring, E.G. 1941 Determinants of apparent size with distance variant. *American Journal of Psychology*, **54**, 21-37.
飯田健夫 1994 焦点調節と奥行知覚 大山 正・今井省吾・和気典二（編）新編 感覚・知覚心理学ハンドブック 誠信書房 Pp. 893-895.
Itteleson, W.H. 1949 *The Ames demonstration in perception.* Princeton University Press.
Julesz, B. 1971 *Foundations of cyclopean perception.* University of Chicago Press.
Katori, H. & Suzukawa, K. 1963 The estimation of apparent size and depth in stereoscopic vision. *Japanese Psychological Research*, **5**, 72-85.
Kilpatrick, F.P. & Ittelson, W.H. 1953 The size-distance invariant hypothesis. *Psychological Review*, **60**, 223-231.
黒田正巳 1992 空間を描く遠近法 彰国社
Leibowitz, H.W., Pollard, S.W., & Dickson, D. 1967 Monocular and binocular size-matching as a function of distance at various age-levels. *American Journal of Psychology*, **80**, 263-268.
西 徳道 1933 奥行知覚の限界 心理学論文集, Ⅳ, 161-165. 1
小笠原慈瑛 1935 実体鏡における"大きさ"について 増田博士謝恩心理学論文集 Pp. 19-27.
苧阪良二 1985 地平の月はなぜ大きいか──心理学的空間論 ブルーバックス 講談社
苧阪良二 1994 天文志における視空間構造論 愛知学院大学人間文化研究所紀要 人間文化

9, 1-7.
苧阪良二　1995　月の錯視　梅岡義貴他　心理学基礎論文集──昭和記念集　新曜社　Pp. 163-253.
Oyama, T. 1959 A new psychophysical method: method of transposition or equal-appearing relations. *Psychological Bulletin*, **56**, 74-79.
大山　正　1969a　精神物理学的測定法　和田陽平・大山　正・今井省吾（編）感覚・知覚心理学ハンドブック　誠信書房　Pp. 32-55.
大山　正　1969b　立体視・写真・透視図　建築のための心理学　大山　正・乾　正雄（編）建築のための心理学　彰国社　Pp. 29-55.
Oyama, T. 1974 Perceived size and perceived distance in stereoscopicvision and an analysis of their causal relations. *Perception and Psychophysics*, **16**, 175-181.
Oyama, T. 1977 Analysis of causal relations in perceptual constancies. In W. Epstein (Ed.) *Stability and constancies in visual percption: Mechanisms and processes*. Wiley.
大山　正　1979a　空間知覚　田崎京二・大山　正・樋渡涓二（編）視覚情報処理──生理学・心理学・生体工学　朝倉書房　Pp. 256-295.
大山　正　1979b　環境の知覚　望月　衞・大山　正（編）環境心理学　朝倉書店　Pp. 31-47.
園原太郎・竹本照子　1956　幼児における重なりの認知　心理学研究, **27**, 139-141.
Suzuki, K. 1998 The role of binocular viewing in a spacing illusion arising in a darken surround. *Perception*, **27**, 355-361.
Zeigler, H.P. & Leibowitz, H.W. 1957 Apparent visual size as a function of distance for children and adults. *American Journal of Psychology*, **70**, 106-109.

【第8章】
Attneave, F. & Block, G. 1973 Apparent movement in tridimensional space. *Perception and Psychophysics*, **13**, 301-307.
Boring, E.G. 1942 *Sensation and perception in the history of experimental psychology*. Appleton-Century.
Braddick, O. 1974 A short-range process in apparent motion. *Vision Research*, **14**, 519-527.
Brown, J.F. 1931 The visual perception of velocity. *Psychologische Forschung*, **14**, 199-132.
Brosgole, L. 1968 The autokinesis of an afterimage. *Psychonomic Science*, **12**, 147-148.
Cavanagh, P. & Mather, G. 1989 Motion: the long and short of it. *SpatialVision*, **4**, 103-129.
Chubb, C. & Sperling, G. 1988 Drift-balanced random stimuli: A general basis for studying non-Fourie motion perception. *Journal of the Optical Society of America*, **A5**, 1986-2007.
Day, R.H. 1981 Induced rotation with concentric patterns. *Perception and Psychophysics*, **29**, 493-499.
Dichgans, J. & Brandt, T. 1978 Visual-vestibular interaction: Effects on self-motion perception and postural control. In R. Held, H.W. Leibowitz, & H.-L. Teuber, (Eds.), *Handbook of sensory physiology*, Ⅶ. *Perception*. Springer-Verlag. Pp. 756-804.
Duncker, K. 1929 Über indizierte Bewegung. *Psychologische*, 18 *Forschung*, **12**, 180-259.
Gregory, R.L. 1966/1998 *Eye and brain.: Psychology of seeing*, 1st ed. Widenfeld &

引 用 文 献

Nicolson/5th ed., Princeton University Press.
Holst, E. von 1954 Relations between the central nervous and the peripheral organ. *Animal Behaviour*, **2**, 89–94.
Johansson, G. 1950 *Configurations in event perception*. Almqvist & Wiksells.
Johansson, G. 1973 Visual perception of biological motion and a model for its analysis. *Perception and Psychophysics*, **14**, 201–211.
Johansson, G. 1975 Visual motion perception. *Scientific American*, July.
Johansson, G. 1977 Studies on visual perception of locomotion. *Perception*, 365–376.
Johansson, G. 1978 Visual event perception. In R. Held, H. W. Leibowitz, & H.-L. Teuber, (Eds.), *Handbook of sensory physiology*, Ⅷ. *Perception*. Springer-Verlag. Pp. 671-711.
Kahneman, D. 1967 An onset-onset law for one case of apparent motion and meta-contrast. *Perception and Psychophysics*, **2**, 577–586.
狩野千鶴 1991 自己運動知覚と視覚系運動情報 心理学評論, **34**, 240–256.
Kano, C. & Hayashi, K. 1984 The apparent paths of two or three circularly moving spots. *Psychological Research*, **45**, 395–407.
Koffka, K. 1935 *Principles of Gestalt psychology*. Kegan Paul.
Kolers, P.A. 1972 *Aspects of motion perception*. Paragon.
Kolers, P.A. 1976 Shape and color in apparent motion. *Vision Research*, **16**, 329–335.
Kolers, P.A. & Pomerantz, J.R. 1971 Figural changes apparent motion. *Journal of Experimental Psychology*, **78**, 99–108.
Leibowitz, H.W. 1955 The relation between the rate threshold for the perception of movement and luminance for various durations of exposure. *Journal of Experimental Psychology*, **49**, 209–214.
Leibowitz, H.R., Shuper, R.B., Post, R.B., & Dichigans, J. 1983 Expectation and autokinesis, *Perception and Psychophysics*, **34**, 131–134.
Levinson, E. & Sekuler, R. 1976 Adaptation alters perceived direction motion. *Vision Research*, **16**, 779–781.
Mack, A. & Herman, E. 1972 A new illusion: The underestimation of distance during pursuit eye movement. *Perception and Psychophysics*, **12**, 471–473.
Mack, A., Heuer, F., Fendrich, R., Vilardi, K., & Chambers, D. 1985 Induced motion and ocularmotor capture. *Journal of Experimental Psychology*, **11**, 329–345.
牧野達郎（編） 1998 知覚の可塑性と行動適応 ブレーン出版
Metzger, W. 1953 *Gesetze des Sehens*. Ⅱ. Verlag. Kramer. 盛永四郎（訳） 1981 視覚の法則 岩波書店
Michotte, A. 1946 *La perception de la causalite*. Publications Universitaires de Louvain.
中村 浩 1982 幼児期における因果関係知覚の発達的研究——接触時間の影響について 札幌医科大学人文自然科学紀要, **23**, 9–14.
Newman, E.B. 1944 Max Wertheimer: 1880-1943. *American Journal of Psychology*, 428–435.
西田眞也 1995 運動視の最近の動向 *Vision*, **7**, 1–7.
小笠原慈瑛 1936 β運動に及ぼす現象間隔の影響 心理学研究, **11**, 109–122.
小笠原慈瑛・久保舜一 1951 運動と変化の知覚 高木貞二・城戸幡太郎（編） 実験心理学提要 二，岩波書店 Pp. 191–226.
大谷芳夫 2000 視覚的運動情報の検出と相互作用 心理学モノグラフ, **29**, 日本心理学会
Oyama, T. 1970 The visually perceived velocity as a function of aperture size, stripe size,

luminance, and motion direction. *Japanese Psychological Research*, **12**, 163-171.
大山　正　1992　歴史と方法　梅本堯夫・大山　正（編著）　心理学への招待　Pp. 1-28.
Oyama, T.　1997　Apparent motion as an example of perceptual stability. *Perception*, **26**, 541-551.
Oyama, T., Naito, K.,& Naito, H.　1994　Long-range apparent motion as a result of perceptual organization. *Perception*, **23**, 269-286.
大山　正・野村康治・吉田宏之　1999　点運動映像が与える感情効果　日本基礎心理学会第18回大会
Oyama, T., Simizu, M., & Tozawa, J.　1999　Effects of similarity on apparent motion and perceptual grouping. *Perception*, **28**, 739-748.
Oyama, T. & Tsuzaki, M.　1989　A mathematical models of the perceived paths of moving lights in frameless space. *Psychological Research, Nihon University*, **10**, 40-45.
Premack, D. & Premack, A.J.　1995　Intention as a psychological cause. Sperger. In Premack, & Premack(Ed.) *A multidisciplinary debate*, Calerendon. Pp. 185-199.
Robinson, J.O.　1972/1998　*The psychology of visual illusion*. Hutchinson/Dover.
Rock, I., Auster, M., Schiffman, M., & Wheeler, D.　1980　Induced movement based on subtraction of motion from inducing object. *Journal of Experimental Psychology: Human Perception and Performance*, **6**, 391-403.
佐藤隆夫　1991　仮現運動と運動知覚のメカニズム　心理学評論, **34**, 259-278.
サデゥール, G.　村山匡一郎・出口丈人（訳）1992　世界映画全史Ⅰ　映画の発明1832-1895　プラトーからリュミエールへ　図書刊行会
Sarris, V. & Wertheimer, M.　1987　Max Wertheimer (1880-1943)　im Bilddokument――ein histriografischer Beitrag. *Psychologische Beitrage*, **29**, 469-493.
Schiffman, R.H.　1982　*Sensation and perception*. 2nd Ed. Wiley.
Sekuler, R.　1996　Motion perception: A modern view of Wertheimer's　1912　Monograph. *Perception*, **25**, 1243-1258.
Sherif, M.　1935　A study of some social factors in perception. *Archives of Psychology*, **187**, 60 pp.
鷲見成正　1969　運動知覚の方向　慶応義塾大学日吉論文集, 自然科学編 **6**, 68-95.
鷲見成正　1981　運動の知覚　東　洋他編集　新版心理学事典　平凡社　Pp. 53-57.
Sumi, S.　1984　Upside-down presentation of Johansson moving light-spot pattern. *Perception*, **13**, 283-286.
鷲見成正　1997　Point-Light Walker の知覚と動作的認識　映像情報メディヤ学会技術報告, **20** (**40**), 51-56.
Ternus, J.　1926　Experimentelle Untersuchungen über phanomenale Identität. *Psychologische Forschung*, **7**, 81-136.
Wade, N.J. & Swanston, M.　1991　*Visual perception: An introduction*. Routledge.
Watanabe, T. (Ed.)　1998　*High - level motion processing: Computational, neurobiological, and psychophysical perspective*. MIT Press.
Wertheimer, M.　1912　Experimentelle Studien über das Sehen von Bewegung. *Zeitshrift für Psychologie*, **61**, 161-265.
Wong, S.C.P. & Frost, B.J.　1978　Subjective motion and acceleration induced by the movement of the observer's entire visual field. *Perception and Psychophysics*, **24**, 115-120.
吉田宏之・大山　正・野口　薫・野村康治　2001　点運動映像が与える感情効果　アニメーション研究, **3**, 41-48.

【第9章】

Bruner, J.S. 1951 Personality dynamics and the process of perceiving. In R.R. Blake & G.V. Ramsey(Eds.), *Perception : An approach to personality.* Ronald Press. Pp. 121-147.

Bruner, J. & Goodman, C.C. 1947 Value and need as organizing factors in perception. *Journal of Abnormal and Social Psychology*, **42**, 33-44.

Bruner, J.S. & Minturn, A. L. 1955 Perceptual identification and perceptual organization. *Journal of General Psychology*, **53**, 21-28.

Brunswick, E. 1952 *The conceptual framework of psychology. International encyclopedia of unified science.* Vol. I , No. 10, University of Chicago Press.

Cherry, E.C. 1953 Some experiments on the recognition of speach with one and with two ears. *Journal of the Acoustic Society of America*, **25**, 975-979.

御領 謙・菊地 正・江草浩幸 1993 最新認知心理学への招待 サイエンス社

市川伸一 1982 イメージの実験的研究 佐伯 胖（編）推理と理解 認知心理学講座3 東京大学出版会 Pp. 38-52.

Klahr, D. 1973 Quantification Processes. In W.G. Chase(Ed.), *Visual information processing.* Academic Press. Pp. 3-34.

元良勇次郎 1889 精神物理学（第八回）哲学会雑誌, **38**, 63-79.

元良勇次郎 1909 注意練習の実験ニ就イテ 児童研究, **42**, 273-286.

Neisser, U. 1967 *Cognitive psychology.* Prentice-Hall. 大羽 蓁（訳）1980 認知心理学 誠信書房

Neisser, U. 1976 *Cognition and reality : Principles and implications of cognitive psychology.* W. H. Freeman. 古崎 敬・村瀬 旻（訳）1978 認知の構図 サイエンス社

苧阪良二 1998 明治から昭和初期にいたる実験心理学の形成過程——元良勇次郎と松本亦太郎を中心として 心理学評論, **41**, 333-358.

大山 正 1978 ひと目で何個のものが見えるか サイエンス日経新聞社, **9**, 23-33.

大山 正・東 洋（編）1984 認知と心理学 認知心理学講座1 東京大学出版会

Oyama, T. & Ichikawa, S. 1990 Some experimental studies on imagery in Japan. *Journal of Mental Imagery*, **14**, 185-196.

Oyama, T., Kikuchi, T., & Ichihara, S. 1981 Span of attention, backward masking and reaction time. *Perception and Psychophysics*, **29**, 106-112.

Phillips, W.A. 1974 On distinction between sensory strorage and short-term memory. *Perception and Psychophysics*, **16**, 283-290.

Postman, L. & Tolman, E.C. 1959 Brunswick's probabilisitic functionalism. In S. Koch (Ed.), *Psychology : A study of a science.* Vol. 1, Wiley, Pp. 502-564.

Rumelhart, D. E. 1977 *Introduction to human information processing.* Wiley. 御領 謙（訳）1979 人間の情報処理 サイエンス社

Sperling, G. 1960 The information available in brief visual presentations. *Psychological Monographs*, **74**, No. 11.

人名索引

ア 行

赤塚玲子　133
アトニーヴ（Attneave, F.）　82, 86, 198
アリストテレス（Aristoteles）　1, 173
市川慶子　150
市原　茂　228
イッテルソン（Ittelson, W.H.）　176
岩沢秀紀　84, 88
印東太郎　78
ヴント（Wundt, W.）　11, 18, 20, 143
ウァン（Wong, S. C. P.）　206
ウィーゼル（Wiesel, T. N.）　16
ウェーバー（Weber, E. H.）　14, 28
ウェルトハイマー（Wertheimer, M.）　18, 20, 94, 98, 100, 107, 110, 194, 196, 201
エイムズ（Ames, A., Jr.）　19
エジソン（Edison, T.）　199
オービソン（Orbison, W. D.）　136
大山　正　47～49, 58, 62, 79, 81, 84, 88, 89, 91, 102, 104, 112, 123, 124, 126, 133, 135, 143, 150, 174, 175, 180, 184, 192, 200, 202, 208, 210, 212, 228
小笠原慈瑛　130, 132, 134, 174, 198
苧阪良二　173
オズグッド（Osgood, C. E.）　46, 47

オッペル（Oppel, J. J.）　118
小保内虎夫　120

カ 行

カヴァナ（Cavanagh, P.）　201
鹿取廣人　174
カニッツァ（Kanizsa, G.）　74
狩野千鶴　208
カンディンスキー（Kandinsky, V.）　48
菊地　正　81, 82, 228
ギブソン（Gibson, J. J.）　56, 68
キルパトリック（Kilpatrick, F. P.）　176
ギンズバーグ（Ginsberg, A. P.）　143
クーパー（Cooper, L. A.）　86
クラー（Klahr, D.）　228, 229
グレゴリー（Gregory, R. L.）　138, 140, 141, 189
ケーラー（Köhler, W.）　16, 84, 88, 89, 135, 196
ゴットシャルト（Gottschaldt, K.）　21, 100, 110
コフカ（Koffka, K.）　196

サ 行

坂場　登　123
佐藤恵子　81
ジェヴァンズ（Jevons, W. S.）　223
ジェームズ（James, W.）　194
ジェームソン（Jameson, D.）　44, 45

シェパード（Shepard, R. N.）　86
シエリー（Thiéry, A.）　138
清水正子　104, 210
下條信輔　148
シューマン（Schumann, F.）　196
神作　博　133
鈴木光太郎　173
スティーヴンス（Stevens, S. S.）　36
スパーリング（Sperling, G.）　201, 226, 227
鷲見成正　204
園原太郎　168

タ 行

ダ・ヴィンチ（Leonard da Vinci）　162
高根芳雄　84
滝本　誓　84
竹本照子　168
田中平八　143, 144
田中靖政　49
チェリー（Cherry, E. C.）　222
津崎　実　208
ドゥンカー（Dunker, K.）　187
トーガーソン（Torgerson, W. S.）　80
戸沢純子　104, 210
冨田恒男　43
トリーズマン（Treisman, A.）　114
ドルトン（Dalton, J.）　20

人名索引

ナ行

ナイサー（Neisser, U.） 220, 227
内藤佳津雄 102, 212
内藤博美 212
中原淳一 79
中村 浩 204
南里禮子 48
西 德道 156
二宮 久 64
ニュートン（Newton, I.） 33, 78
野村康治 102, 202

ハ行

ハーヴィッチ（Hurvich, L. M.） 44, 45
バークリー（Berkeley, G.） 18, 147, 148, 162
ハイネマン（Heinemann, E. C.） 39
芳賀 純 49, 89
ハミルトン（Hamilton, Sir W.） 223
林 鋕蔵 208
ヒューベル（Hubel, D. H.） 16
フィリップス（Phillips, W. A.） 229
フェスティンガー（Festinger, L.） 142, 143
フェヒナー（Fechner, G. T.） 12, 14, 28, 36, 41
プトレマイオス（Ptolemaios, K.） 173
舟川政美 112
ブラウン（Brown, J. F.） 192
ブラディック（Braddick, O.） 201
プラトー（Plateau, J. A. F.） 199
プリマック（Premack, D.） 204
ブルーナー（Bruner, J. S.） 217, 218
ブルンスウィック（Brunswick, E.） 100, 217, 219
ブレークモア（Blakemore, C.） 124, 126
フンボルト（Humbolt, A. von） 189
ベーマン（Behman, B. W.） 82
ベック（Beck, J.） 107
ベヌーシ（Benussi, V.） 133
ヘリング（Hering, E.） 40, 45
ヘルムホルツ（Helmholtz, H.） 18, 40, 217
ヘロン（Heron, W.） 2
ベンハム（Benham, C. E.） 41
ボーリング（Boring, E. G.） 171, 172
ホールウェイ（Holway, A. H.） 171, 172
ホルスト（Holst, E. von） 138, 186

マ行

マッハ（Mach, E.） 55
ミショット（Michotte, A.） 204
宮埜壽夫 82, 88
メッツガー（Metzger, W.） 66, 69
元良勇次郎 225
森川和則 129, 143
盛永四郎 64, 79, 122, 123, 128, 130, 132～134, 136, 137

ヤ行

山田 寛 82, 88
山田 亘 104
山村哲郎 48
ヤング（Young, T.） 40
ユトリロ（Utrillo, M.） 166
横瀬善正 136
吉田宏之 202
ヨハンソン（Johansson, G.） 190, 204, 206

ラ行

リープマン（Liebmann, S.） 56
リーボヴィッツ（Leibowitz, H.） 122, 172, 184, 189
ルビン（Rubin, E.） 52, 68
ロクリン（Rochlin, A.） 124
ロック（Rock, I.） 86, 187

ワ行

渡辺武郎 91, 112
和田陽平 133
ワラック（Wallach, H.） 135

事項索引

ア 行

アイコニック・メモリー　227, 229
アウベルト・フライシュル・パラドックス　186
明るさ　32, 34, 35, 36, 68, 74, 91, 94, 103, 104, 210
明るさの恒常性　70
明るさの対比　26, 38, 39, 91
アニメーション　204
アブニー効果　34
アルファ運動　197
暗順応　8
安定性　200

異質性　56
位置　213
1次的運動　201
1次的過程　140
位置の恒常性　185, 187, 189, 200
移調　84, 175, 192
移調法　174, 175
イプシロン運動　197
異方性　120, 123, 145, 173
色　36, 68, 74, 90, 94, 103, 104, 202, 210, 212
色収差説　48
色順応　36, 38, 67
色と形の感情効果　90
色の現れ方　37
色の恒常性　38
色の3属性　32
色の対比　38, 40
色の同化　40
色立体　34, 35, 78
陰影　168
因果関係　180
因果推定　91, 177

因果の印象　204
因果モデル　91
因子分析　202

ウェーバーの法則　14, 134, 156
ウェーバー比　156, 157
打消し法　45
運動軌道　208
運動縞　192
運動残効　194
運動視　185
運動視差　160
運動速度　160

鋭角過大視　120, 145
鋭角過大視説　124
エクスアフェレント信号　186
エコーイック・メモリー　230
SD法　46, 47, 84, 202
XYZ系　36
エビングハウス錯視　119, 120
遠近反転図形　141
遠近法　120, 145, 162, 170, 175
遠近法説　142
遠近法的手がかり　219
遠心性指令　186
遠心性信号　186
遠心性信号コピー　186, 187, 189
エンマートの法則　141, 170

大きさ　68, 104, 141, 210, 212
大きさ-距離不変仮説　176
大きさ-距離不変関係　180
大きさ検出器　134
大きさ錯視　145
大きさの恒常性　138～141, 145, 147, 170～172, 174, 176, 216
大きさの知覚　147
大きさの手がかり　169
奥行　91, 140
奥行運動　212
奥行知覚　170
奥行（知覚）の手がかり　140, 141, 147, 148, 162, 172, 174, 175
奥行手がかりスケーリング　140
オッペル・クント錯視　119, 120, 142

カ 行

外円　132
絵画　165, 170
絵画的手がかり　148, 162, 166
開口色　37
外側膝状体　44
外的精神物理学　15
回転運動　188
回転図形　81
顔　86
学業遅滞児　225
学習　170, 187
カクテル・パーティ効果　220, 222
角膜　4, 5
仮現運動　22, 107, 194, 196, 198, 200, 210, 212, 213
過去経験　98, 100, 220
量　57
重なり合い　168, 169
過小視　128, 132
「仮説」　218, 220
仮説スケーリング　141

247

事項索引

数え上げ 228
過大視 128
形 57, 78, 88, 104, 202, 210, 212
形の属性 78
形の知覚 143
傾き 68
価値 47, 88
活動性 47, 88, 90
構え 110
カムフラージュ 93, 99
カメラ 4, 13
硝子体 4, 5
眼灰 67
感覚 1
感覚遮断 2
感覚・知覚測定 24
眼球 6
眼球運動 120, 143, 145, 184, 186, 189
眼球運動時間 142
眼球運動説 142, 143, 198
眼球運動レディネス説 142
環境 218
感情 49, 88, 202
寒色 46
桿体 6〜8
カンデラ 34
感度 28
観念 100
ガンマ運動 197

記憶 227, 230
幾何学的錯視 76, 117, 118, 144
規則性 82, 84
期待 110
擬態 93, 99
輝度 32, 34, 36, 54, 74, 91
輝度純度 32
キネトスコープ 199
基本特徴 114
きめの勾配 166, 167
逆転眼鏡 187
客観的構え 100, 110
逆向マスキング 112

求心性信号 186, 187, 189
鏡映色 37
鏡映文字 81
共通成分 208
鞏膜 5
極限法 26
曲線図形 89
曲線性 82, 84
距離 68, 151
距離感 67
距離のパラドックス 135
キルシュマンの法則 38
近刺激 219
近接 94, 99〜102

空間間隔 198
空間周波数 29, 120, 143, 145, 193
空間色 37
屈折式 157
屈折力 6
グレゴリー説 141
群化 99, 100, 104
群化の要因 93, 94

経験効果 21, 110
経験説 18
経験的手がかり 162, 168
経験頻度 110
継時時相 196, 200, 212
継時的群化 107
継時的統合 112
軽明性 90
ゲシュタルト心理学 12, 16, 18, 20〜22, 56, 76, 88, 94, 98, 100, 110, 135, 192, 194, 196, 197
ゲシュタルト心理学者 66, 74, 84
結膜 5
原因 91
言語 88
検査領域 40
現象的同一性 197

広角レンズ 165, 178

後眼房 5
光輝 37
虹彩 5, 149
交差仮現運動 212, 213
恒常完全 172
恒常性 71
光束 34
後退色 46
光沢 37
光度 34
行動主義 12
硬膜 5
語音 88
語音象徴 89
五感(官) 1
固視 184
コルテの法則 198
混色 33
コンピュータ 82

サ 行

サイクロイド 190
最少明確度境界 56
最適運動 198
最適時相 196
彩度 32, 35, 36, 38
錯視 117, 137, 138, 141
錯視量 122
錯視量の測定法 122
錯覚 117, 169
3次元 138
3次元知覚 147
3色説 40
残像 170, 189

視角 10, 11, 152, 171, 180
視覚情報貯蔵 227, 229, 230
視覚の短期記憶 229
時間間隔 105, 198
時間周波数 192
時間の近接 106
視感度 6, 32
色円 32
色覚異常者 33, 48, 80
色覚説 40
色覚の3色説 33

事項索引

色彩の感情効果　48
色相　32, 35, 36, 133
刺激閾　6, 26～28
刺激間時間間隔　198
刺激輝度　198
刺激制限　2
刺激頂　184
自己身体の誘導運動　206, 207
視神経　5
視線　173
実験者　24
実際運動　198
自動運動　189, 198
自発的運動　204
視野　5
社会心理学　189
社会的知覚　218
灼熱　37
写真　165, 170
収縮色　48
重心　208
周辺視野　206
集約性　82
主観色　41
主観的等価点　26, 28
主観的輪郭　74, 91
出現―消失　212
出力　24
瞬間露出器　196
純粋ファイ　196
純度　32, 36
順応　129
硝子体　4, 5
象徴　49, 88, 202
情緒的意味　47
照度　34
情報　218
情報処理　114, 216, 230
情報処理過程　222
情報の総合　217
情報の貯蔵　230
照明　68
視力　7, 10
白さ　68
深径覚計　154

人工瞳孔　172
信号のコピー　186
進出色　46
心的回転　86, 210, 230
心理学研究の歴史　11
心理的属性　78
心理物理同型説　16
図　17, 52, 68, 74, 135
水晶体　4～6
錐体　6～8, 40, 42, 44
垂直　122
水平　122
水平細胞　44
推理能力　76
数学的モデル　208
数量化　25
スキーマ　220
図形残効　130, 135, 137
図式　220
図―地反転　135
ステレオグラム　174
ステレオスコープ　157, 174
図と地　52
ストロボスコープ　199
図になりやすさ　58
スペクトル　32, 36
3D 映画　150
鋭さ　90

正弦波パターン　29
精神物理学　12, 14
精神物理学の測定法　26
精神分析学　12
生態学的妥当性　100, 219
生得説　18
生物学的運動知覚　204
積分球　67
絶対閾　28
セマンティック・ディファレンシャル法　46, 47, 84, 202
線遠近法　138, 162, 164, 165
前眼房　5
全体運動　190, 200
全体報告法　226
全体野　66, 70

全体論　20
選択的順応　129
選択的注意　224
選択的聴取　222
前注意的な　114
相対運動　200, 206, 208
ゾートロープ　199
即時の把握　228
属性変化　212, 213
速度閾　184
側抑制　55, 124, 128, 129
測光量　34

タ　行

大気遠近法　166
対称性　82
態度　110
大脳視覚皮質　124
対比　120, 130, 135
多義図形　17
タキストスコープ　56, 104, 130, 196, 201, 217
滝の錯視　194
多次元尺度法　78, 80, 82
段階説　44
単眼視　172, 173
単眼的手がかり　162
暖色　46
地　17, 52
知覚　216, 230
知覚サークル　220
知覚者　218
知覚像　219
知覚的負荷　212
知覚的変化　200
知覚の恒常性　141
注意　220, 222, 230
注意試験法　225
注意の範囲　223, 228
中心窩　5
超恒常　172
重量　212
調整法　26
調節　46, 148, 149, 152, 162

直線図形　89
直線性　82, 88
直径の比率　135
直径比　130, 132〜135

追視　184, 185, 187
追唱　222
ツェルナー錯視　119, 120, 122
　〜124, 126, 129, 133, 134,
　137, 143, 145
月の錯視　173

定位　57
ディーダリウム　199
低周波成分　144
ティッチェナー錯視　119, 120
手がかり　217
適応的　138
適応的傾向　145
適応的視覚過程　146
テクスチャー　57, 74
デルタ運動　197
テルヌス運動　197
デルブーフ錯視　119, 120, 128,
　143, 145
点運動の映像　202

同化　120, 130, 134
動眼筋　186
同時時相　196, 202
透視図法　162
同時性　106
等質視野　66, 69
同心円錯視　120, 128, 131,
　135, 145
透明視　76
透明表面色　37
透明面色　37
東洋画　166
特徴　114
特徴抽出機構　16, 124, 142

ナ 行

内的精神物理学　15
長さ錯視　145
長さの知覚　142, 144

2次的運動　201
2次的過程　140
入力　218, 220
ニュールック心理学　218
認知　216
認知閾　218, 220
認知心理学　216

ネッカーの立方体　141

ハ 行

場　136, 145
迫力　66
波長　36
ハプロスコープ　157
場面のベクトル　110
速さの移調　192, 183
場理論　142
反対色説　40, 42, 45
反転図形　58
反応時間　228
反復経験　110
比較刺激　26, 123, 171
非感性的完結化　74
非計量的多次元尺度法　84
被験者　24
ビックリハウス　206, 207
非フーリエ運動　201
評価　90
標準刺激　26, 171
表面色　37, 68
比率関係　135, 145
ファイ現象　196
フィレーネ錯視　187
フーリエ運動　201
フェナキストスコープ　199
フェヒナー色　41
フェヒナーの法則　14
不規則性　88
複雑性　82, 84, 88
輻輳　140, 148, 150, 173, 176
輻輳角　149, 151, 155, 175,
　180, 219
物体色　37

部分運動　190, 200
部分報告法　226
ブラック・ボックス　24
プルキンエ現象　8
文化　88
分割距離過大視　118
分割線過大視　120
文脈効果　221
閉合　94
ベータ運動　196, 200, 210
べき関数　70
ベクトル解析　192
ヘリング錯視　119, 120, 137
ヘルムホルツ錯視　119, 120
変位　120, 134〜136, 145
変位（偏位）の矛盾　136, 137
偏光フィルター　157
偏相関　91, 180
ベンハムのこま　41
弁別閾　14, 27, 28, 36, 124,
　156, 157
望遠写真　178
望遠レンズ　165, 178
方向検出器　120, 124, 129,
　145
方向検出器モデル　134, 142
方向錯視　145
方向弁別閾　128
膨張色　48
飽和　135
飽和度　32, 35, 36, 38
ボッゲンドルフ錯視　76, 119,
　120, 122
ポンゾ錯視　76, 119, 120, 138
　〜141, 143

マ 行

マスキング　112
マッハの帯　55, 74, 124
まとまり　94
マンセル色立体　78, 80
見えの大きさ　170, 172, 175,
　176, 180

事項索引

見えの距離　150, 175, 176, 180
見えの速さ　192
脈絡膜　5
ミュラー・リヤー錯視　28, 119, 120, 138〜143, 197

無意識的　176
無意識的推論　18
無意識の推理　217

明順応　8
明度　32, 35, 36, 133
面色　37, 66
面の知覚　68

網膜　4〜6
網膜像　11, 185, 200, 219
網膜像移動　186
網膜像の大きさ　170
毛様体　5, 6
毛様体筋　4, 5, 149
毛様体小帯　5
文字　86
物　68

ヤ　行

誘導運動　187〜189, 198, 200, 206
誘導領域　40
uv色度図　80
ゆがんだ部屋　19
よい連続　94
幼児　168
要素論　20

ラ　行

ランダム図形　82, 86
ランダム多辺図形　86
ランダム・ドット・ステレオグラム　201
ランダム・ドット・パターン　201, 206

リアフェレンス説　186, 187
リアフェレント信号　186
リープマン効果　56
力量性　47
両眼間間隔　151
両眼視　172, 173
両眼視差　46, 154〜157, 175, 219
臨界ちらつき頻度　10
輪郭　56, 68

類似性　107, 210, 211
類同　94, 99, 101, 102, 103, 106, 107, 133
類同の要因　76
ルーメン　34
ルクス　34

連合心理学　12, 98, 100
レンズ　4
レンズ・モデル　217, 219

ワ　行

枠組み　23, 208

英　字

ALSCAL法　84
cd　34
cd/m2　34
c.f.f.　10
ISI　198
JND　14
lm　34
lx　34
PSE　26, 27
SOA　104, 105, 198

著者略歴

大山　正
　おお　やま　　ただす

1951年　東京大学文学部心理学科卒業
1956年　東京大学大学院特別研究生修了
　　　　元東京大学教授
　　　　元日本大学教授　文学博士

主要編著書
心理学のあゆみ（共著）（新版：1990）　　色彩心理学入門（1994）
心理学の基礎（編著）（1974）　　　　　　心理学研究法（共著）（2005）
実験心理学（編著）（1984）　　　　　　　実験心理学（編著）（2007）
感覚・知覚心理学ハンドブック　　　　　　知覚を測る（2010）
　（共編著）（1969）（新編：1994）　　　心理学史（2010）
視覚情報処理（共編著）（1979）　　　　　心理学［第2版］（共著）（2014）
心理学史への招待（共編著）（1994）　　　心理学への招待［改訂版］（共編著）（2014）

新心理学ライブラリ＝18

視覚心理学への招待
──見えの世界へのアプローチ──

2000年11月25日　　©　　　　　　　　初 版 発 行
2018年 4 月10日　　　　　　　　　　初版第 7 刷発行

著　者　大山　正　　　　　　発行者　森平敏孝
　　　　　　　　　　　　　　印刷者　杉井康之
　　　　　　　　　　　　　　製本者　米良孝司

発行所　　　株式会社　サイエンス社

〒151-0051　東京都渋谷区千駄ヶ谷1丁目3番25号
〔営業〕☎(03)5474-8500(代)　振替 00170-7-2387
〔編集〕☎(03)5474-8700(代)
FAX　　☎(03)5474-8900

印刷　株式会社ディグ　　製本　ブックアート
≪検印省略≫
本書の内容を無断で複写複製することは，著作者および出版者の権利を侵害することがありますので，その場合にはあらかじめ小社あて許諾をお求め下さい．

ISBN4-7819-0963-9

PRINTED IN JAPAN

サイエンス社のホームページのご案内
https://www.saiensu.co.jp
ご意見・ご要望は
jinbun@saiensu.co.jp　まで．

スタンダード
感覚知覚心理学

綾部早穂・熊田孝恒 編
A5判・304頁・本体 2,600 円（税抜き）

感覚・知覚についての心理学的研究の起源は古代にまで遡ることができ，近世，近代から現代に至るまで盛んに研究が行われてきた．本書では，そのような感覚知覚心理学の歴史や方法論，各機能の詳細を，その基本から最新の知見について各領域で活躍する執筆陣が解説する．心理学専攻の方，通信教育で学びたい方にもおすすめの一冊である．2色刷．

【主要目次】
- 第0章　はじめに
- 第1章　近世感覚論事始
- 第2章　感覚知覚心理学の時流
- 第3章　発達的視点から見た感覚知覚心理学
- 第4章　嗅　　覚
- 第5章　知覚の体制化
- 第6章　視覚的特徴の統合
- 第7章　潜在的知覚
- 第8章　聴　　覚
- 第9章　クロスモーダル知覚
- 第10章　精神時間の測定

サイエンス社

最新 認知心理学への招待 [改訂版]
心の働きとしくみを探る

御領・菊地・江草・伊集院・服部・井関 著
A5判・352頁・本体 2,950 円（税抜き）

本書は，20 年以上にわたり好評を博してきた認知心理学の教科・参考書の改訂版です．認知心理学の内容の深化や領域の広がりに対応するため，新たに 3 名の著者が加わりました．全体の構成はそのままに，現在も価値のある古典的研究は残しつつ，できるだけ新しい知見を取り入れるという方針のもと，内容を一新しました．視覚的な理解にも配慮し，2 色刷としました．

【主要目次】
序　章　認知心理学について──その特徴と小史
第1章　認知心理学の方法論
第2章　情報の受容と分析
第3章　注意とパターン認識
第4章　長期記憶──コード化から検索まで
第5章　短期記憶と作業記憶
第6章　日常記憶
第7章　知識表象と言語理解
第8章　思　考
第9章　コネクショニスト・モデルと認知心理学
終　章　認知心理学の特徴と今後の展望

サイエンス社

新心理学ライブラリ

1. **心理学への招待［改訂版］**——こころの科学を知る
   梅本堯夫・大山 正共編著　A5判・336頁・本体2500円
2. **幼児心理学への招待［改訂版］**——子どもの世界づくり
   内田伸子著　A5判・360頁・本体2850円
3. **児童心理学への招待［改訂版］**——学童期の発達と生活
   小嶋秀夫・森下正康共著　A5判・296頁・本体2300円
5. **発達心理学への招待**——人間発達の全体像をさぐる
   矢野喜夫・落合正行共著　A5判・328頁・本体2900円
6. **学習心理学への招待［改訂版］**——学習・記憶のしくみを探る
   篠原彰一著　A5判・256頁・本体2400円
7. **最新 認知心理学への招待［改訂版］**——心の働きとしくみを探る
   御領・菊地・江草・伊集院・服部・井関共著
   A5判・352頁・本体2950円
8. **実験心理学への招待［改訂版］**——実験によりこころを科学する
   大山 正・中島義明共編　A5判・272頁・本体2500円
9. **性格心理学への招待［改訂版］**——自分を知り他者を理解するために
   詫摩・瀧本・鈴木・松井共著　A5判・280頁・本体2100円
11. **教育心理学への招待**——児童・生徒への理解を深めるために
    岩脇三良著　A5判・264頁・本体2300円
13. **心理測定法への招待**——測定からみた心理学入門
    市川伸一編著　A5判・328頁・本体2700円
14. **心理統計法への招待**——統計をやさしく学び身近にするために
    中村知靖・松井 仁・前田忠彦共著　A5判・272頁・本体2300円
15. **心理学史への招待**——現代心理学の背景
    梅本堯夫・大山 正共編著　A5判・352頁・本体2800円
17. **感情心理学への招待**——感情・情緒へのアプローチ
    濱 治世・鈴木直人・濱 保久共著　A5判・296頁・本体2200円
18. **視覚心理学への招待**——見えの世界へのアプローチ
    大山 正著　A5判・264頁・本体2200円
20. **犯罪心理学への招待**——犯罪・非行を通して人間を考える
    安香 宏著　A5判・264頁・本体2300円
21. **障がい児心理学への招待**——発達障がいとコミュニケーションを中心に
    鹿取廣人編著　A5判・152頁・本体1800円
別巻. **意思決定心理学への招待**
    奥田秀宇著　A5判・232頁・本体2200円

＊表示価格はすべて税抜きです。

サイエンス社